本著作出版受复旦大学新进青年教师科研起步项目(人文社科)"村落文化景观遗产保护与可持续发展研究"资助

中国书籍学术之光文库

文化景观视野中的乡村遗产保护

以都江堰灌区为例

石 鼎 著

中国书籍出版社
China Book Press

图书在版编目（CIP）数据

文化景观视野中的乡村遗产保护：以都江堰灌区为例/石鼎著.—北京：中国书籍出版社，2020.9

ISBN 978-7-5068-7986-6

Ⅰ.①文… Ⅱ.①石… Ⅲ.①都江堰—灌区—文化遗产—保护—研究 Ⅳ.①K928.79

中国版本图书馆 CIP 数据核字（2020）第 174338 号

文化景观视野中的乡村遗产保护：以都江堰灌区为例

石　鼎　著

责任编辑	张翠萍　王　淼
责任印制	孙马飞　马　芝
封面设计	中联华文
出版发行	中国书籍出版社
地　　址	北京市丰台区三路居路 97 号（邮编：100073）
电　　话	（010）52257143（总编室）　（010）52257140（发行部）
电子邮箱	eo@chinabp.com.cn
经　　销	全国新华书店
印　　刷	三河市华东印刷有限公司
开　　本	710 毫米×1000 毫米　1/16
字　　数	251 千字
印　　张	17.5
版　　次	2020 年 9 月第 1 版　2020 年 9 月第 1 次印刷
书　　号	ISBN 978-7-5068-7986-6
定　　价	95.00 元

版权所有　翻印必究

序

"文化景观"是世界文化遗产的一种类型，也是目前国际文化遗产学界的研究前沿与热点。在国内还鲜有学者关注文化遗产视野下文化景观议题的2005年，我曾受邀参加了在日本东京文化财研究所举行的"文化景观国际学术研讨会"，在此次大会上，我对中国文化景观的研究现状进行了一次比较全面的梳理。文化景观重视人与自然、重视整体保护、重视延续和发展的方法论给了我很大的启发。

自此，我在思考乡村文化遗产保护的时候开始积极应用这些理念，并首次提出了"村落文化景观"的概念。2008年10月，由联合国教科文组织、国家文物局、贵州省文化厅、北京大学、同济大学共同举办的"中国贵州村落文化景观保护与可持续发展国际学术研讨会"在贵阳召开，会议通过了"关于村落文化景观保护与发展的建议"。该建议在现在看来依然具有高度的前瞻性与指导意义。

2015年我入职复旦大学文物与博物馆学系，同时创立了"国土与文化资源研究中心"，石鼎博士是加入我们团队的第一位青年学者。石鼎在硕士期间师从ICOMOS – IFLA国际文化景观科学委员会副主席、同济大学景观学系韩锋教授，博士期间在日本东京大学都市工学系石川干子、横张真教授的指导下进行中日文化景观的比较研究。在此过程中，世界遗产文化景观所定义的第二个类别"持续演进的景观"始终是他研究的核心，他的学术积累正是我们团队建立"东亚文化遗产研究"方向所急需的。作为复旦大学国土与文化资源研究中心文化景观研究室负责人，石鼎参与了全国重点文物保护单位贵州石阡楼上村的保护规划的编制、住建部制定《中国传统村落管理办法》的前期调研等我们团队一系列重要工作。一路走来，我能感受他在工作岗位上的踏实勤奋与实实在在的成长。

自2018年起，考虑到乡村不仅承载了丰富多样的人文资源，其自然资源也是文化的重要载体，我们团队开始统一使用"乡村遗产"的概念。石鼎博士的这本专著，正是在这个背景下成稿的。

该著作不仅从理论的角度阐明了文化景观与乡村遗产保护的关系，更选择都江堰市这个从5.12大地震的创伤中复兴的城市为案例，跳出了传统的乡村遗产保护视角，从流域、灌区与城乡规划的广域层面探讨了更为宏观的乡村遗产保护框架；通过对都江堰灌区进行深入分析、通过与国际同类遗产地进行比较研究，提出和阐释了"灌区乡村遗产"的概念与特征、保护与可持续发展的方法论。这在国内外同类研究中属于最前沿的探索，也是对全面复兴传统文化视野中的乡村振兴国家战略、新型城镇化议题的切实回应，极具现实意义与社会责任感。该著作实现了中国乡村遗产保护实践与国际文化景观理论体系的对接，我很期待他能在这个领域进行更深入的挖掘，为中国乃至世界的乡村遗产保护工作做出应有的贡献。

  路漫漫其修远兮。学术研究的道路没有捷径，所以必须终生勤勉。借此著作出版之际，我期待石鼎博士怀着初心，在文化景观研究的道路上越走越顺。

杜晓帆

复旦大学国土与文化资源研究中心主任

2020 年 10 月 22 日

于新疆阿克苏也克力村

前 言

2008年5月12日，四川汶川发生了里氏8级的特大地震，对包括县级市都江堰在内的成都市西北部造成了巨大破坏。在世界遗产都江堰渠首工程所在的核心保护区内，除建筑遗产受灾比较严重以外，拥有2000余年历史的都江堰一如既往地发挥着分流、灌溉的作用，再次向世人证明了其工程规划之完善。

此后，都江堰市经历了高效的灾后重建工作。而成都市人民政府更积极放眼未来发展，向全世界发出了都江堰灾后重建概念规划方案的竞赛邀请，吸引了包括美国、法国、瑞士、日本、马来西亚以及中国国内多家著名城市规划机构的参与。最终，在最优方案的基础上由上海同济城市规划设计研究院编制了《都江堰市灾后重建总体规划（2008－2020）》，并在2008年10月由都江堰市人民政府公布。在上述众多规划方案中，来自东京大学都市工学专攻的石川幹子教授团队所提案的、与乡村地区文化景观保护与活用相关的方案独树一帜，对笔者的乡村遗产研究道路产生了重要的启示。

2011年3月，以参与东京大学石川幹子教授领衔的都江堰市灾后新农村建设调研为契机，笔者在2011年春天第一次对"林盘"这一川西地区特有的乡村聚落形态有了感性认知——聚落中茂密的树林向天空恣意地舒展着枝叶，远远望去，高大的乔木林便是聚落的地标；同时，这些聚落好似浮岛，坐落在盛放的油菜花海之中。春日里、暖阳下，村民们淳朴的笑脸与辛勤劳作的身影，似乎在告诉我们这片土地已经从地震的创伤中恢复了生机。此外，林盘周围川流不息的、源于都江堰渠首工程的自流渠系让笔者留下了深刻的印象。

同样在2011年3月，日本东北部太平洋海域在11日发生了里氏9级地震并引发巨大海啸，对位于宫城县境内的大面积乡村地域造成了致命的冲击。在同年5月跟随石川幹子教授赴宫城县灾区进行灾后复兴的相关调查时，看到的是多处渔村被毁、建筑垃圾遍地、田园风光消失殆尽的惨状，这让笔者真切地感受到了大自然的破坏力。但同时笔者在调研中发现，被称为"居久根"的这种日本东北地区特有的乡村聚落形式，竟然经受住了海啸的侵袭，理由是环绕乡村住宅的高大乔木林致密而坚挺，阻挡了被海潮裹挟而来的大量浮木等物体，不至于使聚落被夷为平地。

中国大陆西南地区的"林盘"与日本列岛东北地区的"居久根"，在距离上远隔万里，但却在功能与构造上具有惊人的相通之处，这使笔者产生了进行探索的浓厚兴趣。同时，笔者通过在两地的调研也发现，这两类乡村聚落的价值，都不局限于乡村建筑本身，无论从中国的"历史文化名村"、"传统村落"，还是从日本文化财体系中"传统的建造物群"的遴选标准来看，"林盘"与"居久根"的价值都并不突出，甚至其中有大量民居已采用现代样式建造，并不是大众所认知的一般意义上的"古建筑群"。

但是，如果跳出建筑的窠臼来看，"林盘"与"居久根"却都是亚热带季风气候条件下，由人类在平原地区创造的农林生态系统的典型代表；其中潜藏着丰富的生物多样性，反映了多样化、复合型的土地利用传统智慧；它们都对本地区居民的生产生活发挥着重要作用，并对乡村地域灾后复兴的方法论具有重大启示。因此，"林盘"与"居久根"都是东亚地区留存至今的、人与自然可以在此和谐共存的宝贵活态遗产，且时至今日依然对当地社会的可持续发展发挥着重要作用。同时笔者发现，无论是"林盘"还是"居久根"，其作为群落的自然与文化生态价值，要远大于聚落个体的价值，所以需要从整体性的视角出发，来探索乡村振兴所需要的方法论。

基于以上认知，笔者认为以"文化景观"的理论视角来统摄本研究的推进是最为合适的。文化景观的概念从20世纪初被美国地理学家提出，到1992年成为UNESCO世界文化遗产中的一个特殊类别，再到21世纪被作为整体性的遗产保护方法论而得到进一步的发展，已走过近百年的历程。

文化景观在文化遗产保护领域所作的最大贡献在于，它弥合了既有遗产保护体系中自然与文化的裂痕，使位于极端的自然造物与极端的人文产物中间地带的、自然与人文交织的领域也能进入遗产保护的视野；让遗产保护的范畴从纪念物式的、精英型的文化遗产，扩大到与大众生产与生活息息相关的、动态演进的、日常的、普通的、广域的遗产中，并将遗产的非物质要素提升至与物质要素同等重要的高度上来。自此，全世界以梯田、种植园等乡村景观为首的与农林水产、采掘与制造、流通与往来及居住相关的遗产景观大量进入遗产保护体系。

同时，以上遗产保护价值观的转向也推动了各国文化遗产保护体系的进一步完善。比如在东亚地区，日本在2004年完成了《文化财保护法》的修订，在文化财保护体系中增加了"文化的景观"这一类别；中国在2015年完成了《中国文物古迹保护准则》的修订，其中对文化景观进行了释义，并提出了相应的保护原则。

虽然现有的文化遗产保护体系不可能涵盖所有的乡村地域，但2017年国际古迹遗址理事会通过的《关于乡村景观遗产的准则》给予了笔者新的认知，即所有乡村地区，无论是具有杰出价值的还是普通的，是传统的还是近期被现代活动改变的，都可以从遗产的角度进行判读。这个准则启发笔者从遗产保护的视角来审视所有的乡村景观。

基于对上述与文化景观相关的理论、准则与保护制度的解读，笔者选择以都江堰灌区林盘地带为案例，从动态性与完整性的角度来探讨不以建筑（群）为价值评价核心的乡村遗产的研究方法，希望能够对汶川地震之后川西地区乡村遗产的保护与可持续发展给予方法论层面的启示，也希望借此案例，能够对世界其他地区灌区乡村遗产的研究与保护给予新的视角。

本研究共分为七章。在第一章中，笔者明确阐释了选题的意义与研究方法，并对本研究所述的"乡村遗产"进行了定义。在第二章中，笔者梳理了文化景观理论的发展，并着重阐释了文化景观理论对于当今国际上相关的保护制度与准则的影响，将日本与中国近年来在文化景观与乡村遗产保护领域的实践与探索分别进行了梳理。在第三章中，笔者在开始进入案例分析的同时引入城乡体系的视角，因为广域的乡村遗产保护必然会受到城乡规划部门的影响，所以作者从都市圈的视角着重介绍了成都市的"田园城市"构想，分析了成都市乡村遗产的总体特征与价值。在第四章中，笔者采用整体性视角，从宏观、中观、微观三个尺度层层推进，阐明了都江堰灌区乡村遗产的特征及其在世界乡村遗产分类体系中的定位，通过与"全球重要农业文化遗产"及"中国重要农业文化遗产"名录中同类遗产、日本平原地区其他同类乡村遗产进行比较研究，归纳了都江堰灌区乡村遗产的价值。在第五章中，笔者基于动态性的视角，分析了都江堰灌区乡村遗产的变迁与人地关系变化的关系，并按照微观、中观、宏观的逻辑顺序，对都江堰灌区乡村遗产保护与发展的方法论进行了探索。基于以上章节的铺垫，笔者在第六章中对未来成都市城乡规划思想、农业文化遗产的申报思路与保护模式提出了建议，并在第七章中总结了本研究的贡献与创新，指出了后续研究所需注意的方面。

　　本研究是国内外首次将文化景观方法论应用于都江堰灌区乡村遗产保护的系统性研究。笔者通过国际横向比较归纳都江堰灌区乡村遗产价值、通过精确测绘揭示了都江堰灌区乡村遗产的现状与变迁，这对于中国和世界灌区乡村遗产研究与保护具有重要意义。在确定本研究所采用的方法论的过程中，笔者从段鹏与刘天厚所著《蜀文化之生态家园：林盘》、陈其兵主编《川西林盘景观资源保护与发展模式研究》、方志戎所著《川西林盘聚落文化研究》、日本文化厅文化财部纪念物课监修《日本的文化景观：与农林水产业相关的文化景观保护调查研究报告书①》、田林明所著《扇状地农村的变容与地域构造：与富山县黑部川扇状地农村相关的地理学研究②》、松永安光所著《城市设计的新潮流：紧凑型城市、新城市主义、都市村庄③》、横张真主编《郊外绿地环境学④》、石川幹子所著《都市与绿地——面向新型都市环境的创造⑤》与合著《作为社会共通资本的河川⑥》、《流域圈规划的时代：自然共生型流域圈与都市的再生⑦》中得到了重要的启示，值此成书之际再次向各位学术道路上的前辈们表示最诚挚的敬意与感谢。

　　由于笔者水平有限，本书中难免存在不足与疏漏之处，恳请方家批评指正！

---

① 日本の文化的景観：農林水産業に関連する文化的景観の保護に関する調査研究報告書.
② 扇状地農村の変容と地域構造：富山県黒部川扇状地農村に関する地理学的研究.
③ まちづくりの新潮流：コンパクトシティ/ニューアーバニズム/アーバンビレッジ.
④ 郊外の緑地環境学.
⑤ 都市と緑地：新しい都市環境の創造に向けて.
⑥ 社会的共通資本としての川.
⑦ 流域圏プランニングの時代：自然共生型流域圏・都市の再生.

目 录
CONTENTS

第一章　绪　论 ································· 1
　第一节　研究缘起　1
　　一、选题意义　1
　　二、相关研究现状　2
　第二节　研究设计　3
　　一、"乡村遗产"的定义　3
　　二、研究问题与目标　4
　　三、研究内容与方法　5

第二章　文化景观与乡村遗产 ················· 6
　第一节　引言　6
　第二节　文化景观理论的发展　6
　　一、"景观"的词源与语义　7
　　二、文化地理学视野中的文化景观　8
　　三、作为世界遗产的文化景观　11
　　四、作为方法论的文化景观　15
　第三节　文化景观视野中的乡村遗产　19
　　一、"全球重要农业文化遗产"　20
　　二、"全球乡村景观倡议"　21

三、《关于乡村景观遗产的准则》 23

第四节　来自亚洲的回响　26

一、日本近年以来的实践　27

二、中国近年以来的探索　32

第五节　小结与思考　36

第三章　成都的世界级田园城市构想 ……………………………… 40

第一节　引言　40

第二节　成都市域范围内城乡体系特征　41

一、地理地貌特征　41

二、城乡体系特征　42

第三节　成都市的田园城市构想　45

一、田园城市规划思想及其影响　45

二、成都市世界级田园城市的构想　49

三、成都市最新版城市总体规划的导向　50

四、城市绿地系统中的田园与公园　53

第四节　成都市乡村遗产价值的再发现　57

一、整体性视野中的成都平原乡村遗产　57

二、行进中的郫都区农业文化遗产申报工作　60

第五节　小结与思考　61

第四章　整体性视角下都江堰灌区乡村遗产的特征与价值 …………… 63

第一节　引言　63

第二节　都江堰水利工程　64

一、营造方法与构造特征　64

二、世界级文化遗产价值　68

第三节　都江堰市扇形平原乡村遗产特征分析　70

一、宏观尺度：扇形平原乡村遗产整体特征 70

二、中观尺度：林盘、农田与灌溉渠系 80

三、微观尺度：林盘中的农林系统 84

四、特征总结 91

第四节 与同类乡村遗产地的比较研究 93

一、在世界乡村遗产分类体系中的定位 94

二、与"全球重要农业文化遗产"名录中同类遗产地的比较 95

三、与日本平原地区其他同类乡村遗产的比较 102

四、与"中国重要农业文化遗产"名录中同类遗产地的比较 106

五、比较研究结论 109

第五节 都江堰灌区乡村遗产价值综述 110

第六节 小结与思考 111

第五章 动态性视角下都江堰灌区乡村遗产保护与发展方法论 …… 113

第一节 引言 113

第二节 都江堰灌区乡村遗产的变迁 114

一、现代化与城市化的影响 114

二、乡村游憩活动的影响 118

三、农田种植模式的变化 120

四、灾后新农村建设的影响 122

第三节 人地关系分析 128

一、生产生活方式与景观要素的对应关系 128

二、景观要素易变程度的确认 129

三、基于价值延续的判断 134

第四节 基于田园城市构想的保护与发展方法论探索 136

一、微观尺度：对林盘聚落变迁的设想 136
二、中观尺度：借鉴景观性格评价方法的规划管理分区 148
三、宏观尺度：与城市历史景观方法的呼应 156
第五节 小结与思考 159

第六章 启示与建议 161
第一节 关于"绿带"与"绿道" 161
第二节 关于"农业文化遗产"申报 163
一、整体性申报的必要性 163
二、对于农业文化遗产保护体系的贡献 165
三、对于构建世界级田园城市的贡献 166
第三节 关于"生态博物馆"的构建 167

第七章 总 结 170
第一节 本研究的贡献 170
第二节 后续研究建议 172

附录一 关于乡村景观遗产的准则 174
附录二 标准地图 187
附录三 都江堰市扇形平原不同面积林盘平面形态示例 190
附录四 全球重要农业文化遗产（58处） 195
附录五 中国重要农业文化遗产（91处） 199
附录六 12类规划管理分区的景观构造、保护与发展原则 203
参考文献 215
后 记 235

图目录

图 2.1　自然景观形态图示 ··· 9

图 2.2　文化景观形态图示 ··· 9

图 2.3　具有代表性的世界乡村景观类型 ······························ 24

图 2.4　与农林水产业相关的文化景观类型归纳 ···················· 29

图 2.5　日本文化财体系图中的文化景观（2004年修订） ······ 30

图 2.6　日本文化财体系中"重要文化的景观"选定类别 ········ 31

图 2.7　文化景观的变迁模式 ··· 37

图 3.1　成都街市图（1933年版） ······································ 43

图 3.2　成都平原城镇体系空间结构特征图示 ······················· 44

图 3.3　无贫民窟无烟尘的城市群 ······································· 46

图 3.4　大伦敦规划中的四个环状地带（the four rings） ······· 48

图 3.5　成都市域主干绿道体系规划图 ································· 51

图 3.6　成都城市建成区的扩张简史及"198规划"范围 ········ 54

图 3.7　三圣花乡地区的五个组团规划 ································· 55

图 3.8　荷塘月色组团的景观规划设计手法 ·························· 56

图 3.9　成都市域范围内乡村遗产的主要类型与特征 ············· 59

图 4.1　世界遗产都江堰水利工程 ······································· 65

图 4.2　都江堰工程略图 ·· 67

图 4.3　李冰治水遗迹图 ·· 69

图 4.4　可用的都江堰市卫星影像范围 ······································ 71

图 4.5　本研究中土地利用数据采集方法 ···································· 73

图 4.6　本研究中运用地理信息系统（GIS）进行制图的方法 ············· 74

图 4.7　都江堰市平原地区乡村聚落（林盘）分布图（2005 年） ········ 75

图 4.8　都江堰市平原地区乡村聚落（林盘）面积分布区间
（2005 年） ·· 76

图 4.9　都江堰灌区扇形平原中不同面积林盘的数量分布区间
（2005 年） ·· 77

图 4.10　水流湍急的主要河道 ··· 79

图 4.11　主要河道引流取水口示例 ··· 79

图 4.12　都江堰灌区扇形平原中的干线水渠系统（2005 年） ············ 80

图 4.13　都江堰灌区扇形平原区域林盘分布状况（2005 年） ············ 81

图 4.14　老灌区扇形区域 K·6 网格范围内的土地利用情况
（2005 年） ·· 82

图 4.15　林盘与水系的关系示例 ··· 83

图 4.16　林盘中房前屋后的毛渠 ··· 84

图 4.17　百年前林盘与农田示例 ··· 85

图 4.18　现有林盘与农田示例 ··· 85

图 4.19　穿斗式建筑的山墙面 ··· 87

图 4.20　门前带有晒场的传统木构建筑 ···································· 87

图 4.21　林下储存的薪柴 ·· 88

图 4.22　林盘中饲养的家禽 ··· 88

图4.23	林盘中的墓地	89
图4.24	林盘农林系统图示	90
图4.25	林盘中的家族单元图示	92
图4.26	全球重要农业文化遗产地的面积分布区间	96
图4.27	全球重要农业文化遗产地的人口分布区间	97
图4.28	全球重要农业文化遗产各个类型所占比例	98
图4.29	日本宫城县"大崎耕土"的"居久根"	100
图4.30	日本宫城县"大崎耕土"的"居久根"示例	101
图4.31	中国重要农业文化遗产的类型划分与数量占比	106
图5.1	都江堰市建成区扩张图示	115
图5.2	林盘中村民自建砖房示例	116
图5.3	空心（生态型）林盘示例	117
图5.4	水渠的混凝土铺装示例	118
图5.5	农田中的苗圃景观	121
图5.6	农田中大面积的猕猴桃种植园景观	122
图5.7	新型农村社区分布（2012年）	123
图5.8	三类新型农村社区的构建模式图示	124
图5.9	三类新型农村社区的构建模式具体示例	125
图5.10	老灌区扇形区域K·6网格范围内的土地利用情况（2012年）	127
图5.11	林盘未来变迁方案（类型1）	142
图5.12	林盘未来变迁方案（类型2）	143
图5.13	林盘未来变迁方案（类型3）	144
图5.14	林盘未来变迁其他可能（类型4）	145

图 5.15 林盘未来变迁其他可能（类型 5） …………………… 146

图 5.16 林盘未来变迁其他可能（类型 6） …………………… 147

图 5.17 景观性格区域、景观性格类型与行政边界关系图示 ………… 149

图 5.18 传统水系与整理后的水系 …………………………… 151

图 5.19 扇形区乡村地带规划管理分区技术路线 ……………… 155

表目录

表5.1 游憩型林盘中的主要植物种类 …………………………… 119
表5.2 三个主要时期的生产生活方式与景观要素的对应关系 ………… 130
表5.3 景观要素变化的难易程度等级 …………………………… 132
表5.4 基于形式与功能设定的林盘聚落未来变迁方案 …………… 139
表5.5 扇形区乡村地带规划管理分区 …………………………… 154

彩图目录

彩图一　全球重要农业文化遗产地区分布 ·················· 239

彩图二　都江堰灌溉区域图（1994年版）·················· 239

彩图三　成都市域范围内三类主要乡村遗产的空间分布（2012年）····· 240

彩图四　都江堰市域范围内地形特征与土地利用情况（2012年）····· 241

彩图五　都江堰市平原地区的海拔与土地利用情况（2005年）······ 242

彩图六　都江堰市平原地区的坡度与土地利用情况（2005年）······ 242

彩图七　都江堰灌区扇形平原中不同面积林盘的分布状况
（2005年）·· 243

彩图八　都江堰灌区扇形平原中的聚落（林盘）与苗圃
（2005年）·· 244

彩图九　全球重要农业文化遗产的地区分布 ·················· 245

彩图十　全球重要农业文化遗产在亚太地区的分布 ············· 245

彩图十一　全球重要农业文化遗产日本宫城县"大崎耕土"土地
利用图 ··· 246

彩图十二　"大崎耕土"的用水管理区域 ···················· 246

彩图十三　都江堰灌区扇形平原中主要道路沿线新建房屋的分布图
（2005年）·· 247

彩图十四　都江堰灌区扇形平原内经济林苗圃分布（2012年）······ 248

彩图十五　都江堰灌区内新型农村社区示例 ·················· 249

彩图十六　都江堰灌区扇形平原中主要灌溉沟渠水系分布图
　　　　（2012年）……………………………………………………… 250
彩图十七　都江堰市灾后重建总体规划（2008—2020）……………… 251
彩图十八　都江堰灌区扇形平原中绿带1与绿带2的范围设定 ………… 252
彩图十九　都江堰灌区扇形平原内规划管理分区划定 ………………… 253
彩图二十　都江堰灌区扇形平原城乡遗产保护与发展框架 …………… 254

第一章

绪　论

第一节　研究缘起

一、选题意义

乡村遗产保护是全世界面临的共同课题。作为人类农业文明的见证与成果，广袤的乡村地域普遍存在于世界各地，而在现代化与城市化的影响下，发展中国家与地区的传统乡村地带正在经历快速变化，同时也面临着严重的密集型农业实践以及本地传统知识丧失等共通的问题。然而，除非某些乡村景观因本身具有较高的品质而受到重视，一般的乡村地区普遍缺乏景观管理的标准和策略[1]。在亚太地区，乡村景观更多的是由乡村社区因生计需求而进行自发性的经营，没有进入政府的保护体系之中[2]。

中国也面临同样的问题。虽然历史文化名村、传统村落等乡村遗产保护体系，已经将中国形式多样的乡村遗产纳入保护的视野，已经为全社会认知乡村遗产的文化价值做出了巨大贡献，但归根结底，这种保护制度对于乡村遗产是"点"状的保护，且十分注重乡村中集中连片的建筑遗产的价值。而那些构成国土空间肌理的、以"线"形或"面"状呈现的广域乡村景观，则缺乏必要的保护制度与体系，因此在现代化与城镇化过程中非常脆弱，很容易陷入异化或衰退的境地。

然而，这些大面积的、"普通"的乡村地域中潜藏着丰富的农业生物多样性、农业知识体系与文化传统，与大量城乡居民的生产生活有着密切的联系[3]，是乡村振兴与区域振兴的基石。因此，广域乡村遗产的整体性保护与可持续发展已成为必然的选择。在此过程中，近年来已成为国际乡村遗产保护前沿理论的"文化景观"方法论，在中国正逐步受到重视。

另外，一旦用整体的视野来审视乡村地域，必然与城乡规划产生关联。作为城乡统筹发展的试点城市，成都市在近年提出了"世界现代田园城市"的构想，并将其原则融入最新版《成都市城市总体规划》中，以期在田园城市的框架下积极探索乡村遗产保护与发展的具体方法。同时，成都市也正在积极推动都江堰灌区乡村遗产申报"中国重要农业文化遗产"乃至"全球重要农业文化遗产"的工作[4]，这将成为该地区乡村遗产保护与发展的又一个转折点。

基于以上认识，本研究跳出偏重于建筑遗产的传统研究范式，从文化景观的理论视野出发，选取都江堰灌区广域的乡村遗产为案例，来针对匀质性、活态性特征强烈的"普通"乡村遗产进行保护与可持续发展方法论的探讨，希望可以对不在保护体系之内的广域乡村景观提供管理的框架与策略，为中国的乡村振兴战略提供来自文化遗产保护视角的解决方案。

二、相关研究现状

通过文献回顾可知，自20世纪90年代初期文化景观进入联合国教科文组织（UNESCO）世界遗产提名的特殊类型以后，迅速成为国际文化遗产领域的研究热点。在之后近30年的发展过程中，世界遗产文化景观的登录数量已经相当可观[5]，且全世界的文化景观研究也积累了大量理论成果，体现在联合国教科文组织的一系列研究报告中[6-8]。而乡村遗产作为"持续演进的景观"，始终处于各国文化景观研究的中心位置。

从中国国内的研究来看，近年来韩锋为文化景观研究理论在中国的推广做了十分重要的贡献，并明确指出文化景观不仅是文化遗产的特殊类别，更是整体的遗产保护方法论[9]；孙华论述了中国乡村文化景观保护与利用的学科、方法与行动[10-11]；在众多专家学者的合力推动下，运用整体的、动态的视角来认知乡村遗产的价值、制定保护与发展策略的方法，已成为最前沿的共识[12-15]。

而关于都江堰灌区，目前大量研究都集中于都江堰水利工程以及水资源管理[16-17]。此外也出现了从历史与文化遗产的角度来论述灌区水系的研究，如森田明从水利史的角度[18]、石川幹子从水利与流域的角度[19]、张敏等从城市历史景观（HUL）的角度[20]进行了论述。

而2008年汶川地震之后，灾后重建的需求促使都江堰市城乡规划层面出现了一系列成果[21-23]。也正是在此之后，都江堰灌区乡村遗产的价值被重新发现，在国内外涌现出了一系列与林盘聚落相关的研究，比如方志戎从文化意义[24]、石川幹子与石鼎从构成要素[25-26]、周娟从景观生态学[27]、徐珊与杨蝉应从植物多样性[28-29]、孙大远与张莹从保护与发展策略[30-31]、樊砚之从保护性规划设计的角度[32]分别对林盘聚落进行了研究；此外，汪阳、刘虹霞以都江堰灌区为研究范围进行了景观格局与保护策略的综合研究[33-34]，张成、舒波对成都平原农业景观进行了基于多学科视野的综合研究[35-36]。

可以说，从2008年至2019年，是都江堰灌区林盘聚落相关基础研究取得重大突破的时期，现有的研究积累可以成为本研究的支撑与参考，但同时也必须看到现有研究的局限性——首先，缺乏从国际比较的视野来总结都江堰灌区乡村遗产价值的论述；其次，对乡村遗产的分析着重于林盘体系，且以微观尺度的分析为主，缺乏从宏观尺度进行遗产要素的整体分析；最后，将林盘聚落简单等同于文化景观，但缺乏从文化景观方法论层面来指导都江堰灌区乡村遗产保护与发展的论述。而以上这些正是笔者需要在本研究中正面回应的问题。

第二节　研究设计

一、"乡村遗产"的定义

本研究中的"乡村遗产"（rural heritage），是一个超越了乡村地区建筑遗产的、更整体和宽泛的概念。它与"城市遗产"（urban heritage）[37]的概念相对，且不以建筑或构筑物（群）为价值评价的核心。笔者借鉴2017年国际古迹遗址理事会（ICOMOS①）大会[38]通过的《关于乡村景观遗产的准则②》[39-40]中"乡村景观遗产③"的定义，同时参考"全球重要农业文化遗产（GIAHS④）"的定义，设定本研究中的"乡村遗产"是指与乡村有关的物质与非物质遗产，包括生产性土地的结构形态、聚落、建筑、基础设施、生物性要素、水系、交通网络，以及更广阔的物理、文化、环境背景；包括相关的文化知识、传统、习俗；包括涉及人与自然关系的技术、科学、实践知识，土地利用系统、农业生产系统以及农业生物多样性。

需要注意的是，本研究设定一个综合的"乡村遗产"概念，是想根据文化景观方法论构建一个整体性的框架来审视与乡村有关的各类物质、非物质要素的特征与变迁[41]。此外为便于表述，笔者基于上述定义，在本研究中将乡村景观遗产、农业文化遗产、历史文化名村、传统村落、乡村文化景观、村落文化景观、乡村中的建成遗产[42]等相关表述，以及日本"重要文化的景观""与农林水产业相关的文化的景观"中与乡村有关的部分统称为"乡村遗产"。

二、研究问题与目标

（一）研究问题

本研究所要回答的问题是文化景观方法论的内涵是什么，如何将文化景观方法论运用于乡村遗产研究；对以灌区乡村遗产为代表的、广域的乡村地区应该如何认知其遗产价值，如何制定保护与发展的一系列具体方法。

（二）研究目标

本研究的主要目标有三个。首先，基于文化景观视野探索广域乡村遗产

---

① 全称：International Council on Monuments and Sites.
② 原文：Principles Concerning Rural Landscape as Heritage.
③ 原文：Rural Landscape as Heritage.
④ 全称：Globally Important Agricultural Heritage Systems.

的保护与发展方法，为国家乡村振兴战略提供方法论支持；其次，通过构建乡村遗产保护与田园城市理论的关联，为成都市"世界现代田园城市"构想、最新版《成都市城市总体规划》在今后的修编提出建议；最后，基于国际国内横向比较研究，为都江堰灌区乡村遗产申报"中国重要农业文化遗产"乃至"全球重要农业文化遗产"提出建议。

三、研究内容与方法

（一）通过文献综述，厘清"文化景观"的词源与语义及其发展过程，阐释文化景观理论对于"全球重要农业文化遗产""全球乡村景观倡议""关于乡村景观遗产的准则"等近年来重要的保护体系、国际倡议与行动准则的影响；以中日两国为代表，梳理文化景观理论对于东亚地区保护体系与乡村遗产保护制度的影响。

（二）解读"田园城市"理论的核心思想以及对世界区域性大城市的城乡规划理论所产生的影响。解读最新版《成都市城市总体规划》中体现的田园城市构想，分析城市绿地系统中乡村遗产的现状。从申报农业文化遗产的角度探讨都江堰灌区乡村遗产保护与发展的可能性。

（三）以都江堰市扇形平原乡村地带为具体分析案例，基于整体性的视角与多尺度分析，运用 GPS、GIS 技术进行广域乡村遗产的制图与分析，通过多次实地调研记录各类景观要素的特征与变化，以归纳都江堰灌区乡村遗产的特征；通过与国际国内同类遗产地的比较研究，尤其是与日本相关遗产地的横向比较，阐释都江堰灌区乡村遗产的价值；基于动态性视角分析都江堰灌区乡村遗产的变迁及其背后人地关系发生的变化，通过深入访谈调查村民与其他利益相关方对于新农村建设与传统农耕文化保护等问题的态度，并对未来的变迁制定可以接受的区间；借鉴与文化景观方法论相关的"景观性格评价"方法、"城市历史景观"方法中的相关内容，提出广域乡村遗产保护与发展的方法论。

第二章

文化景观与乡村遗产

第一节　引言

自从20世纪初期"文化景观"的概念被正式提出以来，文化景观从文化地理学的术语，到成为世界遗产体系中的特殊类型，再到文化遗产保护的整体性方法论，其理论发展已有近百年历史，并随着时代的发展呈现出经久不衰的生命力。另外，在西方语境中景观及文化景观概念的出现，乃至世界遗产体系中增设文化景观类型的初衷，都与乡村及乡村遗产保护有直接关联。在本章中，笔者首先回顾了文化景观的理论发展路径；其次分析了近年来重要的国际乡村遗产保护准则与倡议中文化景观理论所发挥的作用；最后阐述了文化景观作为遗产保护的类型与整体性遗产保护的方法论，对中日两国的乡村遗产保护的推动作用。

第二节　文化景观理论的发展

文化景观是在自然与人类长期持续互动的基础上形成的、自然与人文要素交融的有机整体。作为文化遗产，文化景观跳脱出传统精英主义的保护模式,将大面积的、活态的、与普通人群生产生活休戚相关的物质与非物质要素纳入保护视野,甚至进入世界遗产的保护体系,是文化遗产概念发展过程中的一项创举。近年以来,文化景观理论与一系列国际公约、宣言、保护管理方法相融合,取得了丰富的理论与实践成果。

一、"景观"的词源与语义

从词源来看,"景观"(landscape)一词由英语世界创造,且与德语词根相关。在英—德语系中,该词的起源可以追溯至公元500年的欧洲。其古英语形式"landskipe"和"landscaef"具有复合的含义,是指森林里有动物、木屋、田地和围栏的空地,是农牧民在原始森林或旷野中,占用并改造荒野地而形成的景观。通常被当作"landscape"起源的、德语中的"landschaft"一词,在德语中指一块受限定的土地、耕地,或封建庄园的一部分,是农民眼中的世界。可以说,"景观"在最初意味着它是与文化过程及其价值相关的人工产物[43-44]。

至16世纪末,荷兰语义中的"landschap"向艺术转义,成为一类风景画,因此具有更强的视觉和艺术含义。受此影响,在17世纪的英国,"landscape"的概念开始与荷兰现实主义风景画派和艺术家虚构的历史绘画相关联,从而建立了基于凝视(gaze)的风景画类型。自此,强调主客体分离的视觉关系深深扎根于"landscape"的概念之中。同时,"landscape"与"scenery"成为同义词,都有置身于人化的风景之中的含义。18世纪早期,富裕的英国地主开始雇用风景画家记录他们所到之处的自然景象。在文学田园诗的推动下,拥有乡间土地的上流人士热衷园林运动,使之与风景绘画中的场景相媲美。当这一潮流与欧洲旅游、美学、和浪漫主义运动交织在一起,19世纪初的"landscape"的概念不仅包含了自然和乡村的风景绘画创作,而且转向自然的花园、乡村建筑等,"如画"成为"landscape"的审美基础[45-46]。

19世纪,"景观"变得充满了民族主义宗教的意味,欧洲和北美的研究者将它和荒野地或原始自然联系起来,景观和人脱离开来,同时期北美出现了先验哲学运动。荒野地最大的特点就是孤寂荒凉,而人类和他们的装备则会破坏这种景象。20世纪80—90年代是这种观念的全盛时期,一些自然遗产研究学者根据西方传统,把自然与文化看成完全对立的事物,人类甚至不是自然的一部分,而景观也不再是文化的建构产物,它更富有独立的科学含义[47]。

二、文化地理学视野中的文化景观

在第一次世界大战之后,德国地理学界围绕着"景观"的概念进行了大量研究,使得以可视事物为研究对象的景观概念,被广泛应用于以具体事物为研究对象的地理学领域。其中,拉采尔(F. Razel)较早地研究了"人为景观";1906年,施吕特尔(O. Schlter)发表了《人的地理学目标》一文,倡导景观是人的地理学的中心问题,同时施吕特尔呼吁应认识文化在景观形成过程中的重要作用,建议明确区分文化的景观和自然的景观;1913年,帕萨格(S. Passarge)创造了"景观地理学"一词,并于20世纪20年代出版了《景观学基础》《比较景观学》等著作,力求完善对景观形态与分类的解释[48]。可以说,这个时期德国地理学界将"文化"与"景观"结合的思考方式,对后人的景观研究产生了深刻的影响。

西方的文化地理学从索尔(Sauer)① 创立的"伯克利学派"开始。在20世纪20年代的美国,地理学界盛行"环境决定论",而当时在加利福尼亚伯克利(Berkeley)分校任教的地理学家卡尔·索尔主张人类不仅是对自然环境进行被动性适应的生物,而且能通过文化对地球表面进行能动性作用。1925年,索尔在《景观形态学②》一文中提出了自然景观(natural landscape)与文化景观(cultural landscape)的形态图示(图2.1、图2.2),并

---

① Carl Ortwin Sauer, 1889—1975.

② 原文:The Morphology of Landscape.

认为文化景观是"由特定的文化族群在自然景观中创建的样式①",其中,"文化是动因,自然地域是载体,文化景观则是呈现的结果②"。但需要注意的是,索尔所采用的"文化"的概念,是特定文化族群中预设的、超稳定的主流文化。在文化、环境和人三者关系上,文化是动力、人是行动者、环境是改造对象——这样的文化概念具有强烈的"文化决定论"色彩[49-52]。

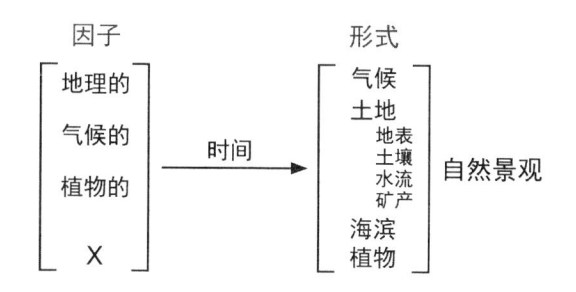

图 2.1 自然景观形态图示③

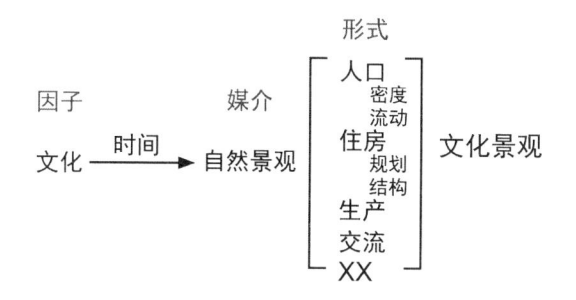

图 2.2 文化景观形态图示④

索尔揭示出文化地理学是研究从自然景观向文化景观转移过程的学问体系,颠覆了"环境——人类"的二元对立图示。至 20 世纪 60 年代初,以索

---

① 原文:fashioned from a natural landscape by a culture group.
② 原文:Culture is the agent, the natural area is the medium, the cultural landscape the result.
③ 笔者翻译并绘制,引用来源:Sauer C O. The Morphology of Landscape [J]. University of California Publications in Geography, 1925, 2 (2): 19-54.
④ 同上.

9

尔为核心的"伯克利学派"得以形成,1962年出版的《文化地理学读本①》[53]中,收集了已发表的有关"文化""文化领域""文化景观""文化史""文化生态"这五个方面的文化地理学相关研究成果,成为伯克利学派具有里程碑式的学术成果。伯克利学派的特征可以总结为——超越个人实体的文化概念(超有机体论)②;重视历史;在环境变化中强调人的作用;重视物质文化;关心乡村地区与第三世界;偏重于实地调研[54]。

至20世纪80年代,以后现代思潮为基础的新文化地理学崛起,并对以伯克利学派为代表的传统文化地理学的"超有机体"(superorganic)文化论进行了抨击,而新文化地理学的兴起就是以挑战伯克利学派开始的[55]。其中邓肯(J. S. Duncan)发表了题为《美国文化地理学的超有机体③》一文,指出索尔的超有机体的文化概念过小地评价了个人主体的作用[56]。

新文化地理学的主要观点有:超有机体的文化是不存在的,文化存在于具体的政治、经济、意识形态之中;文化不是抽象的存在,它是动态的过程而非静态的结果;景观是文化的意向,是"看的方式"(way of seeing)④而不是"所见的"外在客观情景,其意义和形态受到强烈的主观意识的影响,被带有政治性和社会性的文化所操纵;景观以"文本"的方式记录了这种意识和文化,通过对该文本的解读,可以考察社会建构、权力竞争、意识形态、社会空间等内容。同时,新文化地理学关心景观的社会空间性甚于物质空间性,跳出了传统文化地理学偏重于乡村与历史景观的研究,将城市景观也纳入其研究视野。文化景观的这种观念转变,对遗产景观保护影响深远。对于景观意义的解读,尤其是对于貌似自然景观的解读,也必须放到一整套

---

① 原文:Reading in Cultural Geography.
② 索尔认为,文化是形成文化景观的作用力。因此,文化不仅能还原个人的价值,而且可以超越个人实体,对集团产生作用。因此个人的价值与决策过程不能被视作文化地理学的直接对象。有学者指出这种文化概念是基于人类学者克罗伯(A. L. Kroeber)所提倡的"超有机体论"而发展起来的.
③ 原文:The Superorganic in American Cultural Geography.
④ 对于同一景观,不同的群体会做出完全不同的解释,因此文化景观是"看的方式"。

动态的、非物质性的社会环境中去——自然与人文的界限变得不再清晰。此外，受后现代思想影响，景观的研究角度，也从精英文化、艺术唯美的角度进入普通的、大众的、复杂演变的社会关系中。而上述的观念性转变直接为世界遗产文化景观①提供了理论支撑[51,57-59]。

三、作为世界遗产的文化景观

1972 年，联合国教科文组织（UNESCO②）大会巴黎第 17 届会议上通过了《保护世界文化和自然遗产公约③》（以下简称《公约》），鼓励确定、保存和维护并向后代传递具有杰出价值的人类自然和文化遗产④[60]，此后，《公约》在提升世界遗产保护意识、增进国际间相互合作与援助、保存具有突出普遍价值（OUV⑤）的遗产事业中发挥了极其重要的作用，使得"世界遗产"（world heritage）成为一个国际性的概念[51]。

诞生于 20 世纪 70 年代的世界遗产是一个西方文化主导的产物，带有深刻的传统西方哲学文化思想的烙印——人与自然的分离、自然与文化的二元分析思维是西方哲学的传统。因此在实际操作中将世界遗产分为文化遗产（cultural heritage）和自然遗产（natural heritage）两个大类，泾渭分明。于是文化遗产多局限于单个或组团的建筑或构筑物，而与整体的自然或人文环境无关；自然遗产强调的是自然本身的生物多样性或美学价值，这和当时美国所倡导的荒野地主义，以及国际自然保护联盟（IUCN⑥）[61]的自然生态导向是完全一致的。到了 20 世纪 80 年代初，全球各国申报世界遗产的需求不断增加，但很多遗产地无法将其中的"自然"与"文化"属性明确区分。虽然

---

① 原文：World Heritage Cultural Landscape.
② 全称：the United Nations Educational, Scientific and Cultural Organization.
③ 原文：Convention concerning the Protection of the World Cultural and Natural Heritage.
④ 原文：encourage the identification, protection and preservation of cultural and natural heritage around the world considered to be of outstanding value to humanity.
⑤ 全称：Outstanding Universal Value.
⑥ 全称：International Union for Conservation of Nature.

后来提出了"混合遗产①"的概念，但在混合遗产中，自然和文化仍是分离的，不是一个有机的整体[51]。

在各国的实践中，有太多的遗产文化和自然紧密地交织在一起，要想把它们列入世界遗产，就必须将其中的人文和自然人为地分离，否则在遗产类别中就无所适从，这其中尤其是以英国湖区（Lake District）[62]、亚洲的梯田、欧洲的葡萄庄园为代表的乡村景观最为典型。而正在此时，新文化地理学中的文化景观理论在20世纪80年代后期进入了世界遗产的理论视野，它被看作弥合原有世界遗产操作指南中文化与自然之间裂痕的理论支撑——这标志着世界遗产重要的价值观转向[9]。

文化景观类别的建立缘起于乡村景观。英国湖区委员会在1987年和1989年申报世界遗产过程中使用了"文化景观"的概念②，这促使众多遗产地也要求以文化景观的概念列入世界遗产名录。1992年，第16届世界遗产大会通过了对操作指南中关于文化遗产标准的修订，"文化景观"正式成为世界遗产申报的特定类型。同年，联合国教科文组织（UNESCO）正式采用"景观"（landscape）的概念取代1972年版的《世界遗产公约》中较为宽泛的"遗址"（site）的概念，它始于"自然遗产地"与"文化遗产地"在评估上长期分离所造成的问题，而景观被视作一种整合性的思想与方法构建。同时也表明，至20世纪后半叶，遗产研究的重点已从特殊的建筑或文物单体逐渐转向对日常的、普遍性的遗产价值的关注[1]。

从范畴上看，世界遗产文化景观侧重于自然和人文交融的区域。《实施世界遗产公约操作指南③》指出，文化景观属于文化遗产，代表着"自然与人

---

① 原文：mixed cultural and natural heritage.
② 韩锋教授指出，英国湖区有史前人类聚落遗址、罗马的堡垒、中世纪的修道院，而且是英国浪漫主义运动的重要基地，同时还有持续演进的工业、农业和人类聚居景观。但是对于这种人文与自然密不可分，同时仍然不断有机演进的遗产，在当时的操作指南中找不到对应的提名标准。
③ 原文：Operational Guidelines for the Implementation of the World Heritage Convention.

的共同作品①"。文化景观"见证了人类社会和居住地在自然限制和/或自然环境的影响下随着时间的推移而产生的演进过程,也展示了社会、经济和文化外部和内部的发展力量②"。考虑到其所处自然环境的局限性和特点,文化景观通常能够反映可持续性土地利用的特殊技术,以及与大自然特定的精神关系。保护文化景观有利于将可持续性土地使用技术现代化,保持或提升景观的自然价值。传统土地使用形式的持续存在支持了世界大多数地区的生物多样性,因此对传统文化景观的保护也有益于保持生物多样性[63-64]。

进一步来说,文化景观可以划分为三个子类型[65-66]。

(1) 最易识别的是明确定义的人类刻意设计及创造的景观③。其中包含出于美学原因建造的园林和公园景观,它们经常(但不总是)与宗教或其他纪念性建筑物或建筑群相结合。

(2) 有机演进的景观④。它们产生于最初始的一种社会、经济、行政以及宗教需要,并通过与周围自然环境的相联系或相适应而发展到目前的形式。这种景观反映了其形式和重要组成部分的进化过程。它们又可分为两类:

①残遗(或化石)景观⑤,它代表过去某一时间内已经完成的进化过程,它的结束或为突发性的和渐进式的。然而,它的显著特点在实物上仍清晰可见。

②持续性景观⑥,它在当今社会与传统的生活方式的密切交融中持续扮演着一种积极的社会角色,演变过程仍在其中,而同时它又是历史演变发展

---

① 原文:combined works of nature and of man.
② 原文:They are illustrative of the evolution of human society and settlement over time, under the influence of the physical constraints and/or opportunities presented by their natural environment and of successive social, economic and cultural forces, both external and internal.
③ 原文:landscape designed and created intentionally by man.
④ 原文:organically evolved landscape.
⑤ 原文:relict (or fossil) landscape.
⑥ 原文:continuing landscape.

的重要物证。

(3) 关联性文化景观①。将这一景观列入《世界遗产名录》是因为这类景观体现了强烈的与自然因素、宗教、艺术或文化的关联，而不仅是实体的文化物证，后者对它来说并不重要，甚至是可以缺失的。

世界遗产文化景观的三个子类涵盖了人与自然不同的相互作用方式，将具有代表性和典型性的景观列入世界遗产。景观既是一种看待环境的方式，也是环境本身，景观具有高度的自然性和文化性，包含有形和无形的文化价值[8]。

世界遗产文化景观通过把农业景观、土地的持续生产力、传统的生产技能与原住民的传统智慧、自然的生态管理相关联，使可持续发展、自然和文化保护、人和土地的依存关系和谐地统一起来。于是，遗产不再是一个高高在上的概念，人和自然从对立转为依存，世界遗产回到了大地，并和生活在其中的遗产创造者们建立了密切的联系，承认他们是遗产的创造者、管理者、守护者、解说者和传承者，环境公平、文化平等、发展权利、社区管理成为新焦点。在这样的视野下，世界遗产文化景观的实践领域不断得以拓展。文化景观迅速突破传统历史精英文化领域，推进到活态的、有机演进的日常景观。与传统智慧相关的自然资源利用主题，如农业梯田、葡萄庄园、乡村生活聚落景观、矿产工业景观在20世纪90年代纷纷登录世界遗产文化景观名单。菲律宾的农业梯田、葡萄牙的酿酒区、古巴的烟草峡谷、英国的铁矿工业景观等都是典型案例，这些往昔不起眼的景观现在跻身世界遗产之列[9]。

由于世界遗产的推动效应，近年来，文化景观已经超出文化地理学的研究范畴，其所代表的人与自然持续互动的价值得到了国际社会的广泛认知。而且，其他相关学科正积极参与到文化景观的保护中来，比如2016年，国际

---

① 原文：associative cultural landscape.

博物馆协会（ICOM①）选择的国际博物馆日的主题是"博物馆与文化景观②"，这一主题促使博物馆对其所在地区的文化景观③承担起责任（responsibility），要求博物馆为其文化景观的管理和维护贡献知识和专业技能，扮演积极的角色[67-68]。

四、作为方法论的文化景观

如前所述，在弥合世界遗产自然与文化之间裂痕的过程中，文化景观理论做出了巨大贡献，因此文化景观可以被视作一种整体性的遗产保护方法论[9]。而且在此之后，文化景观的整体性方法论逐渐展现出了更加强大的生命力，已被应用到多个相关国际文件之中。

2000年，欧洲理事会④采纳了《欧洲景观公约⑤》[69]。该公约认为所有地域都是景观的组成部分，包括城市、城市周边、乡村和自然地域，以及水域和海洋。同时也认识到，与那些通常被标识为具有全球重要性的景观一样，地方的和退化的景观对于社区或文化、社区居民或外来的造访者具有同样的重要性——该公约在全欧洲的政府中将"普通"景观与"特殊"景观同等对待，是具有革命性的创举。同时，在《欧洲景观公约》的实践过程中已经认识到：演进和变化是文化景观的基本特征，文化景观是持续发展的结果，对文化景观的管理不能采取保持一定时间里某个凝固状态的方法[70-72]。需要注意的是，该公约使用的术语是"景观"（landscape），没有前缀的形容词（例如文化的、自然的或历史的），试图通过这样的方式消除自然与文化

---

① 全称：International Council of Museums.
② 原文：Museums and Cultural Landscapes.
③ 在《锡耶纳宪章》（Siena Charter）中，文化景观被描述为"the country where we live, which surrounds us with the images and symbols that identify and characterize it"。在这里，景观的语境与地理、历史、经济、社会、文化相关，而博物馆存在于其中并发挥作用.
④ 原文：Council of Europe.
⑤ 原文：The European Landscape Convention

之间的分离[1]。《欧洲景观公约》有着完全不同于世界遗产的保护模式①，它对国际的重要贡献是探索了适合欧洲文脉和地脉的景观保护模式，为探索地方或区域景观保护做出了示范作用，目前已成为其他地区和国家的重要参考[51]。

2002年，"景观性格"（landscape character）的概念被提出，之后便得到了《欧洲景观公约》的大力推动，拥有广阔乡村景观的英格兰是首个应用景观性格评价（LCA②）的国家。在《景观性格评价——英格兰和苏格兰地区操作手册③》[73]中，对景观的定义带有自然要素与人文要素交融的整体性视野④。该手册的核心观点是，景观性格评价并不是判断景观品质的高下优劣，而是仅仅用来区分相邻景观区域中景观类型的差异。近年来，针对景观性格的识别，已成为评估世界遗产文化景观价值的基础工作[74]。

2004年3月，国际古迹遗址理事会（ICOMOS⑤）国际研讨会上通过了《关于遗产景观的宣言⑥》。此宣言主要关注的就是"人和自然随时间相互作用的结果"——文化景观，同时强调了自然和人的联系⑦。2005年，ICOMOS

---

① 这种模式是将景观看作一个有机进化体的自然进程和社会进程中的不同阶段的有机部分，而不是像世界遗产那样把某些景观从整体中分离出来成为特殊对待的个体。
② 全称：landscape character assessment.
③ 全称：Landscape character assessment guidance for England and Scotland.
④ 景观性格评价理论指出，"景观"是人与场所相互作用的过程中形成的复合形态——包括了自然、文化与社会、知觉与审美3个组成部分。其中"自然"可细分为地质情况、地貌类型、空气和气候、土壤、植物和动物等要素；"文化与社会"包含土地利用、聚居地、围场等要素；"知觉与审美"则由视觉（颜色、质地、样式、形式）、声音、气味、触摸/感染、偏好、联想、记忆等要素共同构成。
⑤ 原文：International Council on Monuments and Sites.
⑥ 也称《奈克提西宣言》，Natchitoches Declaration on Heritage Landscapes.
⑦ 《奈克提西宣言》指出世界遗产中人和自然的分离关系极大地阻碍了遗产景观的观念，已经给遗产的实践工作造成了极大的困扰。国际上正在意识到亚太以及其他地域对于人和自然的关系有着截然不同的价值观，而所有国家和地区都应当拥有贡献自己价值的机会。

的《关于保护文物建筑、遗址和遗产区域的背景环境的西安宣言①》[75]提出的遗产整体环境的概念和源于新文化地理学的文化景观的视野是一致的。遗产不能被孤立地、单纯地从物质层面来看待,必须纳入整体的、非物质的(包括社会、政治、经济、文化等)一系列环境中来定位和解读。在此,文化景观被上升到具有整体观的方法论加以运用[51]。

另外,文化景观方法论近年来在城市遗产保护领域也展示了其适用性。2011年11月,联合国教科文组织(UNESCO)大会采纳了《关于城市历史景观的建议书②》[76](以下简称《建议书》),《建议书》为在城市大背景下识别、保护和管理历史区域提出了一种景观方法(landscape approach)③,而不是一种新的遗产类型。同时,这是一项"软法律",各个国家可以将其纳入本国法律和制度框架之中,协助达到与保护相关的城市发展控制目标[37,77]。

《建议书》的核心观点有:将建筑组群、历史集群或旧城从城市整体中分离出来的传统规划方法,不足以保护城市特征与质量,更无法抵御城市碎片化与城市衰弱,因此同样需要用整体性方法来看待其保护与发展;景观作为城市动态演变中自然与建成环境之间相互作用的层累结果,具有重要价值;传统规划的重点落在分区,而今天则更强调相互关系、价值及管理的延续性。

---

① 该宣言全称为:Xi'an Declaration on the Conservation of the Setting of Heritage Structures, Sites and Areas。2005年在中国西安召开的ICOMOS大会,其主题是"古迹遗址及其环境——保护城镇和景观变化中的文化遗产(Monuments and sites in their setting – conserving cultural heritage in changing townscapes and landscapes)"。

② 全称为:Recommendation on the Historic Urban Landscape。该《建议书》是联合国教科文组织(UNESCO)35年以来第一次关于城市历史环境的文书。Historic Urban Landscape(HUL)的另一种翻译方法为"历史性城镇景观"。

③ 景观方法是做出景观保护决定的框架。景观方法有助于作出具体干预行动,能够为涉及整个景观的活动的规划、协商和执行提供便利。(原文:The landscape approach is a framework for making landscape – level conservation decisions. The landscape approach helps to reach decisions about the advisability of particular interventions, and to facilitate the planning, negotiation and implementation of activities across a whole landscape.)。

文化景观视野中的乡村遗产保护——以都江堰灌区为例 >>>

城市历史景观（HUL）将景观保护的方法推进到城市遗产保护和发展中，要求打破古城、历史城区、保护区的界限，超越对建筑、遗址的文化遗产的保护，将城市的自然肌理、生物多样性保护融入遗产保护，同时保护城市的文脉和地脉，在发展中继承城市文化和自然基因。这是又一个着眼演进、在发展中保护传承的重要文件[78-80]。

需要强调的是，城市历史景观（HUL）的概念是一种思维模式，是一种观察、理解城市及其构成的方法。它的出现并不是要取代既有的学说及保护方法，而可以被视作整合建成环境保护政策与实践的工具，其目标在于确立一系列的操作原则，保证城市保护模式能够尊重城市不同历史文化脉络的价值、传统及其环境，帮助重新定义城市遗产在空间发展中的中心地位[81]。城市历史景观方法的提出在城市遗产保护领域是一个重要的思想进步，它强化了城市保护与发展之间的关联、新城和老城之间的关联，对文化遗产学、城市规划学、社会学等学科都具有现实意义[82]。

继而在2016年，由联合国教科文组织亚太地区世界遗产培训与研究中心（WHITRAP①）与澳大利亚巴拉瑞特市②合作并发布了《城市历史景观方法实施指南③》[83]，为《建议书》的落实给出了指导，并从实践的角度解读了城市历史景观的目的、方法与应用[84]。

作为世界遗产官方咨询机构，近年来国际自然保护联盟（IUCN④）对文化景观表现出极大的关切。它改变了传统保护区中人与自然相对抗的传统观念，发展出了人和自然共同发展的模式——第五类别的保护区"陆地/海洋

---

① 全称：World Heritage Institute of Training and Research for the Asia and the Pacific Region under the auspices of UNESCO.
② 英文名称为 City of Ballarat。
③ 全称为 The HUL Guidebook，该指南发布于2016年6月在奥地利 Bad Ischl 举行的历史城镇联盟第15届世界会议上，旨在为持续变化的城市环境中动态管理文化遗产提供实践参考.
④ 全称：International Union for Conservation of Nature and Natural Resources.

景观①"[85]。IUCN在保护人与自然紧密交织的广域型景观时，已转向把自然保护和人类文化及无形价值置于保护之下，并将景观保护和环境公平、脱贫致富等社会价值和地区经济发展紧密联系起来[86]。2017年，在国际古迹遗址理事会（ICOMOS②）第19届全体代表大会暨国际科学研讨会上，IUCN与ICOMOS共同起草了《Yatra自然文化之旅声明③》，声明中创造了一个叫作"naturecultures④"的新词[87-88]，明确地表达了对自然与文化不可分割的认知，以及弥合自然与文化在世界遗产保护中的裂痕的理念，这具有里程碑式的意义[79]。

由此可见，"文化景观"作为整体性、动态性的遗产保护方法论，正不断为传统遗产保护理论提供启示、扩展视野，并开辟新的研究领域。

第三节 文化景观视野中的乡村遗产

基于前述分析可知，景观的词源及之后含义的演变、世界遗产文化景观类别的设立、整体性遗产保护方法论的建立，均与乡村有着密切的关联。从世界遗产分类体系来看，乡村遗产是典型的文化景观；从方法论的角度来看，近年来各国际组织已倾向于从文化景观的整体性方法来认知乡村遗产所包涵的内容及其重要性。在这个过程中出现的重要的国际保护倡议有"全球

---

① 原文：Protected Landscape/Seascape，其定义原文为：A protected area where the interaction of people and nature over time has produced an area of distinct character with significant ecological, biological, cultural and scenic value; and where safeguarding the integrity of this interaction is vital to protecting and sustaining the area and its associated nature conservation and other values.
② 全称：International Council on Monuments and Sites.
③ 原文："Yatra aur Tammanah Statement – Yatra: our purposeful Journey and Tammanah: our wishful aspirations for our heritage" on learnings and commitments from the Culture – Nature Journey.
④ 声明中特别指出Nature与culture之间没有空格，不加连线，也不加"and"。

重要农业文化遗产""全球乡村景观倡议"《关于乡村景观遗产的准则》等。

一、"全球重要农业文化遗产"

2002年，联合国粮食及农业组织（FAO①）建立了全球重要农业文化遗产（GIAHS②）保护倡议，旨在建立全球重要农业遗产及其有关的景观、生物多样性、知识和文化保护体系，并在世界范围内得到认可与保护，使之成为可持续管理的基础。按照FAO的定义，GIAHS是"乡村社区与其所处环境长期协同进化和动态适应下所形成的独特的土地利用系统和农业景观，这些系统与景观具有丰富的生物多样性，而且可以支撑当地社会经济与文化发展的需要，有利于促进区域可持续发展③"。在这些系统中含有丰富的农业生物多样性和野生动物，并且是本土知识与文化的重要资源[89-91]。

由定义可见，"农业文化遗产"是一个完整的系统，它并不是将某一部分（村落、建筑、耕地、农耕技术等）从整体中割裂出来后单独赋予其价值，相反，它是一个由物质要素与非物质要素、自然要素与人文要素持续互动所形成的、宏大而复杂的系统。它强调了乡村社区与环境互动的重要性，并以可持续发展为目标——这其中可以明确看出文化景观所强调的整体性与动态性遗产保护方法论，同时也可以看出该体系对于乡村传统产业保护与发展的重视。乡村传统产业的振兴是乡村遗产保护与乡村振兴的有效前提，而这必须通过农业部门广开渠道，来支持传统农林产业的实践[92]。

申报全球重要农业文化遗产的提案应清楚地说明农业实践和农业系统的独特性质与显著的特点，包括但不限于以下五个方面[93]：

---

① 全称：Food and Agriculture Organization of the United Nations.
② 全称：Globally Important Agricultural Heritage Systems.
③ 原文：Remarkable land use systems and landscapes which are rich in globally significant biological diversity evolving from the co-adaptation of a community with its environment and its needs and aspirations for sustainable development.

（1）粮食和生计保障①。
（2）农业生物多样性②。
（3）本地和传统知识系统③。
（4）文化、价值体系和社会组织④。
（5）土地与海洋的景观特征⑤。

此外，FAO将全世界分为五个地区来统计遗产数量（详见附录四）。目前，亚洲与太平洋地区已登录全球重要农业文化遗产的数量遥遥领先，达到了36处，另有8处正在申报中（见彩图一）[94]。这说明亚太地区具有深厚的农耕文明传统，其农业遗产所代表的农耕文化多样性与农业生物多样性具有杰出的全球价值。

二、"全球乡村景观倡议"

从全球范围来看，乡村景观正受到城市化与发展的压力而发生巨大变化，包括土地抛荒、密集型农业实践的消失，以及当地传统知识的丧失；但同时，人们又已经认识到优质乡村景观的重要性，以及对可持续发展的深刻启示。2012年，UNESCO与国际传统知识研究所（ITKI⑥）联合发布了《佛罗伦萨景观宣言⑦》，呼吁"负责联合国方案和国际公约的政府间机构和秘书处以及非政府组织，加强将保护和改善景观作为可持续发展进程必要组成

---

① 原文：Food and livelihood security.
② 原文：Agro-biodiversity.
③ 原文：Local and Traditional Knowledge systems.
④ 原文：Cultures, Value systems and Social Organisations.
⑤ 原文：Landscapes and Seascapes features.
⑥ 全称：International Traditional Knowledge Institute.
⑦ 原文：Florence Declaration on Landscape.

部分的国际认识；共享信息并提供专业知识；建立有效的伙伴关系①"[95-96]。

基于《佛罗伦萨景观宣言》确立的原则，联合国教科文组织（UNESCO）世界遗产咨询机构——国际古迹遗址理事会-国际风景园林师联合会文化景观科学委员会（ICOMOS - IFLA ISCCL②）[97]于2013年正式发布了"全球乡村景观倡议③"的文书[98]，目标是建立一个国际合作平台，促进保护、理解和管理乡村景观方面的全球合作，让不同的机构和利益相关者交流经验和知识，并根据当地情况和传统知识和用途，提升优质乡村景观的重要价值。该倡议提出需要构建的主要内容有：

（1）构成倡议的一般性文件。它至少包括：

①乡村景观的定义。

②管理倡议的原则，涉及：作为有形文化遗产和无形文化遗产的乡村景观；乡村景观中的完整性、真实性和传统等概念；应用领域；作为资源的乡村景观；知识；历史和文化特征的连续性；耐久性和变化（标准）；乡村景观政策原则；制定乡村景观政策的要点。

③操作指南和方法指南，涉及：对乡村景观的理解和研究；编目分类的标准和方法；乡村景观的保护、管理和演变；乡村景观土地规划；乡村景观和农业政策；乡村景观和自然保护；乡村景观和食物；提高认识、培训和更新；乡村景观作为遗产资源展示历史上的管理技术等。

（2）该一般性文件的附录。主题包括：世界乡村景观概况、基于专题或区域的特定研究，以及关键术语汇编。

（3）一个用来合作和传播倡议的网站，将与网络工作场所以及协作网络

---

① 原文：call upon intergovernmental agencies and secretariats, responsible UN programs and international conventions, together with non-governmental organizations concerned, to strengthen the global awareness on the need to safeguard and improve landscapes as an integral element of sustainable development processes; share information and make expertise available; and establish effective partnerships.

② 全称：International Council on Monuments and Sites - International Federation of Landscape Architects (International Scientific Committee on Cultural Landscapes)．

③ 原文：World Rural Landscape Initiative。该倡议于2011年得到ISCCL的正式批准．

相关联。

（4）在不同层面展开行动，以提高国际社会对该倡议的兴趣，以便：让所有对该倡议感兴趣的利益相关方参与进来，例如相关学科的研究人员和专家、对乡村景观的管理制定决策的公共机构（所有层级，包括国际、国家和地方级别）以及非政府组织；加强科学机构与其他机构在方法和操作议题上的部门间联系；在该文件制定期间和完成之后，促进针对乡村景观的关注和行动。

作为该倡议的成果之一，工作小组已编制全球乡村景观地图集①，以期在不同尺度的地理层面和行政层面（国际、国家、地方）提供对乡村景观进行清查、分类和描述的方法，并为专题和/或区域的特定研究建构方法论。值得注意的是，该图集不是世界上所有乡村景观的清单，而是将全世界分为亚洲地区、大洋洲地区、欧洲地区、北美洲地区、中南美洲地区、非洲北部地区、非洲中部与南部地区共七个区域，通过选择不同区域最具代表性的案例归纳全球乡村遗产的类型（图2.3）[99]。

三、《关于乡村景观遗产的准则》

"全球乡村景观倡议"推出后，国际古迹遗址理事会-国际风景园林师联合会文化景观科学委员会（ICOMOS – IFLA ISCCL）在乡村景观研究方法、保护知识、管理和操作路径，以及国际文件层面进行了深入研究，填补了这一领域长期以来的空缺[1]。2017年10月，该倡议的成果之一《关于乡村景观遗产的准则②》[39-40]获得了国际风景园林师联合会（IFLA）的批准，并于同年12月在印度德里举行的国际古迹遗址理事会（ICOMOS）大会[38]上通过并采纳（全文见附录一）。

---

① 原文：The Atlas.
② 原文：Principles Concerning Rural Landscape as Heritage.

文化景观视野中的乡村遗产保护——以都江堰灌区为例　>>>

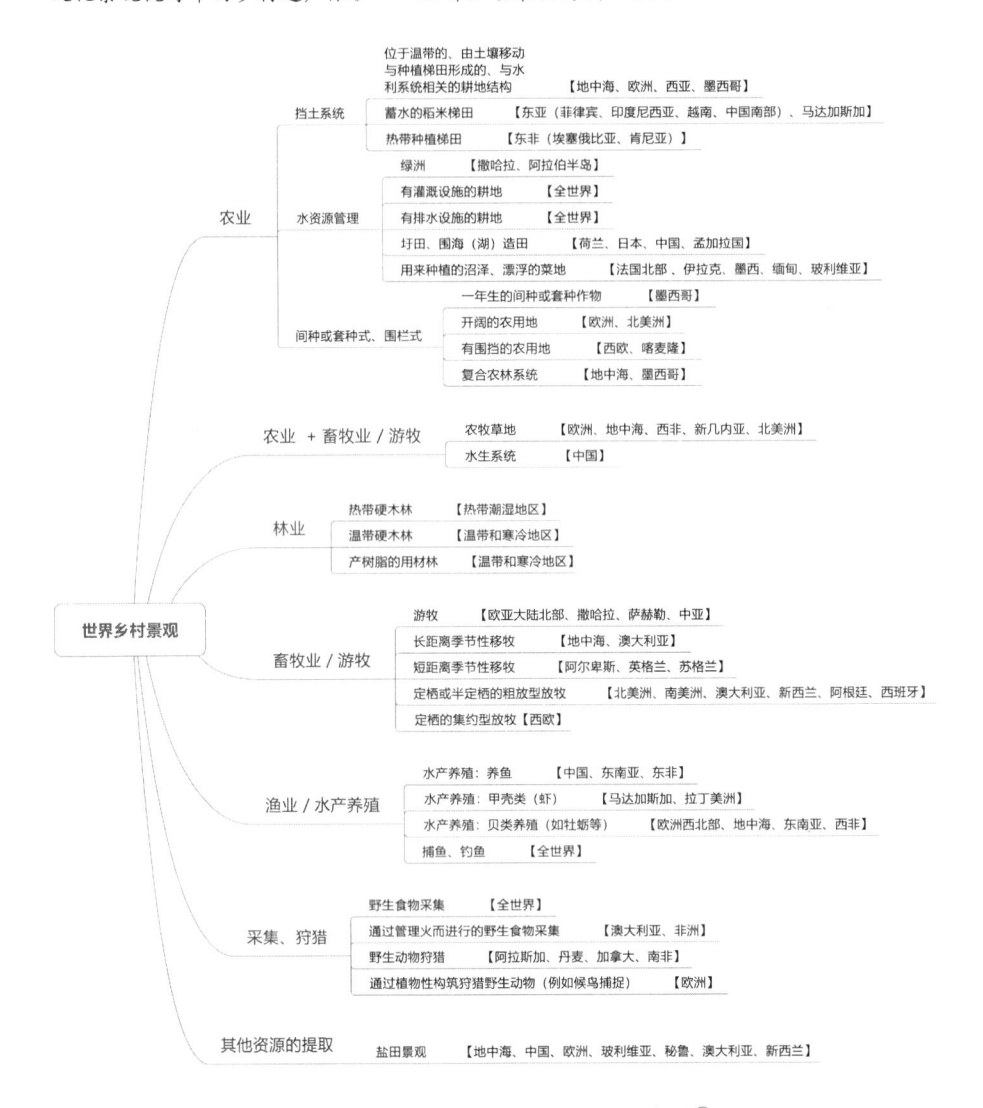

```
                          ┌ 位于温带的、由土壤移动
                          │ 与种植梯田形成的、与水   【地中海、欧洲、西亚、墨西哥】
                          │ 利系统相关的耕种结构
              ┌ 挡土系统  ┼ 蓄水的稻米梯田   【东亚（菲律宾、印度尼西亚、越南、中国南部）、马达加斯加】
              │           └ 热带种植梯田    【东非（埃塞俄比亚、肯尼亚）】
              │           ┌ 绿洲                  【撒哈拉、阿拉伯半岛】
              │           │ 有灌溉设施的耕地      【全世界】
              │ 水资源管理┤ 有排水设施的耕地      【全世界】
        农业 ─┤           │ 圩田、围海（湖）造田  【荷兰、日本、中国、孟加拉国】
              │           └ 用来种植的沼泽、漂浮的菜地   【法国北部、伊拉克、墨西、缅甸、玻利维亚】
              │           ┌ 一年生的间种或套种作物  【墨西哥】
              │ 间种或套种式、│ 开阔的农用地           【欧洲、北美洲】
              └ 围栏式    ┤ 有围挡的农用地          【西欧、喀麦隆】
                          └ 复合农林系统           【地中海、墨西哥】

   农业+畜牧业/游牧 ┬ 农牧草地  【欧洲、地中海、西非、新几内亚、北美洲】
                    └ 水生系统  【中国】

        林业 ┬ 热带硬木林    【热带潮湿地区】
             ├ 温带硬木林    【温带和寒冷地区】
世界乡村景观 ┤             产树脂的用材林 【温带和寒冷地区】
             │
             │           ┌ 游牧       【欧亚大陆北部、撒哈拉、萨赫勒、中亚】
             │           │ 长距离季节性移牧   【地中海、澳大利亚】
        畜牧业/游牧 ────┤ 短距离季节性移牧   【阿尔卑斯、英格兰、苏格兰】
             │           │ 定栖或半定栖的粗放型放牧  【北美洲、南美洲、澳大利亚、新西兰、阿根廷、西班牙】
             │           └ 定栖的集约型放牧  【西欧】
             │
             │           ┌ 水产养殖：养鱼     【中国、东南亚、东非】
        渔业/水产养殖 ──┤ 水产养殖：甲壳类（虾）【马达加斯加、拉丁美洲】
             │           │ 水产养殖：贝类养殖（如牡蛎等）【欧洲西北部、地中海、东南亚、西非】
             │           └ 捕鱼、钓鱼         【全世界】
             │
             │           ┌ 野生食物采集       【全世界】
             │           │ 通过管理火而进行的野生食物采集 【澳大利亚、非洲】
        采集、狩猎 ─────┤ 野生动物狩猎       【阿拉斯加、丹麦、加拿大、南非】
             │           └ 通过植物性构筑狩猎野生动物（例如候鸟捕捉）【欧洲】
             │
        其他资源的提取 ─ 盐田景观  【地中海、中国、欧洲、玻利维亚、秘鲁、澳大利亚、新西兰】
```

图 2.3　具有代表性的世界乡村景观类型①

该准则在序言中表明：乡村景观是人类遗产的重要组成部分，也是持续

---

① 笔者翻译并制图。数据来源：Atlas & Rural landscapes classification ［EB/OL］.
　［2019 - 09 - 12］. http://www.worldrurallandscapes.org/home/wrl-results/atlas-and
　-rl-classification/.

24

性文化景观①中最常见的类型之一。全世界的乡村景观丰富多样，它们也代表了多样的文化和传统。乡村景观为人类社会提供多种经济、社会效益及多样化的功能、文化支持和生态系统服务。

同时，该准则对乡村景观、乡村景观遗产所做定义如下。

（1）乡村景观②。

①乡村景观指在人与自然之间的相互作用下形成的陆地及水生区域，通过农业、畜牧业、游牧业、渔业、水产业、林业、野生食物采集、狩猎和其他资源开采（如盐），生产食物和其他可再生自然资源。乡村景观是多功能资源。同时，生活在这些乡村地区的人和社区还赋予其文化意义：一切乡村地区皆是景观。

②乡村景观是变化着的活态体系，包括使用传统方法、技术、累积的知识、文化习俗等生产并管理的地区，以及那些传统生产方式业已改变的地区。乡村景观系统包括乡村元素，以及与更广泛背景的功能、生产、空间、视觉、象征和环境的关系。

③乡村景观包括管理良好的、已退化或废弃但仍可再利用或开垦还原的区域，如广阔的乡村空间、城市边缘以及建成区域内的小型空间等。乡村景观涵盖地面、亚表土及资源、土地上空以及水域。

（2）乡村景观遗产③。

①乡村景观遗产指的是乡村地区的物质及非物质遗产。乡村景观遗产的物理特征包括生产性土地本身、结构形态、水、基础设施、植被、聚落、乡村建筑和中心区、本土建筑、交通和贸易网络等，以及更广阔的物理、文化、与环境关系及背景。乡村景观遗产还包括相关的文化知识、传统、习俗、当地社区身份及归属感的表达、过去与现代的族群和社区赋予景观的文化价值和含义。乡村景观遗产包含涉及人与自然关系的技术、科学及实践

---

① 原文：continuing cultural landscapes.
② 原文：Rural Landscape.
③ 原文：Rural Landscape as Heritage.

知识。

②乡村景观遗产反映了社会结构及功能组织，及其在过去和现在的形成、使用和变革。乡村景观遗产包括文化、精神和自然属性，这些都对生物文化多样性的延续意义重大。

③独特或普通，传统还是被现代活动改变，所有乡村地区都可以被当作遗产解读：遗产以不同的类型和层次存在，与多个历史时期相关，如同羊皮纸上的文字，可以被重叠书写。

此外，该准则特别指出了理解、保护、可持续管理、交流传播乡村景观及其遗产价值①的行动标准。

整体而言，"全球乡村景观倡议"和《关于乡村景观遗产的准则》不仅强调乡村景观的重要性，更提出了适用于它们的保护和管理政策，成为专家和利益相关者之间进一步对话的参照和机制。该准则是联合国教科文组织（UNESCO）在世界遗产理论方法上的支撑，也是世界遗产地管理和遴选期间进行科学鉴定、描述、比较和评估的关键依据。该准则让世界遗产文化景观中"有机演进的文化景观"类别保护方法得到更进一步的充实和发展，因此是一项突破性的成果。总的目标是明晰乡村景观遗产既是人类生存发展的资源，也是文化多样性和文明间对话的载体，更是全球可持续发展模式的重要组成部分[1]。

第四节　来自亚洲的回响

"文化景观"的概念在亚洲的发展并不是一帆风顺的，它曾遭遇过认知的困难，但亚洲拥有类型丰富、面积宏大的乡村类文化景观遗产，它们是亚洲人民在自然环境的制约中创造的独特生产生活方式及其历史的写照，其价

---

① 原文：rural landscapes and their heritage values。

值亟待进一步深挖与梳理[47]。近年来，以中国、日本为代表的亚洲各国正积极转向，尝试将文化景观保护的国际经验与本国文化遗产保护发展事业相融合。

一、日本近年以来的实践

"景观"一词在现代日语中的出现与运用，与地理学的东渐有关。据日本地形学与景观地理学创始人辻村太郎①考证，现代日语中的"景观"（景観）一词是植物学家三好学②由德语"Landschaft"翻译而来并首次在日本使用的，"景"含有"光线""状态，样子"的意思，而"观"则含有"看的方法，理解的方法"的意思③。也就是说，景观不仅是指作为视觉对象的客观景象，而且与观看的主体（人类）的意象（image）和印象等心理反应密切相关，景观是人类对地表某一特定地域的整体认知。因此从定义上看，"景观"一词是带有强烈的主观色彩的。此外，现代日语中与"景观"相类似的词还有"风景（風景）"④"风致（風致）"⑤"景域"⑥，以及由英语landscape音译过来的"ランドスケープ"等[100-101]。

在日本，棚田⑦与里山⑧是"原风景"的代表[102]，日本国内对于乡村

---

① つじむらたろう，1890—1983.
② みよしまなぶ，1861—1939。日本岐阜县出生，日本植物生理学，植物生态学的开创者之一。1891年至1894年赴德国莱比锡大学（Universität Leipzig）留学，师从W. Peffer。代表作有《植物学講義》(1899)、《植物生態美観》(1902)、《天然記念物》(1915)、《山桜の研究》(1915).
③ 由于可视对象、景观域、视点等的不同，"景观"可以被类型化.
④ "风景"含有观看者一方对于美丑的概念和风土性，是一个比较主观的、综合的概念，且多带有文学、艺术的色彩.
⑤ "风致"含有美的意思，和宜人舒适（amenity）的概念相近.
⑥ "景域"侧重地域的延伸，是一个包含生态方面的秩序性和有机性、乡土性等要素，含有地域广阔性的综合性概念，是地理学家坂本幸之（いいもとのぶゆき，1895—1989）从德语Landschaft翻译而来.
⑦ 梯田在日语中被称为"棚田"（たなだ）或"千枚田"（せんまいだ）.
⑧ 日语中的"里山"（さとやま）是指位于村落附近、曾是村民采集薪柴与野菜等生活物资、与人类关系密切的山林地.

的关注与研究由来已久。在泡沫经济崩溃后的20世纪90年代初期，高度经济成长时期积累的各种弊病集中突显，促使日本社会进行深刻反思并重新发现乡土的价值，终于在世纪之交形成了乡村遗产保护的热潮。1995年，日本国内的自治体与社会团体共同成立了"全国棚田（千枚田）连络协议会"[103]；1998年，日本农林水产省基于"生态博物馆"① 的理念与方法，创立了"田园空间博物馆"制度[104-105]；1999年，农林水产省又公布了"日本棚田百选"名录[106]；2001年，又成立了全国性的"棚田学会"，以推动与梯田相关的学术研究，促进梯田耕作文化的保护与传承[107]。

　　Cultural landscape 在日语中的正式译名为"文化的景観"[108]。因受到世界遗产文化景观申报工作的推动，同时也为回应国内保护文化景观的呼声，日本文化厅文化财部纪念物课从2000年至2003年间在全国范围内推行了"与农林水产业相关的文化景观保护调查研究②"工作，目的是从总体上梳理文化景观在保存、整备、活用方面的课题，并为今后的保护制定方针。在本次调查中，"文化的景观"被定义为"以农山渔村地区的自然、历史、文化为背景，与传统产业及生活密切相关，具有代表该地区特有的土地利用形态或固有风土的、有高度价值的景观"③。本次调查共涉及四类与农林水产业相关的文化景观地（图2.4），共计2311处④。2004年，该调查报告被翻

---

① 生态博物馆（Ecomuseum）起源于20世纪60年代末期的法国，在日语中被称为"エコミュージアム"。生态博物馆的理念是用历史学的方法挖掘当地人的生活环境、社会环境、自然环境的发展过程，将存在于当地的自然遗产（山岳、河川、森林、动植物等）、文化遗产（街区、史迹、风俗、习惯、传说等）、产业遗产（与农业、渔业等相关的土地、技术、设备等）在当地进行保护、培育、展示，从而对当地社会的全面发展做出贡献。日本首个生态博物馆是1991年前后设立的山形县朝日町生态博物馆。
② 原文：農林水産業に関連する文化的景観の保護に関する調査研究。
③ 原文：農山漁村地域の自然、歴史、文化を背景として、伝統的産業及び生活と密接に関わり、その地域を代表する独特の土地利用の形態又は固有の風土を表す景観で価値が高いもの。
④ 第一轮调查了2311处文化景观，从中选择了502处进行第二轮调查后，挑选出180处文化景观列为"重要地域"，并对其中的8处进行了试验性的详细调查。

译成了英文版①,并向世界遗产委员会等国际组织进行了推介[109]。

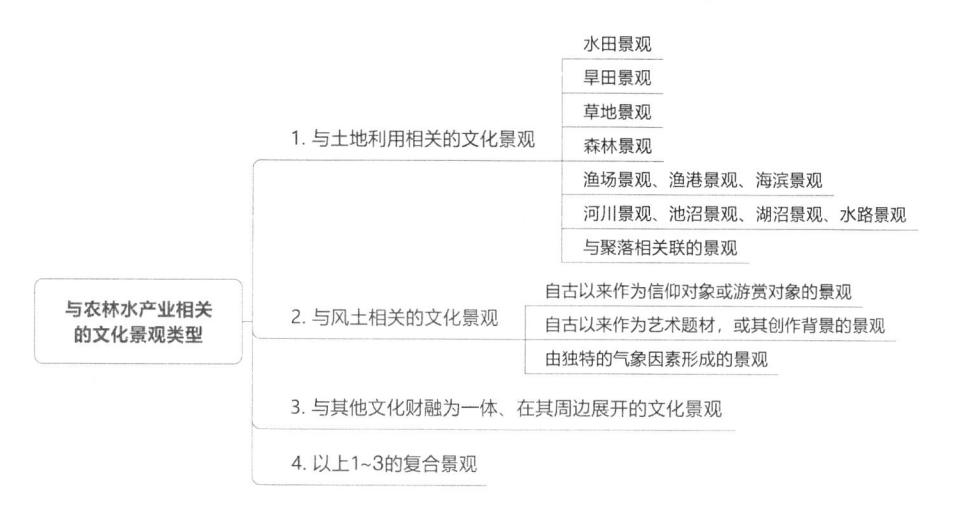

```
与农林水产业相关     1. 与土地利用相关的文化景观 ─┬─ 水田景观
的文化景观类型                                 ├─ 旱田景观
                                              ├─ 草地景观
                                              ├─ 森林景观
                                              ├─ 渔场景观、渔港景观、海滨景观
                                              ├─ 河川景观、池沼景观、湖沼景观、水路景观
                                              └─ 与聚落相关联的景观
                    2. 与风土相关的文化景观 ─┬─ 自古以来作为信仰对象或游赏对象的景观
                                              ├─ 自古以来作为艺术题材,或其创作背景的景观
                                              └─ 由独特的气象因素形成的景观
                    3. 与其他文化财融为一体、在其周边展开的文化景观
                    4. 以上1~3的复合景观
```

图 2.4　与农林水产业相关的文化景观类型归纳②

2004 年 6 月,日本通过了《景观法》,以法规的形式明确了景观、景观规划的法律地位和意义[110-113]。2004 年 12 月,日本对《文化财保护法》进行了修订,在文化财保护体系中增设了"文化的景观"这一类别[114-115],指出文化景观是"由该地区民众的生活、生业,以及风土所形成的景观地,它们对于理解日本国民的生活与生业不可或缺"③,并规定需基于地方自治体的申请,选定其中特别重要者为"重要文化的景观"(图 2.5)[116-117]。截至目前,日本全国共选定了 64 处重要文化的景观[118]。需要注意的是,从选定标准所示的类别(图 2.6)来看,日本文化财体系中文化景观的概念仅相当

---

① 英文译名为 The Report of the Study on the Protection of Cultural Landscapes Associated with Agriculture, Forestry and Fisheries.
② 笔者翻译并制图。数据来源:文化庁文化财部記念物課. 日本の文化的景観:農林水産業に関連する文化的景観の保護に関する調査研究報告書[M]. 東京:同成社,2005.
③ 原文:文化的景観とは「地域における人々の生活又は生業及び該当地域の風土により形成された景観地で我が国民の生活又は生業の理解のため欠くことのできないもの」を指す.

29

文化景观视野中的乡村遗产保护——以都江堰灌区为例　>>>

于世界遗产文化景观的第二类"有机演进的景观"中的第二子类"持续性景观",且不以"建造物群"为价值评价的核心①[119]。

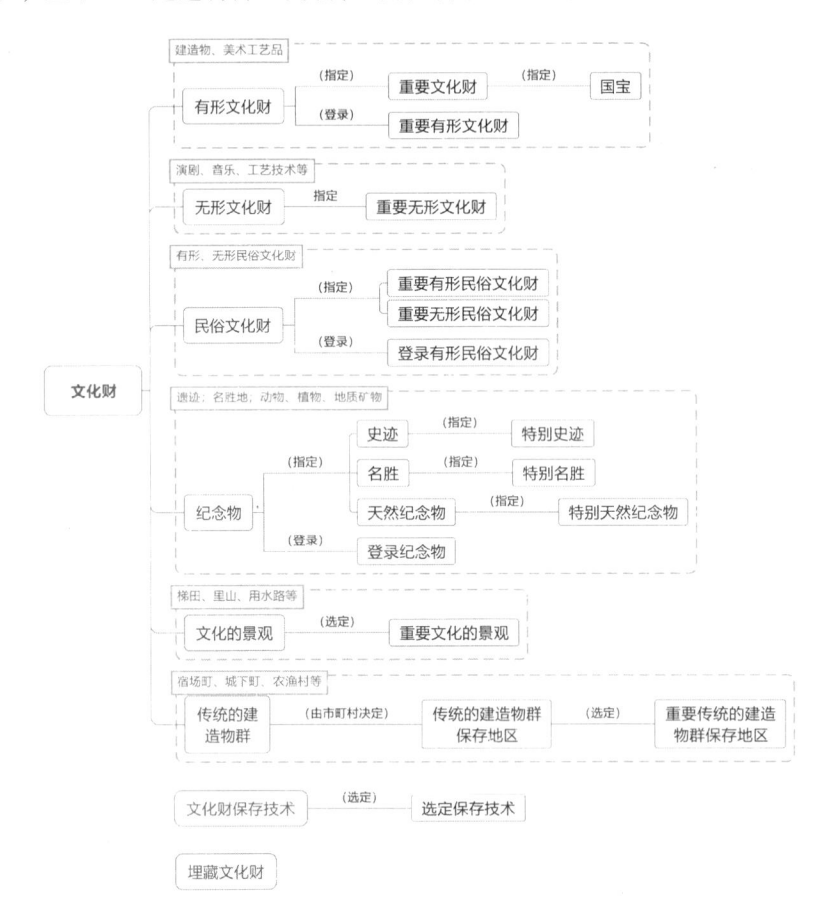

图2.5　日本文化财体系图中的文化景观(2004年修订)②

---

① 世界遗产文化景观的第一类"人类刻意设计及创造的景观"与第三类"关联性文化景观"在日本文化财体系中相当于"史迹、名胜、天然纪念物";第二类"有机演进的景观"的第一子类"残遗(或化石)景观"相当于文化财体系中的"史迹",第二子类"持续性景观"中以建筑物或构筑物群的价值为评价核心的对象,相当于文化财体系中的"传统的建造物群"。
② 笔者翻译并制图。引用来源:篠原修. 景観用語事典(増補改訂版)[M]. 東京:彰国社,2007:119-133.

```
                     1.水田与旱田等与农耕相关的景观地
                     2.茅野与牧野等与采草和放牧相关的景观地
                     3.用材林与防灾林等与森林利用相关的景观地
                     4.水产养殖筏等与渔业相关的景观地
     重要文化的景观    5.蓄水池、水渠及港口等与水的利用相关的景观地
        （类别）
                     6.矿山、采石场与工场群等与采掘和制造相关的景观地
                     7.道路与广场等与流通和往来相关的景观地
                     8.垣根和屋敷林等与居住相关的景观地
                     9.以上1-8的复合景观地
```

图 2.6　日本文化财体系中"重要文化的景观"选定类别①

2005 年，正值村落大合并背景下的日本地方自治体成立了"日本最美乡村"连合会②[120]。2006 年，致力于保护文化景观的地方自治体建立了"全国文化的景观地区连络协议会"（简称"文景协"）[121]，目的是针对文化景观保护进行调查研究、推进政策的实施、促进信息交流，并且与当地居民共同协作，认识问题与解决问题。同时，日本文化厅文化财部纪念物课从 2006 年至 2008 年又推行了"与采掘与制造、流通与往来及居住相关的文化景观保护调查研究"，对都市及矿工业相关联的文化景观的评价、保存、活用的方法进行了探索[122-123]。

---

① 笔者翻译并制图。引用来源：同上图.
② 正式名称为：NPO 法人「日本で最も美しい村」連合（The Most Beautiful Villages in Japan），其设立的目的之一是提升乡村的品牌价值。1982 年，法国发起了"最美乡村运动"，后扩展到比利时、加拿大、意大利等地，2003 年成立了"世界最美乡村连合会（The Most Beautiful Villages of the World）"。日本于 2010 年加盟该国际连合会.

目前,世界遗产官方网站显示日本正式的世界遗产文化景观数量为2处①[124-125];全球重要农业文化遗产(GIAHS)②中来自日本的农业文化遗产登录数量为11处,在亚太地区仅次于中国[126];出于对世界遗产的"精英式""片段式"的遗产遴选模式的反思,日本文化厅于2015年设立了"日本遗产③"名录[127],提出了点、线、面结合,融合自然与文化、物质与非物质的整体性遗产认定模式[128-129]。

二、中国近年以来的探索

一般认为,作为研究术语,汉语中的"景观"一词是从日语中借用而来的[130]。"景观"作为一个新词,首先在地理学中被使用,从中国20世纪四五十年代的地理学文献[131-132]中可以看到"地理景观"一词的运用。但是,1977年中国出版的《辞海》中没有收录"景观"一词,到了1979年,"景观"一词才出现在了《辞海》中,当时对于景观的定义是"地理学名词"。直到1999年,《辞海》中对于景观的定义又增加了"风光景色"的含义,说明"景观"一词已经从地理学领域进入园林学领域[133],而"园林"④"风景""山水"等具有相近含义的词汇更具中国文化传统的概念[134-135]。

中国传统的自然观与西方截然不同。人与自然的关系,即"天人关系"一直是中国古代哲学的中心命题,而"天人合一"的自然观,是中国基于哲学观区别于西方文化的最显著特征[136]。由于人文与自然高度融合的"风景"在中国传统文化中有着特殊的意义——风景是人文主导而不是宗教主导的概念;风景具有高度的美学价值而不是科学价值,因而在中文语境中,与"风景"相近义的"景观"就是一个具有强烈文化属性的概念[137]。

---

① 分别为"紀伊山地の霊場と参詣道(Sacred Sites and Pilgrimage Routes in the Kii Mountain Range)"(2004年登录)、"石見銀山遺跡とその文化的景観(Iwami Ginzan Silver Mine and its Cultural Landscape)"(2007年登录).
② 该遗产项目在日本被译为"世界農業遺産".
③ 英文名称为Japan Heritage.
④ "园林"一词广泛出现于西晋(265—317)以后的诗文中.

因此,"文化景观"一词在最初引入中国遗产保护领域时遭遇到了认知的困难[138]——既然景观本身具有文化属性,那文化景观又指什么呢?这种认知的困难直接导致了自1992年"文化景观"成为世界遗产特殊类别之后的10年间,来自中国的世界遗产文化景观屈指可数①[6,51,139]。而经过了与世界遗产的观念碰撞与理念融合期之后,中国已进入主动申报世界遗产文化景观的时期[140],其中以杭州西湖文化景观②、红河哈尼梯田文化景观③、左江花山岩画文化景观④进入世界遗产名录[124]为这一转变的体现。

在国际文化遗产保护理念的影响下,基于中国文化遗产自身的特殊性与文化背景,国际古迹遗址理事会(ICOMOS)中国国家委员会⑤在2000年制定了《中国文物古迹保护准则》⑥(以下简称《准则》),构建了中国文物保护的基本标准与基本程序,极大地促进了中国文物保护事业的发展[141-142]。从2000年以后,中国的文物保护开始向文化遗产保护的方向发展,国际文化遗产保护领域中新出现的遗产类型⑦对中国文化遗产保护工作提出了新的要求,同时文化遗产保护与经济发展、城乡建设、人民生活质量改善相结合的思想得到了强调。在此背景下,《准则》在2010年开始进行修订。进而,2015年正式公布的《准则》修订版重新阐释了中国文化遗产保护的各项原

---

① 在1992至2002年间,世界遗产文化景观的登录数量激增,但绝大多数都集中在欧洲与北美(Europe and North America)地区;而这期间中国仅有庐山国家公园(Lushan National Park)在1996年申报时被建议列为世界遗产文化景观.
② 2011年申遗成功,登录名称为West Lake Cultural Landscape of Hangzhou.
③ 2013年申遗成功,登录名称为Cultural Landscape of Honghe Hani Rice Terraces.
④ 2016年申遗成功,登录名称为Zuojiang Huashan Rock Art Cultural Landscape.
⑤ 即中国古迹遗址保护协会,简称ICOMOS China.
⑥ 由中国文物研究所与各省、自治区、直辖市文物保护机构人员组成的课题组会同美国盖蒂保护研究所、澳大利亚遗产委员会相关专家共同研究编写。该准则借鉴了以1964年通过的《威尼斯宪章》(The Venice Charter)(即"国际古迹保护与修复宪章",International Charter for the Conservation and Restoration of Monuments and Sites)为代表的国际文化遗产保护的基本原则,并以《巴拉宪章》(The Burra Charter)为参照范本,反映了该领域的国际交流与合作成果.
⑦ 《中国文物古迹保护准则(2015)》指出,新型文化遗产类型包括工业遗产、20世纪遗产、文化景观、遗产运河、文化线路等,具有与传统文物保护不同的特征.

则，对新的文化遗产类型的保护制定了导则，回应了遗产保护所面临的新挑战——这表明中国在文化遗产保护理论和实践两方面，都已经形成了反映中国文化遗产特征的保护体系，这在中国从文物保护走向文化遗产保护的过程中具有历史性的意义[143-144]。

在修订版的《准则》中对"文物古迹"①重新进行了定义，并明确指出文化景观、文化线路、遗产运河等类型的遗产也属于文物古迹的范畴。其中，"文化景观"的特征被描述为"人类活动（包括行为和思想）与自然环境相互作用形成的景观遗存，具有文化价值及其他文物古迹价值，并可能具有自然遗产价值"；同时指出，历史文化名城名镇名村、文化景观等遗产都呈现出"活态"的特征，必须同时考虑保护其相关的非物质文化遗产，以及所在社区的参与。此外，该准则对文化景观的认知阐释如下：

文化景观体现了文化与自然环境的相互作用，自然环境影响文化的表达，文化则赋予自然景观文化的价值和审美意象；对文化景观的保护不仅要保护文化遗迹，同时还要保护相关自然要素，包括景观、生态系统等；文化景观是一种具有"活态"特征的文物古迹，它处于不断变化的过程当中；对这类具有"活态"特征的文物古迹的保护，就是对这种持续不断的变化过程的管理；文化景观的基本特征是在其文化的延续和发展进程中被充分认识和理解并得到保护的[145]。

在乡村遗产保护的实践方面，从2003年起，建设部②与国家文物局共同发起"中国历史文化名镇名村"的评选，至今已公布了七批入选名单[146]。从2012年起，由住房和城乡建设部、文化部③、财政部公布了第一批"中国

---

① 此处的"文物古迹"即指《世界遗产公约》所定义的文化遗产。在该准则修订版的英文版中，即用"cultural heritage"来对应"文物古迹"。该准则修订版认为，文物古迹是指"人类在历史上创造或遗留的具有价值的不可移动的实物遗存，包括古文化遗址、古墓葬、古建筑、石窟寺、石刻、近现代史迹及代表性建筑、历史文化名城、名镇、名村和其中的附属文物；文化景观、文化线路、遗产运河等类型的遗产也属于文物古迹的范畴"。
② 2008年，"中华人民共和国建设部"改为"中华人民共和国住房和城乡建设部"。
③ 2018年，文化部与国家旅游局职责整合，成立"中华人民共和国文化和旅游部"。

传统村落"名录，迄今为止已经公布至第五批入选名单①[147]。同时，进入21世纪后以贵州少数民族地区为代表的"生态博物馆"建设也十分亮眼[148]。

此外，中国在2005年登录了第一处"全球重要农业文化遗产（GIAHS）"之后，至今已经登录了15处②，数量位居全球第一[149]。作为中国执行全球环境基金（GEF）项目"全球重要农业文化遗产（GIAHS）动态保护与适应性管理——中国试点"的一部分，中华人民共和国农业部③于2012年正式启动了"中国重要农业文化遗产"（China-NIAHS）发掘工作，从2013年至今共计发布了四批、91处中国重要农业文化遗产（见附录五）④[150]，初步建立了我国农业遗产保护体系。从定义上看，中国重要农业文化遗产是指"人类与其所处环境长期协同发展中，创造并传承至今的独特的农业生产系统，这些系统具有丰富的农业生物多样性、传统知识与技术体系和独特的生态与文化景观等，对我国农业文化传承、农业可持续发展和农业功能拓展具有重要的科学价值和实践意义"[89,151]。可以说，农业农村部对中国农业文化遗产进行的系统梳理，对亚洲文化景观的保护做出了巨大贡献[152]。

在乡村遗产保护与发展的理论建设方面，2008年，"村落文化景观保护与可持续利用国际学术研讨会"在贵阳召开[153]，来自9个国家和地区的80余位专家学者讨论并提出了《关于"村落文化景观保护与发展"的建

---

① 由中华人民共和国住房和城乡建设部、文化和旅游部、国家文物局、财政部、自然资源部、农业农村部共同发布.

② 截至2018年12月，中国与日本共计登录26处，约占全球重要农业文化遗产总数（57处）的46%，充分说明了以中日为代表的亚洲国家拥有深厚的农耕文化传统以及多样化的农业技术.

③ 2018年，"中华人民共和国农业部"调整为"中华人民共和国农业农村部".

④ 中国重要农业文化遗产的英文全称为China-Nationally Important Agricultural Heritage Systems。现有名录中包含了丰富的农业遗产类型，如稻作梯田系统、旱作农业系统、垛田农业系统、桑基鱼塘系统、灌区农业系统、坎儿井农业系统、稻鱼鸭系统、茶文化系统、淡水养殖系统等。自2018年起，农业农村部正开展第五批中国重要农业文化遗产发掘工作.

议》[154]（简称"贵阳建议"）。该建议认为，村落文化景观是"自然与人类长期相互作用的共同作品，是人类活动创造的并包括人类活动在内的文化景观的重要类型，体现了乡村社会及族群所拥有的多样的生存智慧，折射了人类和自然之间的内在联系，区别于人类有意设计的人工景观和鲜有人类改造印记的自然景观，是农业文明的结晶和见证。村落文化景观展现了人类与自然和谐相处的生活方式，记录着丰富的历史文化信息，保存着民间传统文化精髓，是人类社会文明进程中宝贵的文化遗产。村落文化景观所蕴含的自然和文化多样性是未来理想生活的活力源泉，具有重要的文化象征意义"[155-156]。

目前，从部分国内学者的学术研究[157-160]来看，文化景观作为整体性、动态性的遗产保护方法论，已经越来越多地运用在遗产保护的理论探索之中；很多研究即使未采用"文化景观"或"景观"的表述，也已经从整体的、动态的视角出发来审视遗产地的价值，并尝试将文化景观方法所衍生出的城市历史景观（HUL）的方法、与文化景观方法密切相关的景观性格评价（LCA）方法运用到各类城乡遗产保护的实践之中；而乡村遗产保护、乡村振兴与可持续发展的相关研究更是呈现出了方兴未艾之势。

第五节 小结与思考

通过以上对世界遗产体系中的文化景观、《中国文物古迹保护准则》中的文化景观的概念梳理可知，虽然针对文化景观内涵的阐释在表述上有所不同，但都基于索尔（Sauer）在文化地理学中对文化景观所下的经典定义发展而来，其核心始终强调人类和自然之间持续的互动；认识到文化景观是一个动态的过程，不同的文化族群创造的景观样式是不同的；在此基础上形成了整体性的遗产保护视野——要求将一定地域中自然与人文要素、物质与非物质要素及其持续互动关系纳入研究范畴。因此作为文化遗产，文化景观的价值载体是由各类要素有机组合而成的复杂体系。

基于以上认识，笔者推导出文化景观的构造——它是一个由自然载体、文化形态、时代变迁三个要素构成的复杂结构体；一定的自然地域是载体，特定族群的文化形态是动因，时代的变迁是催化剂，促进文化景观在每一种文明形态下展现出不同的特征。当某种形式的人类文化形态1在该地域一经确定，便会对原有的自然景观载体产生持续影响，直至形成在该时代比较定型的文化景观1。而当时代改变、人们生产生活方式变迁后，新的文化形态2形成，又会持续作用于原有的文化景观1，产生混融效应后形成新的文化景观2……以此类推，绵延不断，直至衰亡（图2.7）。

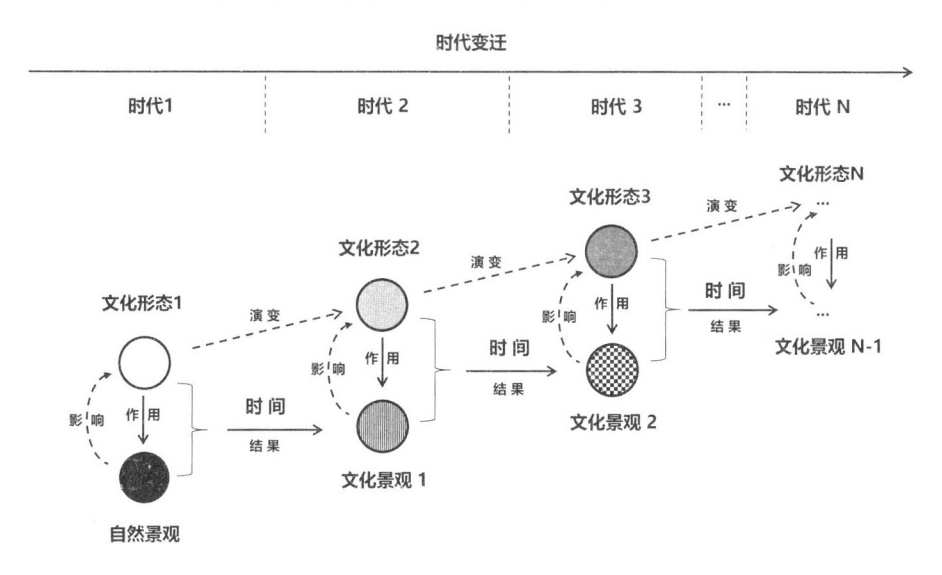

图2.7 文化景观的变迁模式①

因此，文化景观具有强烈的活态属性，它是时间的产物，也必将随着时

---

① 图片来源：笔者绘制。此图绘制受到笔者博士期间导师、东京大学都市工学专攻横张真教授的指导。原发表于：石鼎，赵殿红. 基于文化景观理论的贵州石阡楼上村人地关系及景观变迁研究［J］. 中国文化遗产，2018（2）：31-44。在此笔者对该图示进行了完善.

代变化持续变迁。对于文化景观来说,变化是一定的,不变是暂时的。基于生产力的进步和生产技术的发展,每一个时代都会产生新的生产生活方式,作用于原有的文化景观并留下新的印记。所以对文化景观的认知必须在原有的三维空间上叠加时间的维度,同时需要认识到不同时期景观要素的叠加与层累是文化景观的重要特征[161]。

而乡村类的文化景观,或曰乡村遗产,是文化景观中最常见的一种活态景观,也是世界各地普遍存在的持续演进的文化景观类型,它与各类文明形态下不同族群的生产生活方式有直接的联系。基于文化景观的定义,"乡村遗产"可以理解为——在漫长的历史时期因当地村民特有的生产生活方式共同形成的活态遗产,具有强烈的物质与非物质属性,是理解该族群存续历史的必要物证。

从FAO"全球重要农业文化遗产(GIAHS)"、ICOMOS-IFLA ISCCL"乡村景观遗产(Rural Landscape as Heritage)"、中国农业农村部"中国重要农业文化遗产(China-NIAHS)"、"贵阳建议"中的"村落文化景观"、日本农林水产业相关的"文化的景观"、日本《文化财保护法》中"文化的景观"①的定义来看,农业文化遗产将农业生产系统中的乡村聚落看作不可或缺的组成部分;乡村景观遗产则将聚落周围广域范围内的农林牧渔产业视作必要的组成部分;乡村类的文化景观是指乡村聚落与周边农林牧渔等产业的综合体。因此,以上概念所指代的内容是相通的,可以统称为"乡村遗产"。

进一步来说,以上概念在这些方面的认识是共通的——第一是将乡村地区的物质与非物质文化遗产都纳入乡村遗产保护体系,并以动态的视角进行审视;第二是认识到乡村遗产具有独特且可持续的土地利用系统,是传承农业文化,振兴本土技术、知识、智慧的重要资源,可以表达本地区族群的身份认同;第三是认识到乡村遗产具有文化、生物多样性的价值,具有促进区

---

① 如前所述,日本文化财体系中文化景观的概念仅相当于世界遗产文化景观的第二类"有机演进的景观"中的第二子类"持续性景观",因此主要是指与乡村相关的文化景观,且不以"建造物群"为价值评价的核心.

域社会经济的可持续发展的价值。可以说，近年来位于国际前沿的乡村遗产研究范畴远超建筑遗产的概念，其研究对象已拓展至区域尺度。

另外，中国的"历史文化名村""传统村落"保护体系因偏重于建筑遗产价值，其提名对象相当于日本文化财保护体系中的"传统的建造物群"。中国农业农村部对"中国重要农业文化遗产（China – NIAHS）"进行了详细的梳理，其提名对象相当于日本文化财保护体系中的"重要文化的景观"，这两者对亚洲文化景观多样性的保护做出了巨大贡献。

第三章

成都的世界级田园城市构想

第一节 引言

  乡村遗产是一个复杂的综合体，但其本身不是独立存在的，它是城乡体系中的必要组成部分，其保护与发展必然受到城市发展的影响，区域规划、城乡规划对乡村遗产都会产生直接的影响。19世纪末20世纪初，在享受工业革命红利但饱受城市人居环境问题、城乡对立问题困扰的英国，诞生了探索城乡一体化规划思想的先驱埃比尼泽·霍华德，他提出的"田园城市"规划思想深刻影响了之后100多年的城市规划方法论。田园城市的主要构想体现在疏散中心城区人口、主城区与卫星城区之间保留乡村地带用作隔离、在空间形态上追求乡村与城市的结合等方面。可以说，田园城市的思想在主观上要求保护周边的乡村遗产，并把其中优良的要素引入城市，寻求城乡协同发展。这种分离式规划的思想在20世纪40年代的大伦敦规划中得到了运用与发展，继而在世界各地的城乡规划中进行了丰富的实践。

  依托拥有两千多年历史的都江堰的灌溉，成都平原农耕历史悠久，农作物品种丰富，是中国西南部重要的粮食产区，乡村遗产面积广阔且形式多样。近年以来，成都在城乡统筹的实践方面取得了一系列成果，其"世界田园城市"的构想，更是具有全国性的示范意义。目前，成都正在编制最新版的城市总体规划，其中绿带规划成为绿地系统规划的亮点。但绿带范围一旦扩大，不可避免地会涉及乡村遗产保护的问题。此外，成都市郫都区正在申报"中国重要农业文化遗产（China-NIAHS）"，这将对中国乡村类文化景观多样性的保护做出贡献，但申报的内容与范围值得进一步探讨。

第二节 成都市域范围内城乡体系特征

成都平原整体地势呈现出西高东低的特征，在漫长的历史时期，密如蛛网的渠系灌溉着辽阔的成都平原。以发达的农耕文明为基础，该地区在传统时代便形成了独特的城乡结构。

一、地理地貌特征

四川省[①]（见附录二：图一）位于青藏高原和长江中下游平原的过渡带，高差悬殊，西高东低的特点特别明显。西部为高原、山地[②]；东部为盆地、丘陵[③]。全省可分为四川盆地、川西北高原和川西南山地三类主要地形。东部四川盆地是我国四大盆地之一[④]。盆地属亚热带湿润季风气候。盆地西部为川西平原，土地肥沃，为都江堰自流灌溉区，土地生产能力高；盆地中部为丘陵区；盆地东部为川东平行岭谷区。川西北高原，属于青藏高原东南一隅[⑤]。西南部为横断山脉北段，山河相间，自东向西依次为岷山、岷江、邛崃山、大渡河、大雪山、雅砻江、沙鲁里山和金沙江[162]。

今日成都市域范围（见附录二：图二）位于四川盆地西部边缘，青藏高

[①] 四川省位于中国西南地区，地处长江上游，介于东经92°21′~108°12′和北纬26°03′~34°19′，东西长1075余千米，南北宽900多千米，面积48.6万平方千米，居全国第五位.
[②] 海拔多在4000米以上.
[③] 海拔多在1000~3000米之间.
[④] 面积为16.5万平方千米.
[⑤] 平均海拔3000~5000米.

原东缘①，地势由西北向东南倾斜；西部属于四川盆地边缘地区，以深丘和山地为主②；东部属于四川盆地的盆底平原，为岷江、湔江等江河冲积而成，是成都平原的腹心地带，主要由平原、台地和部分低山丘陵组成③。成都市由于巨大的垂直高差，在市域内形成平原、丘陵、高山各三分之一的独特地貌[163]。

二、城乡体系特征

公元前316年，秦灭蜀，以其地设置蜀郡，在蜀王旧都一带置成都县，为蜀郡治所。公元前311年，蜀郡守张若在蜀国都城成都的基础上，修筑成都大城和少城，城市规制仿照秦都咸阳，这一重大事件被后世公认为成都建城的标志。此后，蜀郡守李冰在蜀人治水事业的基础上主持修建都江堰水利工程。都江堰把成都平原造就成为富饶的"天府之国"，为成都的发展奠定了物质基础，使之迅速成为西南地区的经济、政治、文化中心。自秦代兴建成都大城两千多年以来，成都的城址没有迁徙，"成都"这一名称也未发生变化[164]。

从图3.1可以看出，至迟到20世纪30年代，古城成都依然拥有平面大致呈矩形的、厚重的城墙，呈现出内外两重城垣的结构。城墙内部由街道划分出的里坊秩序井然，外城四周由宽阔的城壕围绕，这些都是传统时代中国都邑模式的遗存。城壕与周边主要河道相通，外围是大面积的乡村地域。

---

① 成都市东北与德阳市、东南与资阳市毗邻，南面与眉山市相连，西南与雅安市、西北与阿坝藏族羌族自治州接壤；地理位置介于东经102°54′~104°53′、北纬30°05′~31°26′之间。2017年，全市土地面积为14335平方千米、占全省总面积（48.5万平方千米）的2.96%；市区面积为3639.81平方千米，其中市辖区建成区面积885.6平方千米．

② 海拔大多在1000~3000米之间，最高处位于大邑县西岭镇大雪塘（苗基岭），海拔高度为5364米．

③ 海拔高度一般在750米上下，最低处在简阳市沱江出境处河岸，海拔高度为359米．

图 3.1　成都街市图（1933 年版）①

此外，该图记录了当时城乡结合地区的真实状态。可以明确的是，从城外通往城内的主要道路两侧，因交通便利，已出现固定的街市，这可以看作成都古城外围区域城市化的萌芽。20 世纪初期的成都是典型的单中心结构，从核心到外围的景观序列为：高密度聚居的内城与外城，城壕，疏朗的城乡结合地区，广阔的乡村地域。

同时，成都平原在传统时代形成了从各个方向通往成都古城的道路，由于流通往来的需要，在这些主要道路节点上形成了多个城镇，最终在平面上

---

① 图片来源：民国二十二年（1933）成都街市图［CM］. 北京：中国地图出版社，2012.

构成了以成都古城为核心的、网络状的城镇体系（见附录二：图二）。这些城镇的分布较为均匀，并具有层级特征（图3.2）。该体系是基于农耕时代的土地承载能力与交通特征形成的。从现存的舆图资料来看，在进入现代化与城市化时期之前，传统城镇规模较小，与广大乡村地域联系紧密，其建成范围之外即是大片农田与村落。

中华人民共和国成立后，成都市的行政辖区几经调整逐步扩大：1976年，将温江地区的双流县、金堂县划入成都市管辖；1983年，实行市领导县的体制，撤销温江地区，将其10个县并入成都市；1990年，调整成都市区划，将原来的5个区划分为7个区；2002年，将原新都县、温江县撤县设区；2013年3月，成立天府新区；2015年12月，原双流县撤县设区；2016年5月，资阳市代管的县级市简阳市改由成都市代管；2016年11月，经国务院批准，原郫县撤县设区①。目前成都市城镇化率达71.9%，有户籍人口1435.3万人，其中城镇人口851.2万人、乡村人口584.1万人[165]。

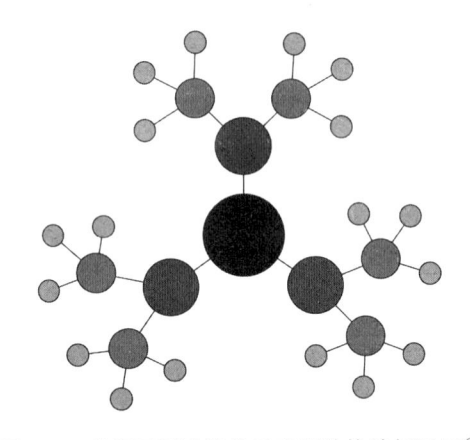

图3.2 成都平原城镇体系空间结构特征图示②

---

① 截至2017年，成都市辖锦江、青羊、金牛、武侯、成华、龙泉驿、青白江、新都、温江、双流、郫都11个区，简阳、都江堰、彭州、邛崃、崇州5个县级市，金堂、大邑、蒲江、新津4个县.
② 笔者绘制，参考：樊砚之.川西林盘环境景观保护性规划设计研究[D].四川农业大学，2009：12.

第三节　成都市的田园城市构想

广阔的乡村地域是成都市域范围内的显著特征。近年来，成都基于"田园城市"理论，积极进行世界级田园城市的创建。

一、田园城市规划思想及其影响

田园城市理论由英国人埃比尼泽·霍华德①提出，最早发表于1898年版《明日：一条通向真正改革的和平道路》②。英国在18世纪中叶率先完成工业革命之后，面临着社会关系发生了重大改变、城市问题与环境问题集中爆发、城乡之间严重对立的窘境。霍华德认识到了城市发展与人居环境之间的矛盾、城市与乡村之间的矛盾，从而提出解决城市无序扩张的方法——将城市集中发展的模式转变为分散式的发展模式，让人口重新返回乡村之中。他通过提出"三磁铁"概念，分析城市与乡村的"磁性"，得出的结论是——如果将城乡磁性结合，城市的盲目扩张以及乡村的凋敝都会有所缓解。由此，霍华德提出了结合城市和乡村优点的"田园城市"模型③（图3.3），并将城市与乡村的生态平衡理念扩大到区域、城市、社区等各个尺度，用以维持人与自然的和谐关系。霍华德具体描述了"城乡一体"空间形态的具体特点，强调"城市和乡村必须成婚，这种愉快的合作将迸发出新的希望、新的生活、新的文明"。霍华德倡导的"田园城市"不是简单的城市规划思想，更像一种社会改革思想，是用城乡一体的、新的社会结构形态取代城乡对立的、旧的社会结构形态[166-168]。

---

① 埃比尼泽·霍华德（Ebenezer Howard），1850—1928.
② 英文原题：Tomorrow：A Peaceful Path to Real Reform。1902年再版时书名定为《明日的田园城市》.
③ 该田园城市模型中有水、陆两套交通网络。水网叫作城市间运河（inter municipal canal）.

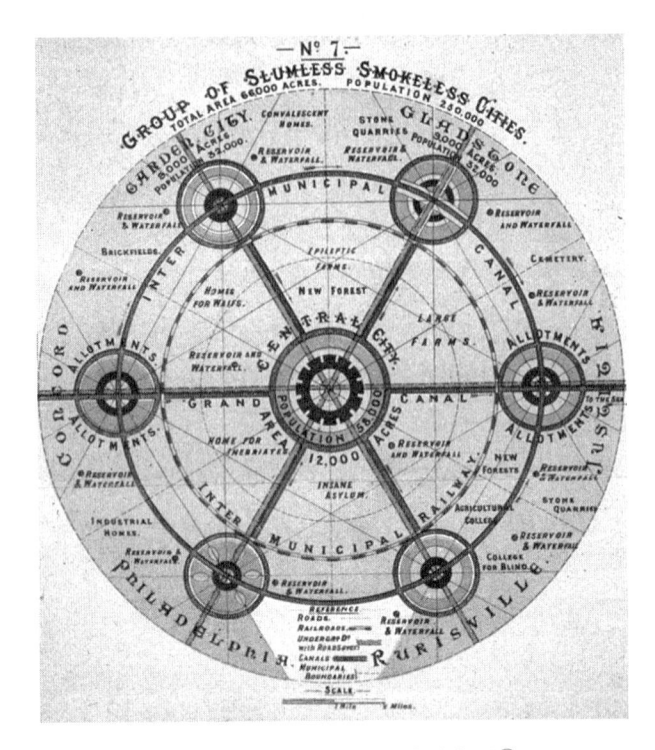

文化景观视野中的乡村遗产保护——以都江堰灌区为例　>>>

图 3.3　无贫民窟无烟尘的城市群①

霍华德的田园城市理论主要有三个方面的考虑：第一，疏散过分拥挤的城市人口，使居民返回乡村②；第二，建设一种结合了城市生活优点与乡村美好环境的田园城市③；第三，改革土地制度，使地价的增值归开发者集体

---

① 原文：Group of Slumless Smokeless Cities。本图原载于该书中文译版（1989年版），是"城市增长的正确原则"插图的补充。图片来源：埃比尼泽·霍华德. 明日的田园城市［M］. 金经元，译. 北京：商务印书馆，2000.
② 霍华德认为这是一把万能钥匙，可以解决城市的各种社会问题。这与后世柯布西耶的城市规划理论有明显的对立。
③ 根据霍华德的设想，当城市人口的增长达到一定规模时，就要建设另一座田园城市。田园城市面积在 6000 英亩，其中城市用地 1000 英亩，若干个田园城市（3.2 万人）围绕着一个中心城市（5.8 万人）布置，形成城市组群；每一座城镇在行政管理上是独立的。

所有①。不过，霍华德的田园城市理论在提出后曾被当作一种乌托邦式的理想，而沉寂了很长一段时间，其间虽然建成了两座田园城市莱奇沃思与韦林，但是挫折不断②。直到第二次世界大战结束后，由于英国多地开始重建新城，霍华德的思想才被重新挖掘[169]。

至20世纪40年代，伦敦的生态环境已经恶化到非常严重的程度，在此背景下，英国早期区域规划先驱帕特里克·阿伯克隆比③编制了世界上第一部特大型城市区域规划《大伦敦规划（1944）》④，主要目的是控制伦敦市区规模的无序扩张，引导市区人口向郊区迁移。该规划将距伦敦50千米的范围划分为4个同心圈层：城市内环⑤、近郊环⑥、绿带环⑦、外圈乡村环⑧（图3.4）。大伦敦规划致力于降低城市内环人口密度、增加近郊环的人口密度的同时，还通过绿带环为城市居民提供游憩场所；让外圈乡村环成为内环人口的接纳地；通过发展工业，形成卫星城。这种对核心城区人口的限制与疏导反映了霍华德的分离式城市规划思想。同时，大伦敦规划的结构为单中心同心圆封闭式系统，其交通组织采取放射状道路与同心环路相交的交通网。可以说，大伦敦规划标志着英国成为现代区域规划理论的发源地之一。

---

① 霍华德的最终目的是实现社会改革的抱负，而城市规划是实现该目标的手段．

② 莱奇沃思（Letchworth）与韦林（Welwyn）。田园城市的实践在城区规划和社区管理上有所创新，在大伦敦日益膨胀之时，为缓解其人口及住宅的压力提供了一种模式；但作为一个基本上自给自足的经济圈，它缺乏内部循环的原动力与持续的生命力．

③ 帕特里克·阿伯克隆比（Patrick Abercrombie），1879—1957．

④ 大伦敦规划：The Greater London Plan（1944）。规划区面积为6731平方千米，内有各级地方行政机构共143个，规划区内人口为650万（1938年）．

⑤ 城市内环（inner urban ring）是控制工业、改造旧街区、降低人口密度、恢复城市功能的地区．

⑥ 近郊环（suburban ring）是建设良好的居住区和健全地方自治团体的地区．

⑦ 绿带环（green belt ring）依据1938年英国制定的《绿带法》设立。其宽度约16千米，以农田和游憩地带为主，严格控制建设，作为制止城市向外扩张的屏障．

⑧ 外圈乡村环（outer country ring）中计划建设8个具有工作场所和居住区的新城，从中心城区疏散40万人到新城中去，另外还计划疏散60万人到外圈乡村环中的小城镇中去。到20世纪50年代末，在离伦敦市中心50千米的半径范围内建成了8个被称为伦敦新城的卫星城．

很明显，大伦敦规划主要汲取了霍华德的田园城市思想，虽然在后期实施过程中由于中心城市磁吸效应太高、新城缺乏产业凝聚力等现实原因遭受过一定挫折，但其分离式规划原则对世界各国的区域规划理念产生了深远影响，至今依然被奉为经典[169-172]。

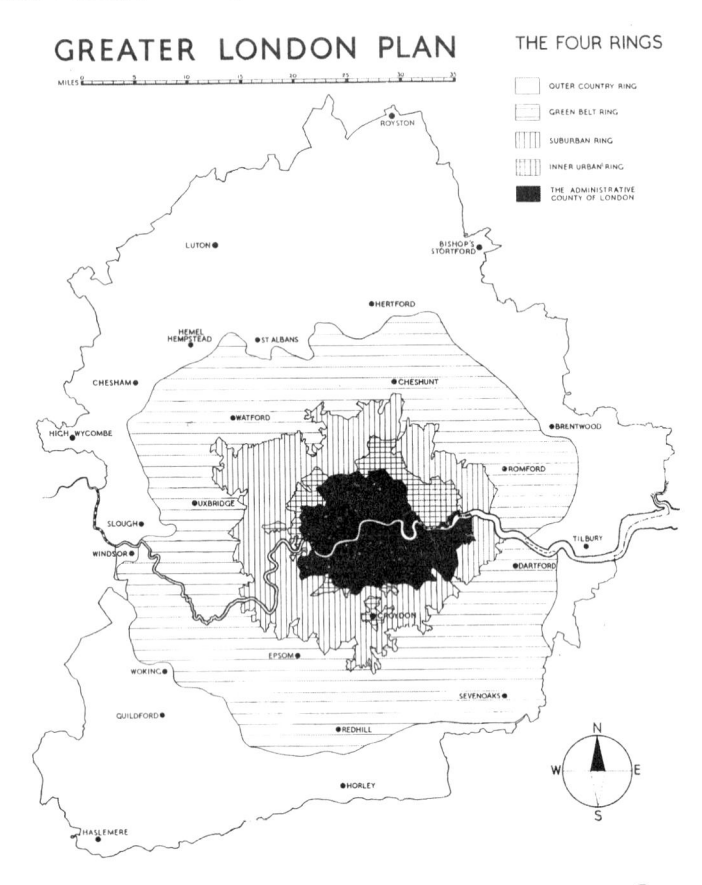

图 3.4 大伦敦规划中的四个环状地带（the four rings）①

迄今为止，英国、美国、德国、法国、澳大利亚、日本等国均在田园城市的建设方面进行了有益的探索，但从具体案例来看，基本上集中在 20 世

---

① 图片来源：Greater London Plan 1944 [EB/OL]. [2019-09-19]. http://www.fulltable.com/vts/d/devplan/b/a.htm.

纪上半叶，且各国的田园城市在规划布局、城市形态、发展路径等方面存在较大差异。田园城市理论于20世纪20年代进入中国，其运用主要体现在民国后期的城市规划之中[173-174]。

二、成都市世界级田园城市的构想

随着中国城市化进程的推进，城市与乡村的二元对立严重影响到了国民经济的持续健康增长与社会的和谐稳定。2003年，国家环保总局公布了《生态县、生态市、生态省建设指标（试行）》，以此为契机，成都市提出了建设"生态城市"的目标，并开始推进城乡一体化战略；2007年，国家发展和改革委员会批准成都与重庆设立全国统筹城乡综合配套改革试验区；汶川地震以后，为顺应新的形势，成都市在2009年确定了建设"世界现代田园城市"的长远发展目标[175]。具体来说，是要追求"自然之美、社会公正、城乡一体"，并将"世界级、现代化、超大型、田园城市"的基本要素融入"全域成都"的发展目标中①。可以说，"世界现代田园城市"的提出是对霍华德田园城市理论的借鉴与发展②，也是对成都未来城市发展的一种战略性构想，更为中国未来的城市发展提供了新的思路[176-177]。在2010年版的世界现代田园城市规划建设导则[178]中，明确提出未来的城市要体现"环境田园化"——保护生态屏障、体现"城在田中、园在城中"、小城镇与农村新型社区居住环境田园化、道路及河流两侧展现田园风光、保护川西平原特有的散居村落形态"林盘③"。

国内现有学术研究更多的是以成都区域规划的编制为契机探讨建设新型

---

① 具体特征包括：田园式的城市形态，国际性的城市功能，现代化的产业体系，社会和谐，人与自然和谐，基础设施现代化与智能化.
② 笔者认为霍华德提出的田园城市城乡结构模型与成都平原传统城乡体系在形态上高度相似，是成都提出田园城市的重要原因之一.
③ 林盘是川西平原农村住宅及周边树林共同形成的圆盘状田间绿岛，是集生活、生产、生态和景观为一体的复合型农村散居式聚落单元。引用来源：方志戎.川西林盘文化要义［D］.重庆：重庆大学，2012.

田园城市的可行性与必要性，同时也有学者提出将田园城市与生态城市的概念相融合，提出"生态田园城市"的构想[179]，但对其具体内涵基本上处于探索阶段。基于文献回顾发现，成都市的建设目标，最初的提法是"世界现代田园城市"，之后又改为"世界生态田园城市"，但对两者的概念阐释没有本质的差异，且两种提法在近年的学术论著中也都并行使用。此外，关于成都建设世界级田园城市的论著都集中在2010年前后，最近5年少有进一步的成果出现。这说明田园城市理论研究的进一步发展已经遇到瓶颈。笔者认为成都推进田园城市建设需要厘清的问题有：首先，成都市乡村遗产的特征是什么；其次，乡村遗产与现代城市应该形成怎样的融合关系；最后，成都市的田园城市建设具有什么样的世界级示范意义。如果以上问题没有得到明确回答，则田园城市的构想只能停留于口号。

三、成都市最新版城市总体规划的导向

2017年，成都提出优化城市空间结构与重塑产业经济地理，紧抓简阳由成都代管、天府国际机场建设的重大机遇，推动城乡形态从"两山夹一城"① 到 "一山连两翼"② 的千年之变[180-181]，并着手制定《成都市城市总体规划（2016—2035）》[182]，其中与乡村遗产、生态环境相关度较高的发展目标如下：

至2022年——城乡统筹进一步深化完善，乡村振兴取得初步成效；生态环境质量整体改善；至2035年——成为城乡统筹示范城市，实现城乡融合和乡村振兴；实现生态环境质量的全面提升；至2050年——成为国际一流的高品质和谐宜居生活城市；成为超大城市永续发展的示范样板。

同时该规划提出了若干关键词，笔者将其中与乡村遗产、城乡绿带相关度较高的内容摘录如下：

（1）生态格局。在市域内构建"两山、两网、两环、六片"的生态格

---

① 成都市位于龙门山与龙泉山之间.
② 龙泉山连接西边的成都市区与东边的简阳市.

局，包括龙门山和龙泉山、岷江水系网和沱江水系网、环城生态区和环二绕生态环以及六片生态绿隔区。涉及生态格局的区域需要加强保护其生态功能。"两山"为龙门山和龙泉山；"两网"为岷江水系网和沱江水系网（图3.5）；"两环"为环城生态区和环二绕生态环；"六片"为都彭生态区、崇温生态区、邛蒲生态区、天府生态区、龙青生态区和金简生态区等生态绿隔区。划定生态、农业、城镇空间。划定生态保护红线和永久基本农田保护线。

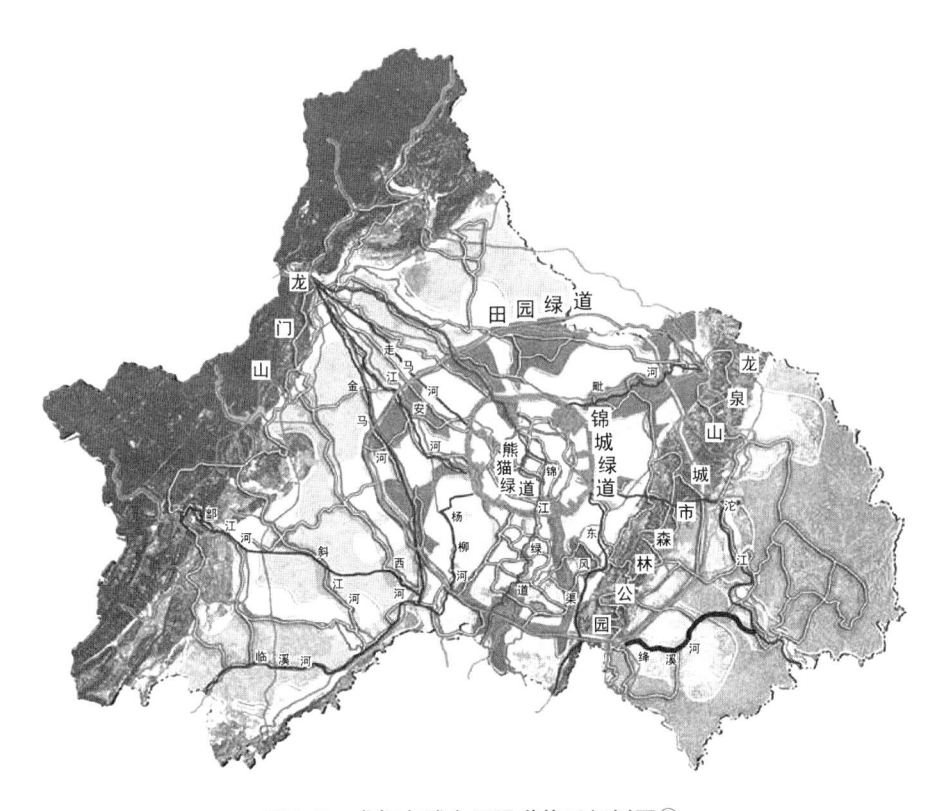

图3.5 成都市域主干绿道体系规划图①

---

① 图片来源：成都市人民政府.《成都市城市总体规划》面向全社会征集意见［EB/OL］.（2017-11-02）［2019-09-22］. http：//www.chengdu.gov.cn/chengdu/smfw/2017-11/02/content_5441173f2ff14804bcc9fc2d691e53e1.shtml，笔者对图纸中的字进行了清晰化处理.

（2）全域增绿。构建全民体验的五级绿化体系——由生态区、绿道、公园、小游园、微绿地形成的五级绿化体系。完善天府绿道体系——规划建设区域级绿道、城区级绿道、社区级绿道，共同构建串联城乡公共开敞空间、丰富居民健康绿色活动的天府绿道体系。规划形成"一轴、两山、三环、七带"的区域级绿道，其中"一轴"是指沿母亲河锦江建设的锦江绿道；"两山"是指依托龙泉山与龙门山的旅游资源建设的龙泉山森林绿道、龙门山森林绿道；"三环"是指利用三环路、环城生态区、二绕郊野绿带建设的熊猫绿道、锦城绿道、田园绿道；"七带"是指沿着主要水系建设的七条展示天府文化、串联城镇村的休闲绿道，包括走马绿道、江安绿道、金马绿道、三河绿道、东风绿道、沱绛绿道、毗河绿道（图3.5）。

（3）文化。全域历史文化遗产保护体系——构建两个层次、十个方面系统完善、重点突出的历史文化遗产保护体系，协调好保护和发展的关系。构建市域、中心城区两个空间层次的历史文化遗产保护体系。加强包括世界文化遗产、历史文化名镇、名村和传统村落、历史文化街区、大遗址、文物保护单位、历史建筑、工业遗产、文化线路、古树名木、非物质文化遗产等方面的文化遗产保护传承和合理利用。

（4）乡村振兴。完善新型城乡体系——创新完善中心城区、东部城市新区、区域中心城、特色镇、新型社区及林盘、聚落的新型城乡体系，制定分区指导、分类推动、分级管控的城乡一体化发展策略，形成以城带乡、城乡一体、协调发展的新型城乡关系。建设绿色智慧、特色鲜明、宜居宜业的新型城镇。分类、差异化推进农村发展，建设美丽乡村。全面实现城乡规划、资源配置、基础设施、公共服务、社会治理一体化。同时，构建以特色镇为核心、多个新型社区或林盘聚落支撑、以环形绿道串联的"一核多点一环"的"星座式"布局的城乡统筹单元，共同形成"产田相融、城田相融、城乡一体、山水渗透"的新型城乡形态。

笔者认为，最新版成都市总体规划融合了19世纪末霍华德提出的田园城市理论，借鉴了20世纪40年代大伦敦规划中绿带环的设置，延续了21世纪初成都提出的世界级田园城市的构想。可以预见，这版规划将在成都面向未来的发展过程中发挥引领作用。

但是，扩张与发展依然是最新版城市总体规划的主导思想，只是在这个过程中给城市的未来制定了更为完备的城市绿地系统规划。具体体现在，首先，该规划并没有严格控制城市建成区的面积，相反给未来的扩张预留了空间，只不过这种扩张以中心城区为核心，以放射的形态继续往外围推进，这样广大乡村地域就变成了深入建成区域的楔形绿地，符合城市绿地系统规划的理想范式；其次，围绕中心城区修建同心圆状的环路，结合两侧的绿化种植形成多重"绿道"，发挥快速交通与生态隔离的双重作用，但同时也将乡村地域切割得更加碎片化，势必会对乡村地区传统肌理的延续造成巨大影响。可以说，该规划思维依然是城市本位的。

四、城市绿地系统中的田园与公园

成都的"绿道"规划早在 21 世纪初就开始推进，其中比较有代表性的实践是"198 规划"。在 20 世纪之初的工业化进程中，为了改变城市建成区向外围无序蔓延的趋势，成都市为中心城区划定了面积约为 198 平方千米的生态隔离带，其中包括外环路内外两侧各宽 500 米的绿地，以及深入中心城区的楔形绿地——该绿地系统的规划也被称为"198 规划"。成都市"198"地区的规划过程是成都城乡统筹发展历程的缩影，当时主要涉及锦江、成华、金牛、青羊、武侯这五个中心城区，以及外围的温江区、郫县、新都区、龙泉驿区、双流县。"198"地区是城市向农村的过渡地带，也是统筹城乡发展的前沿阵地。《成都市城市总体规划（2003—2020）（报批稿）》明确指出，外环路以内为中心城区，规划建设用地总面积约 400 平方千米，外环路即成为饼状城区的边界。外环路是按照高速路等级设计的高路堤公路，因此道路本身已经对内外两侧的用地联系产生隔离；再结合绿道与楔形绿地的设置，形成了环绕成都市区的生态用地（图 3.6），成为城市重要的通风廊道、水源保护地、城市森林和湿地等自然资源保护区域，承载着城市生态保育的功能[183]。

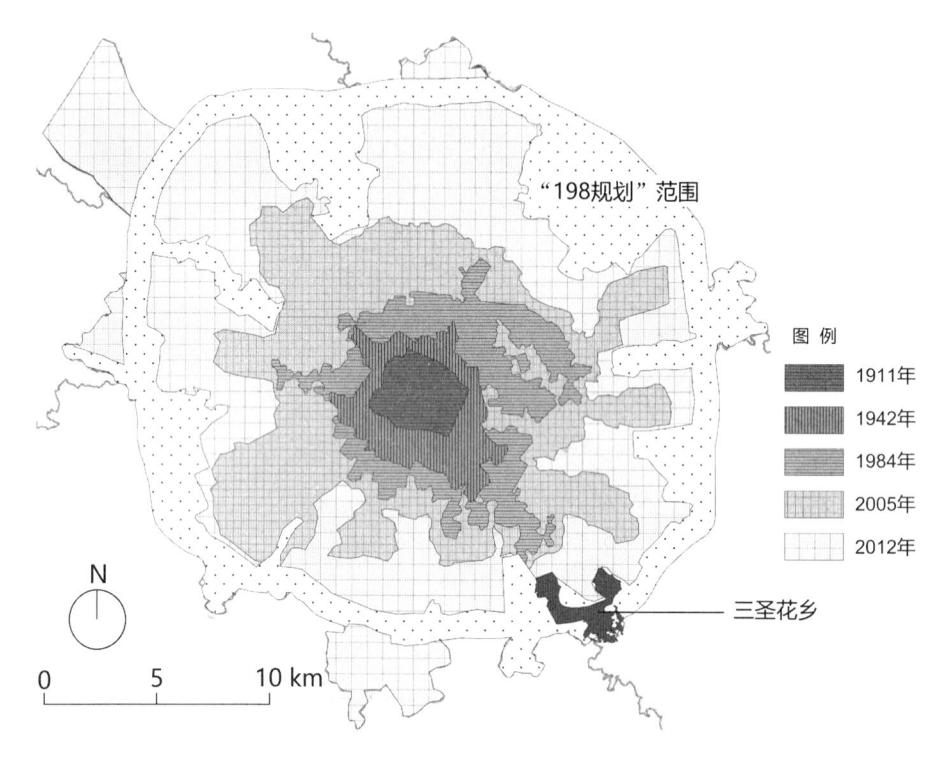

图 3.6 成都城市建成区的扩张简史及"198 规划"范围①

但在该绿地营造模式中，建造大面积的生态公园，更多地考虑了大城市的生态需求，而对于绿地范围内原有的乡村地域则进行了公园绿地化的改造，成为面向市民游憩需求的田园式公园。其中比较典型的案例是锦江区"198 规划"范围内的"三圣花乡"项目。它的主要营造理念是将绿带中的乡村地域进行公园化的改造，并试图将梅、菊、荷等中国传统园林的审美对象嫁接到原有的乡村景观之上，规划了五个相对独立的组团：幸福梅林、东

---

① 笔者绘制，引用来源：SHI Ding, ISHIKAWA Mikiko. A Study on Rural Cultural Landscape in Greenbelt Area of Chengdu, China: Based on the Survey in Sansheng Flower Town [C] // The International Symposium on Urban Planning 2012, August 23 – 25, 2012, Taipei: 419 – 429.

篱菊园、荷塘月色、花乡农居、江家菜地①（图3.7）。此外，在每一个组团中基于不同的主题进行景观设计，比如在荷塘月色区域就将原有的耕地改造成水田后种植大面积的荷花，然后以荷池为中心，周边布局各类食宿接待设施，包括画家村（图3.8）。可以说，这种城市本位的规划设计对传统的乡村肌理与功能产生了巨大影响，但并未基于当地乡村遗产的特质来发挥绿地的社会作用[184]，因此不应成为乡村遗产保护与利用的普遍模式。

图3.7 "三圣花乡"地区的五个组团规划②

---

① 五个组团的主题分别为：冬日赏梅，秋日赏菊，夏季赏荷，以生产切花、培育与出售观赏花木为主题，以生产大棚蔬菜、接待城市居民采摘为主题．
② 笔者绘制，引用来源：同上图．

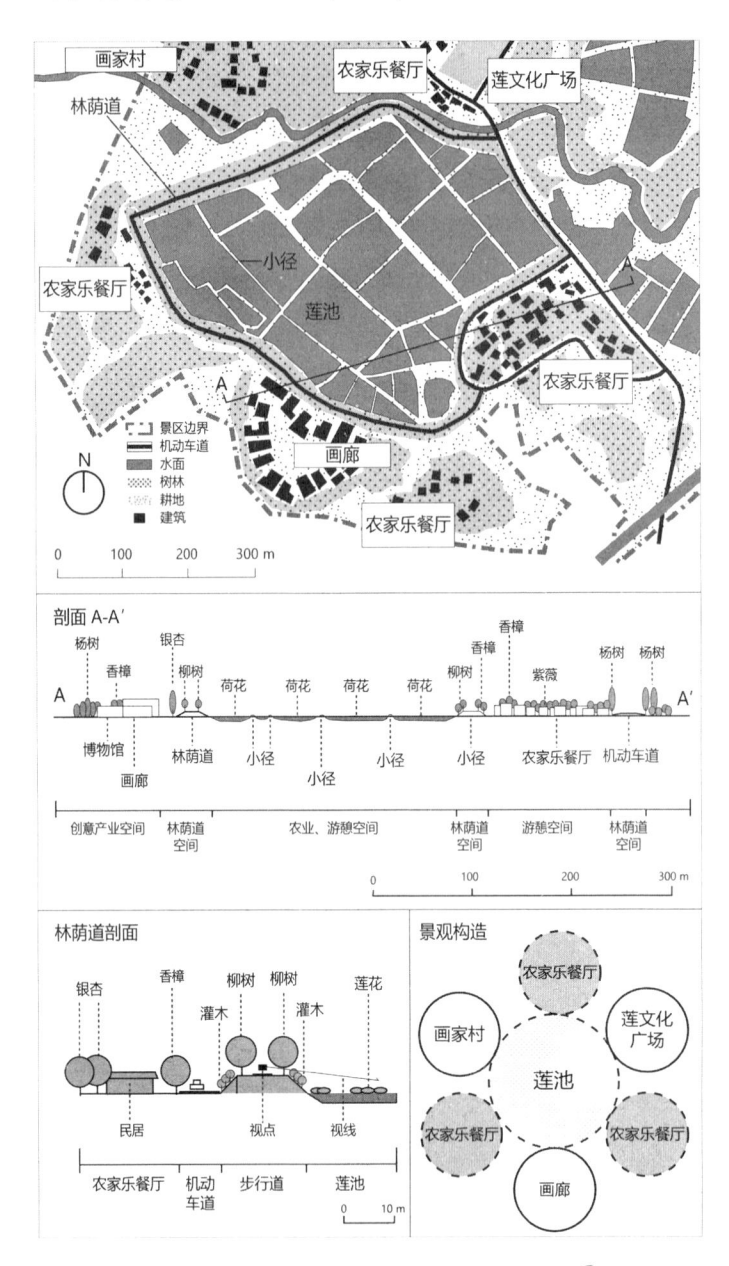

图 3.8　荷塘月色组团的景观规划设计手法①

---

① 笔者绘制，引用来源：同上图.

目前成都又提出了大量建设公园的目标①[185]，可以预见，这其中将有大量公园绿地叠加在传统的乡村遗产之上。但笔者认为，生态并不仅指保护自然生态与培育二次林，如果不能尊重原有文化生态的基底，理解和保护乡村地域的文脉和地脉，仅凭大干快上的植树造林以及现代园林手法的粗暴植入，是无法构建具有世界级示范意义的田园城市的。

第四节　成都市乡村遗产价值的再发现

乡村地域有其自身的文脉，不应仅仅被当作城市建成区的绿色背景，或一张可以任人描绘的白纸。有幸的是，在近期申报"中国重要农业文化遗产（China - NIAHS）"的过程中，成都市域范围内乡村遗产正逐步受到瞩目，这也要求面向未来的城乡规划必须对成都市乡村遗产的构造、功能、价值有全面的认知。

一、整体性视野中的成都平原乡村遗产

整体而言，成都平原的乡村遗产是依托面积宏大的灌溉区域形成的。成都市域范围所涉及的灌区主要有都江堰灌区、人民渠灌区、东风渠灌区等（见彩图二）。正是在这些经过无数人力开凿与维护的、密如蛛网的水系的润泽之下，成都平原才成为物产丰饶的天府之国。如果从人地关系的角度来审视的话，该地区的灌溉方法与农业生产方式、村民的居住与生活形态是理解人与自然持续互动机制的关键。

从宏观角度看，按照地形特征，可将该地区乡村遗产大致划分为山地型、平原型、丘陵型三种类型（见彩图三）。山地型乡村遗产集中分布在西

---

① 据媒体报道，成都预备在近年内打造5个世界级生态公园、建设10个国家级引领性公园、提升100个特色镇景观公园、建设1000个具有较好改造提升价值的川西林盘公园、建设10000个口袋公园。

北部龙门山脉的缓坡、溪谷或河谷地带；平原型乡村遗产广泛分布于龙门山与龙泉山之间的平原上，拥有大面积的散居村落①；丘陵型乡村遗产则集中分布于龙泉山以东、微地形复杂的低矮丘陵地区。通过测算可知，山地型乡村地域总面积约为 3191.90 km²，平原型为 5854.53 km²，丘陵型为 855.71 km²，占比分别为 25%、45% 与 7%②。

从中观角度看，如图 3.9 所示，三类乡村遗产在构造特征上有显著差异。首先，在山地型乡村遗产中，乡村聚落的分布与小流域③有十分紧密的关系。在山体比较高峻的地区，聚落通常分布在坡度约为 0-10°的平坦河谷地带，在坡度为 0-30°的山坡上进行旱作农业；在缓坡地区则开垦稻作梯田，引溪水灌溉。森林、水系、旱地、水田和乡村聚落是山地型乡村遗产的基本景观要素。

其次，在平原型乡村遗产中，人工灌溉水渠纵横交错，乡村聚落面积广阔，以稻作农业为主，辅以油菜、玉米、小麦等旱作农业。聚落周围种植大量乔木、灌木和竹类，水渠、道路（包括两侧高大乔木）、聚落、农田为其基本景观要素。

再次，在丘陵型乡村遗产中，由于复杂的微地形的限制，农田灌溉主要依靠小规模的蓄水池，农业生产也以旱作为主。丘陵顶部地势平缓，多被开垦为旱田，乡村聚落则背靠丘陵分布。旱地、树林、池塘和乡村聚落为其基本景观要素。

综上所述，乡村地域不是规划图上无差别的绿色背景，成都市域范围内的乡村遗产类型丰富，且面积辽阔，必然成为构建世界级田园城市的基础。

---

① 这种散居村落被称为"林盘"，聚落内部或周围栽植茂盛的林木，是川西平原典型的聚落形式．
② 该数据由笔者基于 2012 年版成都市域范围内土地利用状况，用 GIS 软件计算得出。市域范围不包括 2016 年开始由成都市代管的县级市简阳市．
③ 是指面积较小且相对独立的自然汇水区域．

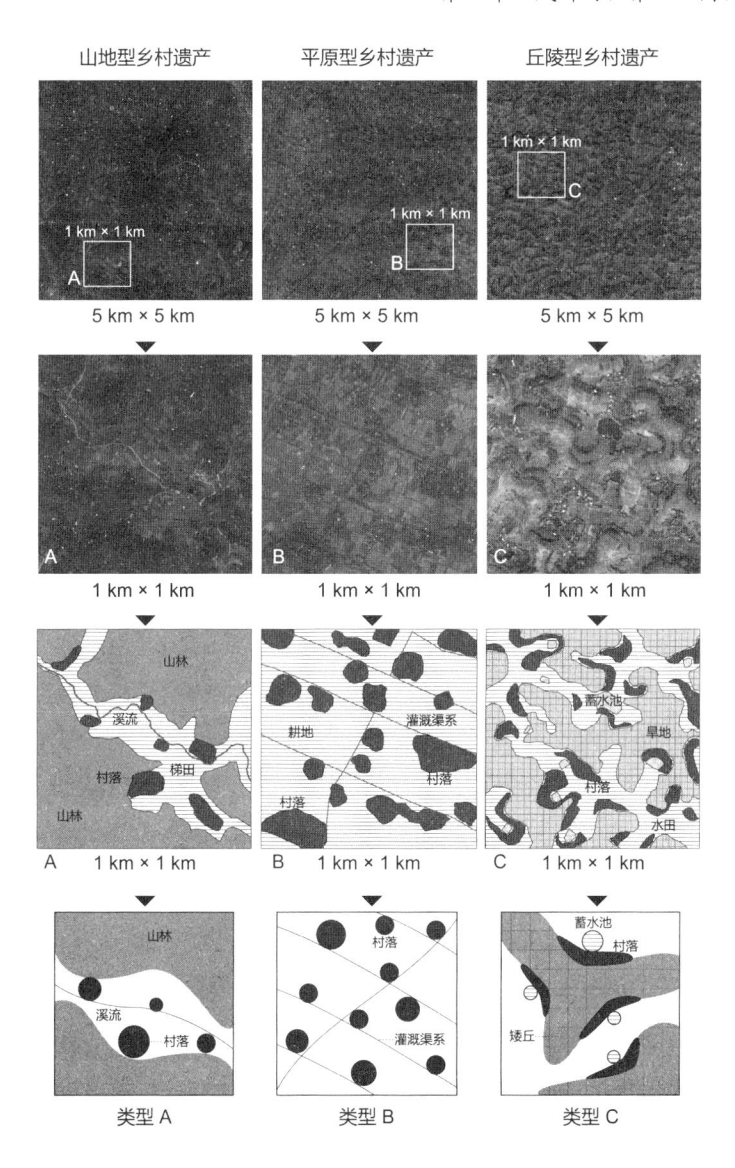

图 3.9 成都市域范围内乡村遗产的主要类型与特征①

———————

① 笔者绘制,卫星图片来源:Google Earth.

二、行进中的郫都区农业文化遗产申报工作

近年来，随着乡村遗产价值的再发现，成都市已经加快了申报农业文化遗产的步伐[186]。从2017年开始，位于都江堰老灌区①（见彩图二）的成都市郫都区②正式启动了农业文化遗产"四川郫都自流灌区水旱轮作系统与川西林盘景观"的发掘与保护项目。据报道，郫都区计划在2019年申报中国重要农业文化遗产（China–NIAHS），2020年申报全球重要农业文化遗产（GIAHS）。如第二章第四节所述，2018年12月中国已经拥有了15项全球重要农业文化遗产和91项中国重要农业文化遗产。其中，四川省内已有5项中国重要农业文化遗产，而郫都区目前的申报项目将是成都首例。郫都区在2018年召开了"四川郫都自流灌区水旱轮作系统与川西林盘景观"申报中国重要农业文化遗产专家咨询会[187]；2019年又召开了"四川郫都林盘农耕文化系统"研讨会，会议邀请了长期从事农业文化遗产保护的联合国粮农组织（FAO）全球重要农业文化遗产（GIAHS）项目指导委员会委员闵庆文，就农业文化遗产的定义、系统要素与特征做了阐释。闵庆文指出，郫都林盘农耕文化系统是重要的农业文化遗产，也是郫都区实现乡村振兴的重要抓手和内容[188]。

成都市郫都区申遗办③认为，从历史来看，郫都区的稻田养鱼共生系统、水旱轮作系统在1700多年前的《魏武四时食制》中有明确记载④，其包含的物种、知识、技术、景观等存续时间悠久；从现状来看，现有农业轮作制度"稻—蒜"模式、"稻—菜—菜"模式、"韭黄—稻"模式、"稻鱼共生"系统这四种传统农业种植模式具有一定规模，符合全球重要农业文化遗产申报标准。此外，作为都江堰重要灌区，郫都区全境有8条河流，毗河、蒲阳河、

---

① 为便于表述，笔者在后文中将"都江堰老灌区"简称为"都江堰灌区"。
② 原为郫县（具体位置见附录二图三）。2017年1月，郫都区正式挂牌成立，行政区域和政府驻地不变。
③ 全称为"申报全球重要农业文化遗产办公室"。
④ 申遗办认为这比拥有1200多年历史的浙江青田"稻鱼共生"系统历史更悠久，而青田"稻鱼共生"系统早在2005年就成功获批成为中国首批全球重要农业文化遗产。

柏条河、走马河、江安河、徐堰河、沱江河、府河蜿蜒而过，在郫都区形成了沟渠纵横、密如织网的灌溉水系。渠系纵横、水旱轮作、林盘风光，是郫都区农业文化遗产的三大特征，由于目前全球重要农业文化遗产项目中还没有与"灌区轮作系统与川西林盘景观"相关的复合型农业文化遗产，因此申遗办认为该项目具有唯一性与代表性[189]。根据林盘、自流灌溉渠系、轮作种植模式、川西民居四大类关键要素的分布，目前重点保护区划定为饮用水源片区、战旗片区、兴福片区、东林片区，形成涉及6个街道、17个行政村的"一核三级四片多点"重点保护格局[190]。

笔者认为，郫都区农业文化遗产的申报，对于重新认知成都市乡村遗产的价值是很好的开头。但同时也需要认识到，与茶叶类或其他多年生的特殊品种类农业文化遗产相比，都江堰灌区轮作系统相对脆弱。比如，西湖龙井茶园具有较高经济价值而受到当地居民的保护，且坐落于传统风景名胜区，乡村游憩产业的发展也同样促进了龙井茶园的保护[191]。而在成都平原，由于水稻与蔬菜种植的经济效益有限，作物多为一年生的植物，因此在城市化发展过程中，其土地利用方式很容易受到影响。从媒体报道来看，郫都区某些田地正因申遗而大面积腾退农田中的苗木，重新进行水稻种植[192]，因此农业文化遗产的真实性如何界定值得进一步深思。

此外，成都市农业文化遗产的申报必须具有整体性与系统性的视野。农业文化遗产的申报强调农业生产系统的价值，注重自然与人文复合系统的综合利用[193]，都江堰灌区涉及的县、区级行政区域较多，在申报农业文化遗产的过程中，只有郫都区的积极进取是不够的，位于老灌区源头的都江堰市在整个农业生产系统中处于核心地位，因此笔者将在后续章节中对都江堰市的乡村遗产进行深入探讨。

第五节 小结与思考

田园城市理论对20世纪的全球城市规划产生了深刻影响。霍华德所提倡的田园城市的特征为：小城市的组团布局，城市之间有绿带限制，城市土地为社区共有。刘易斯·芒福德曾谈道，"为了达到并表示出城市与乡村的重新结合，霍华德在他设计的新城周围加上一圈永久性的农田绿地。"他甚至认为，"对于这样一个社区，最好的名字可能是'绿带城镇'"[194]。以绿带来控制城市建成区域扩张的思想在20世纪40年代的大伦敦规划中得到了实践。而在21世纪的中国，由于城市化的迅速发展，近年来以绿带规划为代表的城市绿地系统规划在成都、杭州、上海等大城市总体规划的修编中进行了广泛实践，取得了丰硕成果[195-198]。但同时需要重新审视乡村遗产的价值，不应在绿带中以城市公园的建设模式来轻易抹去乡村遗产的印记。

田园是传统农耕文化的表征，其中存在着活态的农业生产系统，与源于西方的现代城市公园有本质的差异。有学者指出，城市建成区边缘与可耕地域的嵌合或混融，是人多地少的日本精耕细作农业模式的产物，也是日本城乡结合部的固有特征[199]，其实这个结论也适用于中国的城市。对于成都市来说，建成区周围绿带空间的划定势必会与原有的乡村遗产空间相叠合，在绿带中大规模"造园"面前，乡村遗产是十分脆弱的。即使是"198规划"中以乡村景观为主题的"三圣花乡"，也并未尊重乡村遗产的原有肌理，而是为满足城市居民的乡村想象与游憩需要，再造了主题公园群落。从乡村遗产保护的角度看，成都市的乡村地域不是一张可以任意涂抹的白纸，其依托灌区形成的类型丰富的文化景观，不应在绿带规划的过程中因过于强调自然生态、公园绿化的重要性而消失。

此外，世界田园城市的"世界级"应该如何体现？笔者认为只有加上具有全球示范意义的乡村遗产保护与利用实践，成都市田园城市的建设才有可能在当代独树一帜。成都拥有世界文化遗产都江堰水利工程，这是两千多年来农耕文明存续与繁荣的基础，仅有郫都区申报农业文化遗产是不全面的，应将视野扩展到都江堰灌区整体。在下一章，笔者将以都江堰市为例，探讨都江堰灌区乡村遗产的特征与价值。

第四章

整体性视角下都江堰灌区乡村遗产的特征与价值

第一节 引言

始建于两千多年前的都江堰水利工程位于灌区的顶点,其营造方法与构造特征具有高度的工程技术价值,是中国古代在科学技术方面取得重大进步的标志,并充分体现了顺应自然、改造自然的智慧与创造。都江堰水利工程于2000年进入联合国教科文组织(UNESCO)世界遗产名录,2018年进入国际灌溉与排水委员会(ICID[①])"世界灌溉工程遗产名录"(WHIS[②]),其文化遗产价值举世瞩目。但与之相对,作为都江堰水利工程灌溉的成果,都江堰灌区乡村遗产的整体价值并未受到足够重视。

在本章中,笔者以都江堰市扇形平原乡村地区为案例,来探讨都江堰灌区乡村遗产的特征。由于乡村遗产面积广阔,笔者选择从宏观尺度(扇形平原乡村遗产整体特征)、中观尺度(林盘、农田与灌溉渠系)、微观尺度(林盘中的农林系统)三个层次进行特征分析。为明确都江堰灌区乡村遗产在世界乡村遗产体系中的地位,笔者将其与全球重要农业文化遗产(GIAHS)、中国重要农业文化遗产(China - NIAHS)名录中的类似遗产地,以及日本平

[①] 全称:International Commission on Irrigation and Drainage.
[②] 全称:World Heritage Irrigation Structures.

原地区同类型乡村遗产地进行了比较研究，最终归纳了都江堰灌区乡村遗产的价值。

第二节　都江堰水利工程

始建于公元前256年的都江堰水利工程位于成都平原西部的岷江之中（图4.1），是世界上年代最久远、以无坝引水为特征的大型水利工程。都江堰在两千多年来一直发挥着防洪与灌溉的双重功能，由此造就了成都平原上富庶的天府之国[140]。

一、营造方法与构造特征

晋常璩《华阳国志·蜀志》①载："蜀之为国，肇于人皇，与巴同囿。至黄帝，为其子昌意娶蜀山氏之女，生子高阳，是为帝喾；封其支庶于蜀，世为侯伯。历夏、商、周，武王伐纣，蜀与焉。其地东接于巴，南接于越，北与秦分，西奄峨嶓。地称天府，原曰华阳。"著名民族史学家任乃强先生在注释中说，此原，指高山平原与河谷平原，包括整个四川盆地与汉中盆地内可耕之土。在华山之南，《禹贡》称为"华阳"，常氏用为书名者也。

---

① 《华阳国志》是一部有影响的历史、地理著作，《四库全书》入史部载记类，近人则往往将其划入地方志中，并被誉为我国现存最早的方志之一。任乃强先生认为"其开我国地方史志创造之局，有如《史记》之于我国史籍"。《华阳国志》十二卷，前四卷《巴志》《汉中志》《蜀志》《南中志》为地理之部，所涉及疆域，北起今陕甘南部，南到今滇南和滇西南边境，西起今川西地区，东至长江三峡地区。作者常璩（约291—361），东晋蜀郡江原（今四川崇庆）人．

<<< 第四章　整体性视角下都江堰灌区乡村遗产的特征与价值

图4.1　世界遗产都江堰水利工程①

据《华阳国志》记载,周灭后,秦孝文王以李冰为蜀守。冰能知天文、地理,谓汶山为天彭门;乃至湔氐县,见两山对如阙,因号天彭阙……遂从水上立祀三所。冰乃壅江作堋②。穿郫江,别支流,双过郡下,以行舟船③。岷山多梓、柏、大竹,颓随水流,坐致材木,功省用饶④。又灌溉三郡,开稻田。于是蜀沃野千里,号为陆海⑤。旱则引水浸润,雨则杜塞水门,故记曰:"水旱从人,不知饥馑。""时无荒年,天下谓之天府⑥"也。

---

① 图片来源:笔者于2011年7月拍摄。图片中近处为内江.
② 堋,分水堤。"壅江作堋",谓作堤壅江,提高水位,以便兴工。其作堋处,当在今"大中坝"尾部.
③ 郫江,即今之毗河,李冰所导者,今之柏条河是也。捡江,今云走马河.
④ 此"岷山"亦谓岷江上游诸山。梓、柏,统言木类。大竹,统言各种竹类。颓,委顿下坠也。谓人伐取,颓落江水,随流漂致,不须搬运,故曰"坐致".
⑤ 此言灌溉之利。"三郡",谓蜀郡之三都、郫、繁诸县,广汉郡之洛、绵、什邡诸县,与犍为郡之武阳县。"陆海",谓农田生产之饶,比于海产珍奇之值也.
⑥ 任乃强先生在注释中说,"天府",谓天帝之府库,无所不有。其以天府专用于蜀地者,始于诸葛亮《隆中对》,所谓"益州险塞,沃野千里,天府之土"是也.

65

都江堰主体工程主要由鱼嘴分水堤、飞沙堰溢洪道和宝瓶口①引流工程三个部分组成。鱼嘴分水堤将岷江分成内外二江,其中内江自竹索桥下入伏龙观之宝瓶口,流灌郫、繁及成都平原东部地区,而外江则用来分洪减灾,变害为利。具体做法是,将内外江马槎②自此开架,以控制内江水量——水大至,则斫外江马槎泄水;水乏,则封外江,酌斫内江马槎以益内江之水;以斫马槎多少为放水多少准则;两列马槎,皆东接于飞沙堰之金刚堤,此堤为分内外江定形别流的开始(图 4.2)。其固堤之法,只用蜀地盛产之竹篾,编为长笼,用岷江逐年搬运之石砾盛于其中,叠累为堤。集微小之重量为硕大不可移动之重量,激水湍流不能动之。工甚简易捷速,固于金铸石甃,此其创造之妙一也。后汉时,黄河堤决成灾,积年莫能治,蜀人王延世持此法塞之,三十六日而定。李冰之功泽下延,如是之远也[200]。

总体而言,都江堰水利工程充分利用西北高、东南低的地理条件,无坝引水,自流灌溉,科学地解决了江水的自动分流、自动排沙、控制水量等问题。都江堰创造出"深淘滩、低作堰""乘势利导、因时制宜"的治水方略,以不破坏生态环境为前提,体现了人地关系高度和谐统一,堪称人类水利发展史上的奇迹[154]。

---

① 任乃强先生认为伏龙观之宝瓶口,上侏罗纪砾岩之裂缝也。天然自生,非人力所凿。冰以前,江水已从此口分流,东向经成都北,是为沱江。《禹贡》所谓"东别为沱"也。李冰,乃自离堆石叠竹笼堤,上延至索桥之金刚堤端,与两列马槎接,使内江上延二里余定型,以接连湔珊大堰之水量控纵。此李冰创制之意也。

② 马槎之法,用树木缚为三脚叉,放入江中,上挂石砾篮,使三脚鼎立于河床。编组成列。水虽激,不能移动。于其水来一面先缚檐梁,再铺签子、花栏、篾巴、竹席以阻水,水不能越流。物之廉便,工之简易,效果之好,皆前所未有。水内竹篾只用,不能逾年。则每岁为之,所费亦甚微。任乃强先生认为以如此简陋物资,控制岷江滔天之水,使之婉转随人意,以兴千里陆海之利,可谓巧于征服自然,为三千年前人类之极智矣。

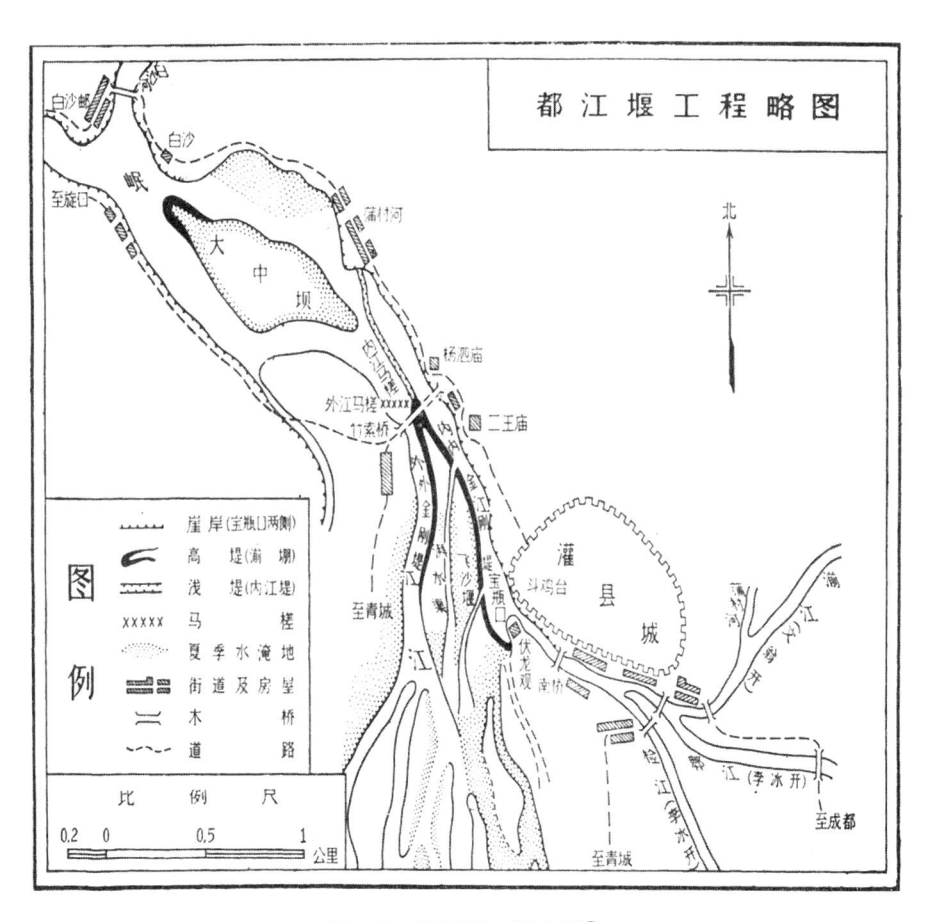

第四章 整体性视角下都江堰灌区乡村遗产的特征与价值

图 4.2 都江堰工程略图①

---

① 图片来源：常璩，任乃强. 华阳国志校补图注 [M]. 上海：上海古籍出版社，1987.

二、世界级文化遗产价值

灌溉工程是农耕文明的重要基础。鉴于高度的历史价值与工程技术价值，国务院在1983年将都江堰列为全国重点文物保护单位[201]。2000年，都江堰水利工程与青城山一起成功列入联合国教科文组织（UNESCO）世界遗产名录[202]，"青城山——都江堰①"项目的突出普遍价值（OUV）被描述为：都江堰灌溉系统始建于公元前3世纪，是人类水利技术发展的重要里程碑，且至今仍可调节岷江水流，灌溉成都平原近67万公顷的土地（图4.3），因此是中国古代在科学技术方面取得巨大进步的表征；青城山是道教的发源地，是中国圣山文化的重要代表，因此也有专家认为该项遗产具有显著的文化景观的特征[6]。值得注意的是，都江堰与青城山虽然联合申遗，但在两者关系方面缺乏有力的论证，两者的价值阐释基本上是相互独立的。

此外，国际灌溉与排水委员会（ICID）在2014年开始评选"世界灌溉工程遗产名录（WHIS）"，都江堰水利工程成功通过2018年度的评选并正式列入该名录②[203]，这使都江堰再次成为世界级的文化遗产。加上世界自然遗产四川大熊猫栖息地③[204]，都江堰市自此也成为全球为数不多的、同时拥有三项世界遗产的城市[205]。

---

① 该遗产项目名称为：Mount Qingcheng and the Dujiangyan Irrigation System.
② 同年入选的还有中国的灵渠、姜席堰和长渠.
③ 该遗产项目名称为：Sichuan Giant Panda Sanctuaries - Wolong, Mt Siguniang and Jiajin Mountains.

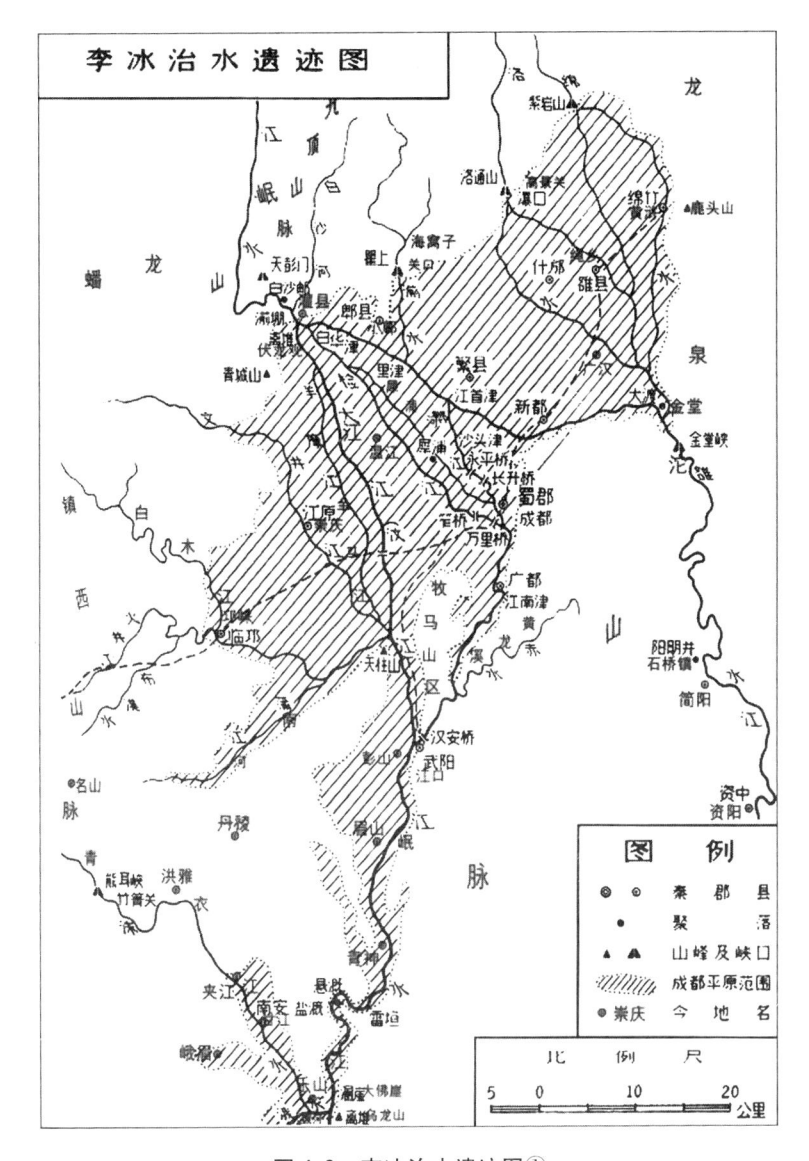

<<< 第四章 整体性视角下都江堰灌区乡村遗产的特征与价值

图 4.3 李冰治水遗迹图①

---

① 图片来源：常璩，任乃强. 华阳国志校补图注［M］. 上海：上海古籍出版社，1987.

第三节　都江堰市扇形平原乡村遗产特征分析

现都江堰市所在位置在历史上先后为道、郡、军、州、县所在地。1949年12月设立灌县；1988年5月经国务院批准，撤销灌县设立都江堰市；1994年，都江堰市获得了国家级历史文化名城的称号[201]。在本节中，笔者以都江堰市扇形平原乡村地区为案例，基于案头工作与实地调研①所得到的数据，采用定量分析与定性描述相结合的方法，从宏观、中观、微观尺度，分级叙述都江堰灌区乡村遗产的组成要素与特征。

一、宏观尺度：扇形平原乡村遗产整体特征②

为直观表示都江堰市域范围内的地形特征，笔者选用了 ASTER GDEM 的公开版高程数据，将其导入地理信息系统（GIS）后进行海拔、坡度等地形分析并制图；同时为表达地貌特征与土地利用状况，笔者选取了 Google Earth 中覆盖都江堰市平原地区的 2005、2012 年度公开版卫星影像进行分析与制图③（图 4.4）。

---

① 笔者在都江堰市乡村地区的调研时间为 2010 年 9 月；2011 年 3、7、8 月；2012 年 3、9 月；2014 年 7 月．
② 本小节中部分内容已发表于：石鼎，赵殿红．文化景观视野下乡村地区规划管理分区划定理念与方法初探——以都江堰市扇形平原林盘地带为例［J］．城乡规划，2018（6）：88-97．
③ 2008 年发生了汶川大地震，都江堰市尤其是山区受灾较为严重；同时 2009 年也拉开了成都市城乡统筹发展与新农村建设的序幕，因此选择图 4.4 中所示的 2005 年 7 月 22 日和 2012 年 5 月 17 日的卫星图片进行对比分析，可以直观反映乡村地区地震前后的特征．

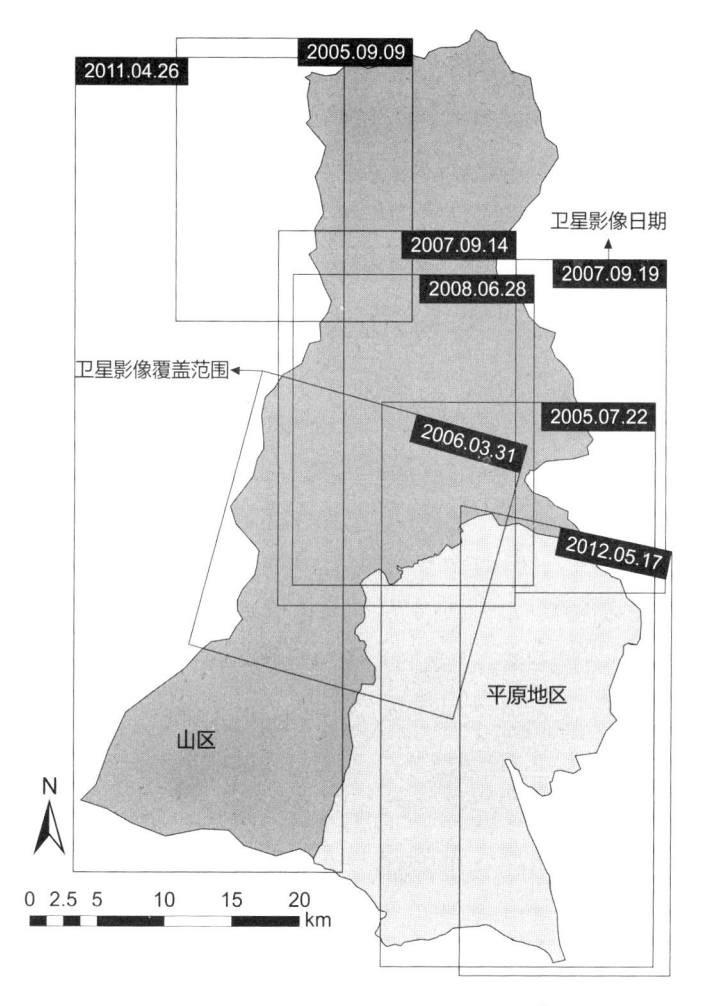

<<< 第四章 整体性视角下都江堰灌区乡村遗产的特征与价值

图 4.4 可用的都江堰市卫星影像范围①

分析结果显示，都江堰市所辖范围内的地形主要分为山地和平原两类，其北部山区最高海拔约为 4800 米，平原南端最低海拔约为 560 米，两者高差显著（见彩图四）。其城市建成区紧邻都江堰水利工程，西邻高峻的龙门山，东接辽阔的成都平原。笔者利用都江堰市 2012 年卫星影像测算得知，其平原

---

① 图片来源：笔者绘制。卫星图像数据来源：Google Earth.

71

面积约为413平方千米。虽然平原只占市域面积的34%，但其中耕地面积约为375平方千米，占市域耕地总面积约74%，适合稻作农业；而山区耕地面积占26%，以旱地为主，主要沿着山区水系呈带状分布。

都江堰市平原地区整体呈现出西北高、东南低的特征，因此岷江及其支流的流向均呈西北—东南向。山区地形起伏较大且地形复杂，形成了多个汇集地表径流的小流域，涵养了多条汇入岷江的支流。岷江出山口后自都江堰宝瓶口形成多条河道分流到成都平原，且呈奔流之势（见彩图四）。

此外，绝大部分平原地区的海拔在600—800米之间。如果在GIS中设定50米为一个高差来呈现的话，可以发现以都江堰水利工程为圆心，往东南方向每延长约8千米即降一个高差；平原地区整体坡度约为0.6%，地势平缓而均匀。从图中也可以直观感受到不同高差形成的同心圆弧形态，如涟漪一般均匀扩散（见彩图五）；此外，从地表的微地形来看，某些密集分布的细微区域坡度较陡，笔者结合卫星图片识别后推测其为乡村聚落向农田过渡的边缘处（见彩图六）。

从城镇体系上看，都江堰水利工程是老灌区的顶点，紧邻历史上的灌县城；随着城市化的推进，由都江堰分流的四条主要河道均已穿越主城区，成为市区内部的生态廊道，沿河也形成了交通干道；同时在深入平原的河道沿线形成了多个乡镇，其形态呈长条形[1]；主城区与各乡镇在空间上呈放射状的形态，如手掌与手指一般；而河道形成了整个城镇体系的骨架；由此可见都江堰市特殊的城镇形态受到岷江及其支流的重要影响，其本身就是自然与人类长期持续互动的结果。

（一）平原地区乡村遗产整体概貌

如图4.5与图4.6的制图方法所示，在本节中，笔者首先基于Google Earth

---

[1] 根据GIS计算可知，在2005年的平原地区，其城镇化区域达到了约37平方千米，而乡村地区的面积约为358平方千米。除个别紧邻山区的乡镇因工业化和旅游业的发展，其规模迅速超越1平方千米以外，平原地区的乡镇规模普遍较小，平均占地面积约为0.4平方千米．

中 2005、2012 年度的卫星影像分类绘制土地利用数据（包括乡村聚落、农田苗圃、灌溉水系、交通道路等的 kml 格式数据），然后与 ASTER GDEM 的公开版高程数据一起导入地理信息系统（GIS），构建了都江堰扇形平原地区土地利用数据集，在此基础上完成了平原地区林盘、农田与渠系的图示与数据计算①。

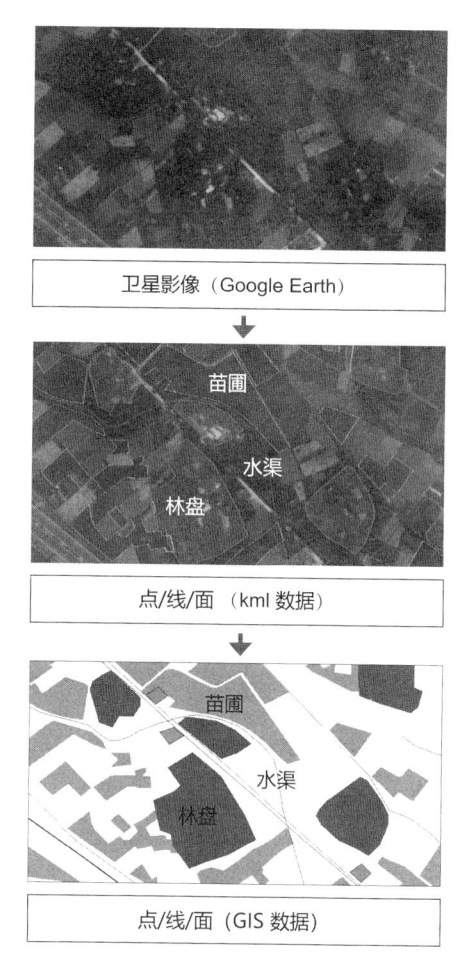

图 4.5　本研究中土地利用数据采集方法②

---

① 本章与后续章节中的相关图纸如无特殊说明，则为笔者用同样方法绘制．
② 图片来源：笔者绘制．

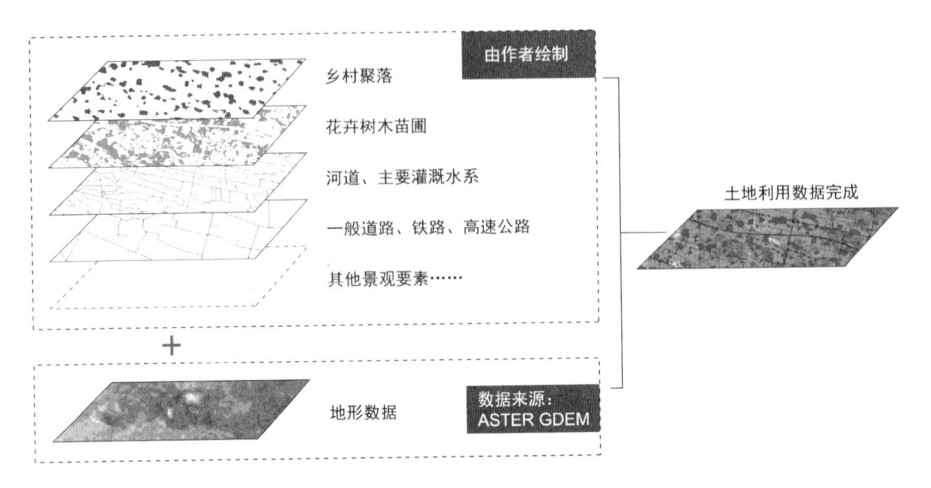

图 4.6　本研究中运用地理信息系统（GIS）进行制图的方法①

由图 4.7 可知，在平原地区，从岷江分流出的河道几乎将扇形平原进行等分，这在传统农耕技术的限制下形成了均匀灌溉扇形平原的理想状态。根据 GIS 计算，2005 年平原地区乡村聚落总面积约为 5280 公顷，约占乡村用地总面积的 15%；与此相对，耕地面积约占 85%；林盘数量达到 6327 个，密度为每平方公里约 18 个林盘，且呈匀质分布的状态；林盘的平均周长约为 353 米，平均面积约为 0.8 公顷。

从林盘面积分布的区间来看，面积在 0.2—0.4 公顷之间的小规模林盘数量最多，共计 1394 处；面积在 0.4—0.6 公顷之间的林盘数量居于其次，达到了 1145 处；面积在 0.6—0.8 公顷的林盘达到了 887 处，数量位于第三。从图 4.8 的柱状图可以看出，面积为 0.4 公顷以上的林盘，其面积与数量成反比，林盘面积越大则数量越少；同时可以计算出 72% 的林盘是面积小于 1.0 公顷的小型林盘；其次是面积在 1.0—2.0 公顷的林盘，占 21%；面积超过 2.0 公顷的大型林盘数量最少，数量仅占 7%。由上可知，都江堰市平原地区的乡村聚落在传统时代形成了规模小、数量多、分布均匀的特征。

---

① 图片来源：笔者绘制.

<<< 第四章 整体性视角下都江堰灌区乡村遗产的特征与价值

图 4.7 都江堰市平原地区乡村聚落（林盘）分布图（2005 年）①

①　图片来源：笔者绘制。底图来源：Google Earth.

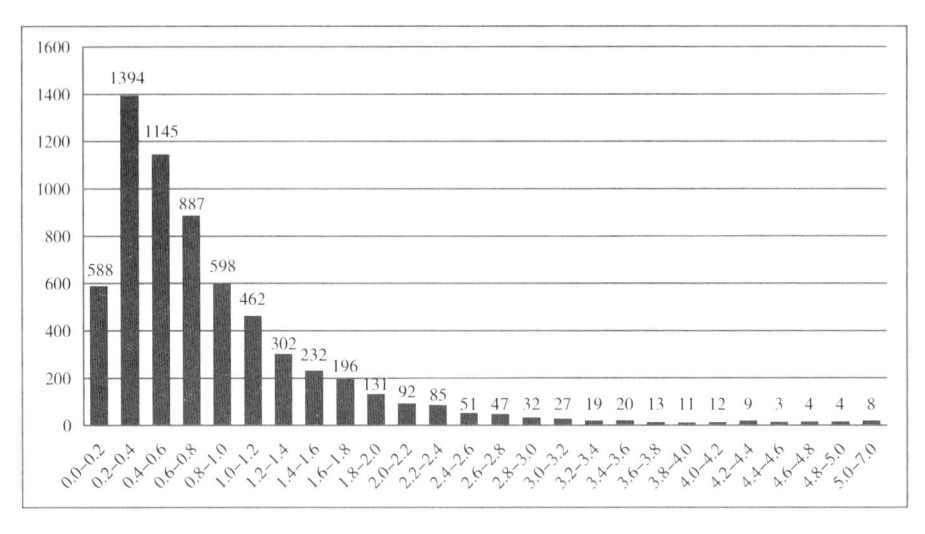

图4.8 都江堰市平原地区乡村聚落（林盘）面积分布区间（2005年）[1]

（二）岷江以东扇形平原乡村遗产概况

为聚焦都江堰灌区的乡村遗产，笔者截取了岷江以东、由世界遗产都江堰水利工程直接灌溉的扇形平原（以下简称"老灌区扇形平原"）（见彩图七），来进一步论述其土地利用模式、景观结构与要素特征。

据GIS计算可知，老灌区扇形平原面积约为198平方千米，2005年的城镇化区域达到约26平方千米，乡村地区总面积约为163平方千米。流经该地区的岷江长约21千米，水域面积约5平方千米；由都江堰水利工程分流的四条河流总长约116千米，水域面积约3平方千米。

此外据计算得知，该地区有林盘共计3368处，总面积约2519公顷，约占乡村地区总面积的15%；与此相对，耕地面积约占85%；平均每平方公里的林盘数量约为20处；林盘的平均面积约为0.75公顷，平均周长约为343米，大多数林盘的间距在200-250米之间；其中规模为0.2—0.4公顷之间的林盘数量最多，达到743处；规模在0.4—0.6公顷之间的林盘数量居其

---

[1] 图片来源：笔者绘制。图中纵轴表示林盘数量，横轴表示林盘面积（单位：公顷）。

次,达到678处;数量位于第三的林盘规模在0.6—0.8公顷之间,数量为501处。和图4.8所示的规律一样,在大于0.4公顷的林盘中,面积越大的林盘数量越少(见彩图七,图4.9)。总体而言,规模在1.0公顷以下的林盘占了77%;规模在1.0—2.0公顷之间的林盘占19%;面积超过2.0公顷的林盘数量最少,仅占4%。以上数据均与都江堰市整个平原地区的各项数据较为相似,这证明了林盘在平原地区均匀分布的特性,同时也证明了对于都江堰灌区扇形平原的研究具有典型性与代表性。

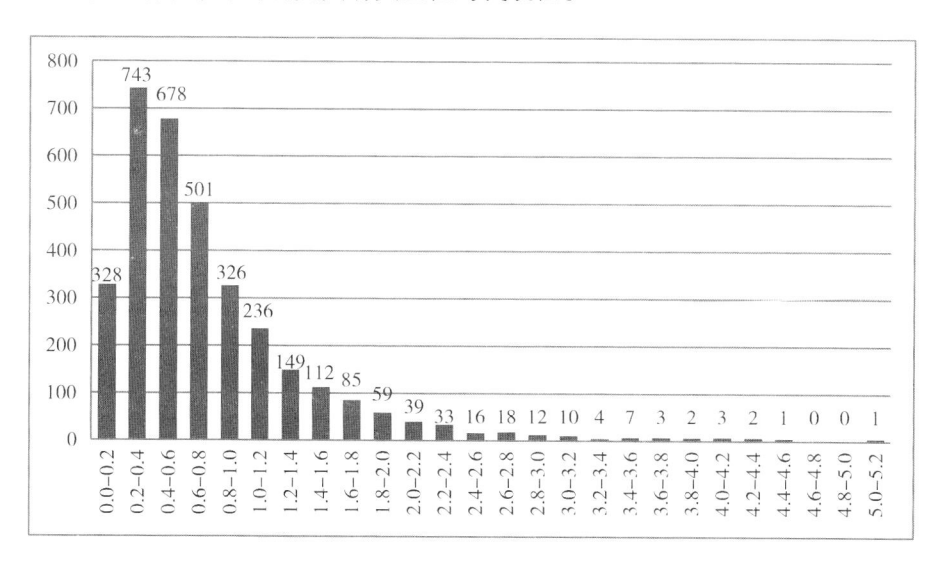

图4.9 都江堰灌区扇形平原中不同面积林盘的数量分布区间(2005年)①

为了更直观地表示不同规模的林盘的特征,本研究选择了小于1.0公顷、1.0-2.0公顷、2.0-3.0公顷,以及大于3.0公顷四类林盘中的16个作为范例进行了图示(详见附录三)。

一般来说,以一定的生产效率为前提,为最大限度扩大农业产量,人口稠密的乡村地区一般会选择高密度的聚居方式,以尽可能形成连片的耕地,

---

① 图片来源:笔者绘制。图中纵轴表示林盘数量,横轴表示林盘面积(单位:公顷)。

提高土地的生产能力[160]，都江堰灌区也呈现同样的规律。基于精耕细作的农业传统，该区域耕地的田块分割比较细碎，且多呈不规则矩形。从视觉上看，林盘中的植物以高大的乔木或竹类为主；耕地因水旱轮作，春季有大面积的油菜花及蔬菜种植景观，夏秋季节则以稻田景观为主，因这些作物均比较低矮，林盘与耕地之间形成了清晰的界面。总之，从制图的角度来看，老灌区扇形平原的耕地如同画布，林盘聚落与耕地形成了明确的"图-底"关系。

在传统时代，耕作模式相对单一，主要以粮食与蔬菜种植为主。但是，基于现场调研的结果，对2005年的卫星图片进行判读后发现，一些耕地中已经开始大量种植绿化苗木，然后在比较疏朗的苗木下方套种蔬菜，形成了复合型的土地利用方式。苗圃的出现主要是为了满足本书第三章第三节中指出的、成都市域范围内日益旺盛的城市绿化与公园建设的需求，这种城市化影响下产生的苗圃林地也改变了传统的"林盘-耕地"的清晰形态，聚落与耕地之间的边界变得模糊。根据GIS的计算可知，2005年耕地中苗圃总面积达到了约5平方千米的规模，而种植传统农作物的耕地面积约为133平方千米①（见彩图八）。

万顷良田的形成与都江堰水利工程的灌溉密不可分。从都江堰宝瓶口发源的四条河道（图4.10），其水流十分湍急，人畜一旦跌落河道都会危及生命，除了可以利用水力来发电以外，难以与居民的生产生活产生直接的关系。而农田灌溉需要在河道两侧开凿取水口进行引流（图4.11）。通过笔者对2005年卫星影像的判读发现，所有过境河道两侧的取水口达到了55处之多。

取水口连接着平原上密如蛛网的干线渠道。这些渠道的流向基本上与主要河道保持一致，以都江堰宝瓶口为中心，往东呈发散形态；少数水渠为南北走向，用以沟通东西走向的水渠，从整体上看犹如以宝瓶口为圆心所画的

---

① 而与第五章第二节第三小节中笔者测算的2012年度苗圃数据对比可知，这种耕地种植模式的大规模变化正是始于2005年前后.

弧线，呈现出基本平行且距离较为均等的特征。总之，干线水渠系统均匀覆盖了平原地区，构成了一套完整的自流灌溉系统，串联起林盘与农田；河道与渠系形成了如同动脉与毛细血管一般的主从关系。此外，因为渠道与道路并行，两者相伴相生，所以主干水系与道路系统基本重合（图 4.12）。

图 4.10 水流湍急的主要河道①

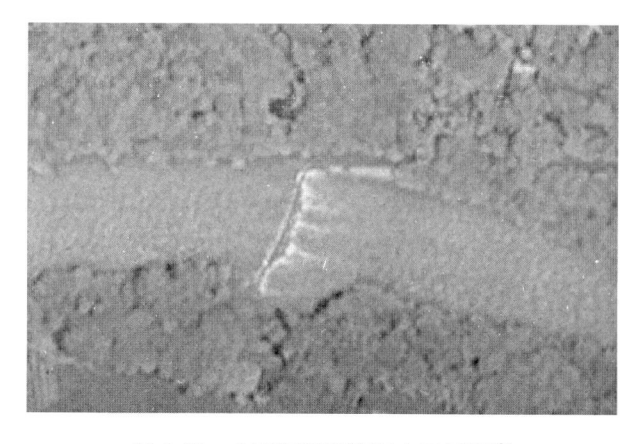

图 4.11 主要河道引流取水口示例②

---

① 图片来源：笔者于 2011 年 3 月拍摄.
② 图片来源：Google Earth.

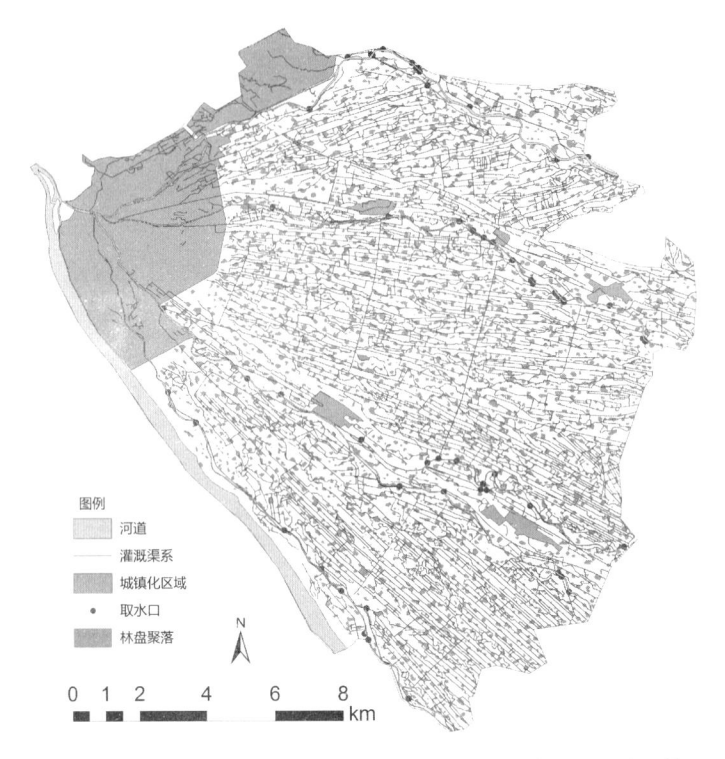

图 4.12　都江堰灌区扇形平原中的干线水渠系统（2005 年）①

二、中观尺度：林盘、农田与灌溉渠系

（一）土地利用方式与乡村肌理

基于上述分析可知，匀质分布是都江堰灌区扇形平原中林盘、农田与渠系的普遍特征，因此对其中某一区域的分析结果具有代表性。为进一步考察农林系统的特征，笔者将老灌区扇形平原划分为 1 km × 1 km 的网格（图 4.13）②，并选取 K·6 区域为例进行深入分析。

---

① 图片来源：笔者绘制。底图来源：Google Earth. 原图已发表于：石鼎. 必要性与可能性：关于都江堰及其灌区乡村遗产整体保护的评述［J］. 自然与文化遗产研究，2020，5（4）：101-106.
② 横轴刻度为 1-19，纵轴刻度为 A-T。笔者用"纵轴·横轴"的方式来具体指代某处面积为 1 平方千米的区域范围.

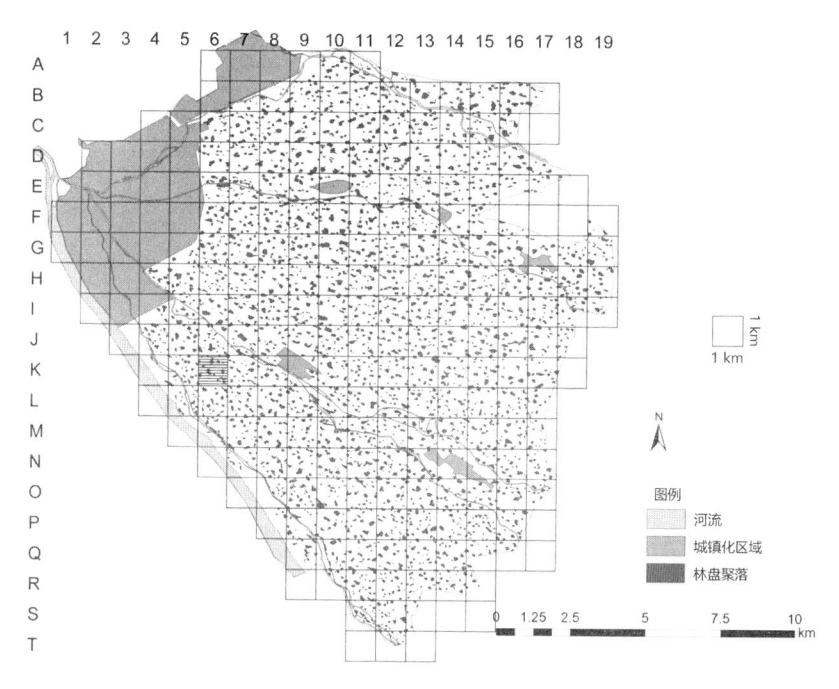

<<< 第四章 整体性视角下都江堰灌区乡村遗产的特征与价值

图 4.13 都江堰灌区扇形平原区域林盘分布状况（2005 年）①

通过计算可知，在该区域中的林盘共计 25 处②，林盘的平均周长约为 313 米，平均面积约为 0.7 公顷；如果将每栋建筑看作 1 户家庭的话，平均每处林盘有 6 户人家；林盘的面积大小与户数成正比关系，林盘中的户数不超过 20 户（图 4.14）。究其原因，林盘中的住户数量与土地的承载力直接相关；此外，传统时代的农业生产依靠人力肩挑手提，耕地与林盘超过一定距离，就会影响农田管理，因此林盘保持较小的规模与匀质分布的状态，可以保证村民到达耕地的便利性。

在缺乏机械化生产的传统时代，不规则形态的田块并不影响精耕细作。因此除了在当代进行过田块整理的耕地之外，该区域中的田块规模普遍较小

---

① 图片来源：笔者绘制。底图来源：Google Earth.
② 该数量是将与边框相交的林盘也纳入统计的结果.

且平面形态各异；除配合田块整理而截弯取直的部分渠道①以外，大量主干渠道依然保持着自然的曲线形态（图4.14）。这种肌理正是传统农耕文化的外在表现形态。

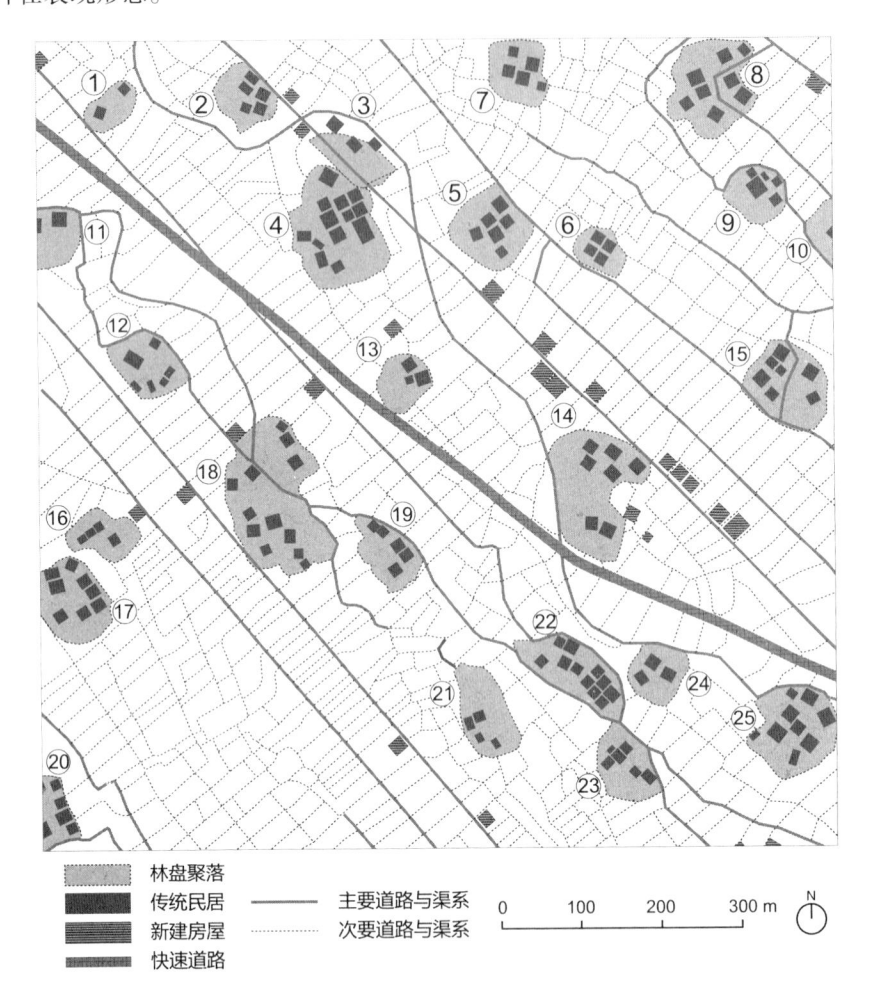

图4.14 老灌区扇形区域 K·6 网格范围内的土地利用情况（2005年）②

---

① 虽然形态有所改变，田块与渠系整理并未改变传统的自流灌溉方式．
② 图片来源：笔者绘制。底图来源：Google Earth.

<<< 第四章 整体性视角下都江堰灌区乡村遗产的特征与价值

同时，较小的田块也更适合一年中多种作物的耕作轮替。在同一田块中进行稻作与旱作的轮替是该区域的传统耕作方式，农田蓄水后成为水田，排水后则成为旱地。耕地中的主要粮食作物是水稻、玉米、小麦、高粱；油料作物为油菜、花生和大豆；除此以外一年四季种植多种蔬菜。主要作物景观也呈现出鲜明的季相特征，春天有大面积怒放的油菜花；夏天蓄水种稻，形成绿毯如茵的稻田景观；秋冬排水后种植蔬菜与小麦。

(二) 灌溉渠系的层级特征

层级分明是灌溉渠系的特征。乡村地区的灌溉水渠可基本分为支渠、斗渠、农渠、毛渠四个等级，它们采用自流灌溉的方式，将灌溉用水输送到整个扇形平原，连接起所有林盘（图4.15）。作为农田灌溉的基础设施，支、斗、农渠主要分布在耕地中。为防止沟渠两侧泥土坍塌，传统的做法是用卵石累成渠壁，并在主干渠道两侧种植水杉等高大乔木，用其发达的根系固土。由此，渠道沿线形成了带状的林木景观。而流淌于林盘内的渠道主要是最细一级的毛渠（图4.16），通常分布在房前屋后及林地中，流速相对缓慢，方便村民浇灌蔬菜，为牲畜提供饮用水。

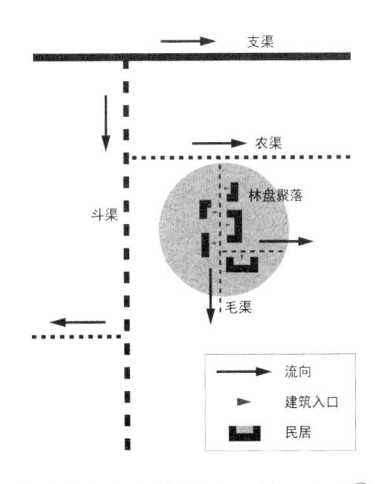

图 4.15 林盘与水系的关系示例①

---

① 图片来源：笔者绘制.

农田中的道路与水渠是配套修建的，开挖水渠得到的土方可以在旁修建路基，因此道路系统与渠系基本重合，且道路等级与渠系等级基本成正比关系。除较大规模的林盘外，一般与外界沟通的要道与林盘会保持一定距离（图4.15），因此大多数中小规模的林盘呈现出宁静与内向的特征。

图4.16　林盘中房前屋后的毛渠①

三、微观尺度：林盘中的农林系统

由于传统的林盘中密集地种植了大量乔木与竹类，而周围农田中的作物比较低矮，两者高差明显；每到周围耕地蓄水种稻时节，林盘像是平静的水面上浮出的苍翠岛屿（图4.17）；当林盘规模较大时，其树林又像是横陈于大地的带状屏障（图4.18），因此在平原地区有较强的辨识度。

---

① 图片来源：笔者于2011年3月拍摄．

<<< 第四章 整体性视角下都江堰灌区乡村遗产的特征与价值

图 4.17 百年前林盘与农田示例①

图 4.18 现有林盘与农田示例②

如果从功能性来看，林盘外部的耕地是主要的生产空间，不仅生产粮食与蔬菜，而且收割后的秸秆也是村民生火做饭的重要燃料；而林盘内部呈现出生产空间与生活空间相混合的特征。

由于当地气候温润、植物种类丰富，从竖向上看，林盘中的植物具有明

---

① 本照片拍摄于 1908 年。图片来源：都江堰市档案局（馆）. 都江堰百年档案记忆[M]. 北京：中国档案出版社，2010.
② 图片来源：笔者于 2011 年 3 月拍摄.

显的层次性（图4.18），从低到高可大致分为草本、灌木与竹类、乔木三个层级。乔木是林盘树木的主要类型，按照体量可分为小、中、大乔木；按照秋冬是否落叶可分为常绿树与落叶树；按照树叶的形状可分为针叶树与阔叶树。以上种类的乔木均由村民有意种植，在林盘中分布广泛。

林盘中的植物有特定的作用，比如大乔木主要为水杉、香樟、楠木等，在传统时代主要用于穿斗式木构建筑（图4.19、图4.20）的柱、枋、檩、椽等构件的制作；中型乔木主要为刺槐、枫杨、臭椿、构树等萌蘖能力较强的树种，主要生长在大乔木的下层空间，适合用来砍伐薪柴（图4.21），满足村民烧水、做饭等生活能源的需求；而林盘中的竹类多为丛生的苦竹，体量高大，适合制农具、编篱笆等；除了用材林以外，村民在房前屋后还会种植枇杷、柚子、桃、梨等中小型乔木，或在树木间套种各种蔬菜。同时，在靠近房前屋后的树林里，村民会在树下围起篱笆，在其中饲养鸡、鸭、鹅等家禽（图4.22）；同时人畜粪便又是林下菜地、农田的有机肥料。因此，林盘中的林地是重要的生产性空间，从乔木、灌木，到林下的禽畜养殖空间，从竖向上看是复合型的，体现了村民最大限度利用生产空间的传统智慧。

从平面上看，建筑位于林盘的中心位置。传统建筑的主要的平面形式是"一正两厢"的三合院式，正房与厢房围合着大面积的晒场。这种建筑形式适合三代以上大家族的聚居。也有部分建筑的平面是曲尺形或"一"字形，其正房正对着晒场（图4.20）。可以说，以正房与晒场为中心是传统建筑平面布局的特征。

<<< 第四章　整体性视角下都江堰灌区乡村遗产的特征与价值

图 4.19　穿斗式建筑的山墙面①

图 4.20　门前带有晒场的传统木构建筑②

---

① 图片来源：同上图.
② 图片来源：同上图.

图 4.21　林下储存的薪柴①

图 4.22　林盘中饲养的家禽②

晒场也称院坝，便于村民晾晒从农田中收获的谷物、蔬菜，对农产品进行加工，制作农具，举行各种仪式；便于村民之间交往、休闲、娱乐等。村民也常常在晒场一角打井，以取得生活用水。因此晒场的功能是复合型的，既是重要的生产空间，又是生活空间的必要补充，需要保证一定的规模。

---

① 图片来源：同上图.
② 图片来源：同上图.

厢房的末端通常建有附属建筑，用以堆放薪柴、农具等杂物，以及小规模饲养家禽家畜等。此外，村民家中普遍养犬，可以有效发挥警戒作用。

林盘不仅是村民的生活空间，也是其过世后的安葬之所。在传统时期，村民终其一生都可以视林盘为家园和归宿。因此在历史较长的林盘中可以看到林下有多处坟冢，虽外形简朴但保持着祭扫痕迹。该场所是重要的精神性空间（图4.23）。

图4.23　林盘中的墓地①

可以说，林盘的本质是基于人力维持的复合型农林系统。在传统技术条件下，这种综合了农业、林业、家禽家畜养殖技术的复合型土地利用方式，可以有效提高生产效率，提高农产品自给的能力，并被时间证明是可持续发展的。林盘中生活空间、精神空间的分布体现了紧凑与内向的特点（图4.24）。

---

① 图片来源：同上图.

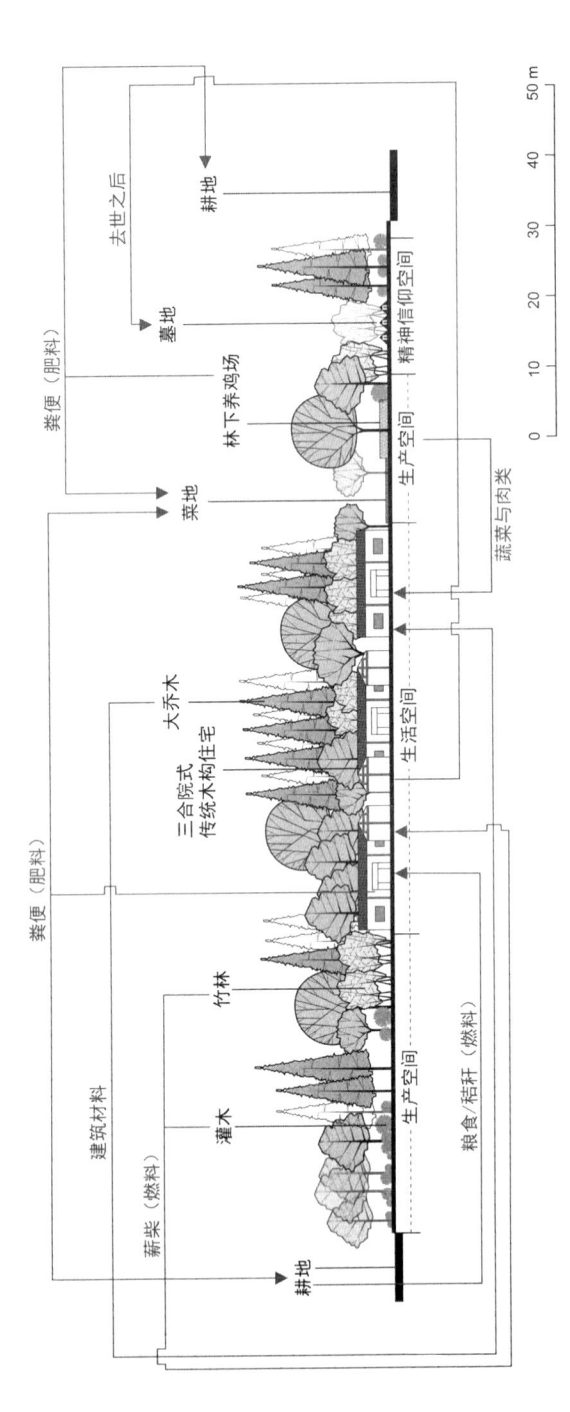

文化景观视野中的乡村遗产保护——以都江堰灌区为例 >>>

图 4.24 林盘农林系统图示①

① 图片来源：笔者绘制。

从平面上看，林盘中建筑间的距离较近，这种较高密度的居住方式可以释放出更多的耕地空间。从林盘中的社会关系来看，以家族为单元的聚居模式是其基本特征。基本上每个林盘中都存在一个以上的家族单元，其中有附属的林地、果园、菜园、禽畜养殖场所。可以说，家族单元是林盘的最小景观单元，如果把林盘整体看作分子，那家庭单元就相当于原子。这种家族聚居模式有利于日常交流与互助协作，可有效增进家族的向心力与林盘的凝聚力（图4.25）。

四、特征总结

基于以上分析，可以从文化景观的视角出发，将都江堰市扇形平原乡村遗产特征概括如下。

第一是整体性特征。该乡村遗产的形成与都江堰水利工程直接相关，农业灌溉是都江堰修建的目的，乡村遗产是都江堰两千多年来调节旱涝、持续灌溉的成果，因此两者属于同一个农业系统。乡村遗产面积广阔，灌溉水网、林盘聚落、耕地及其相关的非物质文化、生物多样性特征，是乡村遗产的重要组成部分，因此该乡村遗产并不仅仅以建筑遗产为价值载体。

第二是匀质性特征。因土地承载力、交通方式、耕作技术的限制，该乡村遗产中的林盘聚落在传统时代形成了规模小、数量多、分布均匀的散居状态；扇形平原整体上以稻作农业为主，对自流灌溉有普遍要求，因此灌溉渠系分布均匀且等级分明；因精耕细作与轮作的需求，田块分割较为细碎。整体而言，该乡村遗产的肌理显示出匀质性与同质化特征。

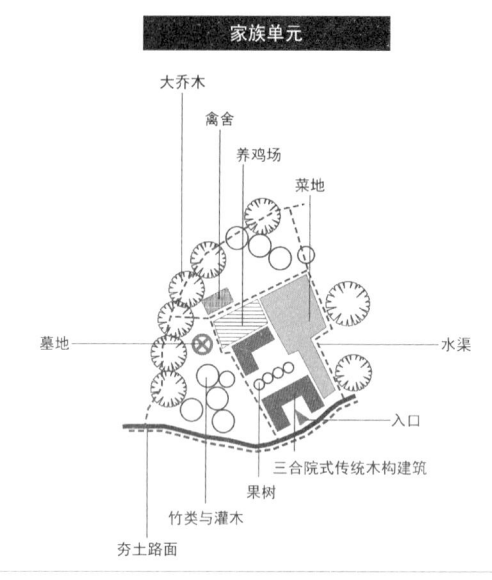

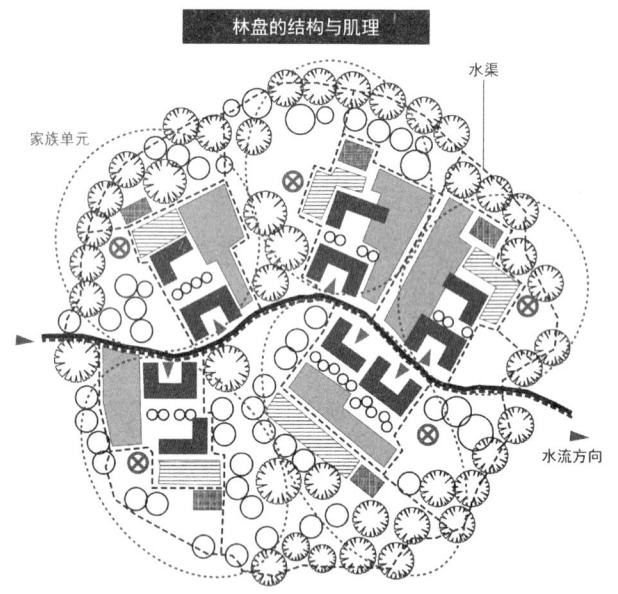

文化景观视野中的乡村遗产保护——以都江堰灌区为例　>>>

图 4.25　林盘中的家族单元图示①

---

① 图片来源：笔者绘制.

第三是活态性特征。该乡村遗产是自然要素与人文要素以千年为尺度持续互动的结果。自然要素中的生物性要素一直处于新陈代谢的循环中，人文要素中的生产技术与生活方式、建筑形式、交通方式也处于不断演化的进程中。由于市场需求的变化，耕地中种植的作物或树木种类也在不断变化。在传统时代呈现出稳定状态的乡村遗产正持续演进。

第四是拼贴性特征。灌溉水网由传统的、曲线形态的水渠与在当代被截弯取直的水渠共同构成；耕地中的田块既有在当代经历过重新划分的，也有传统不规则形态的；建筑物既有传统形式，又有当代形式。各个时代留下的印记，拼贴成了现存的可视景观，它可以成为解读、探索该乡村遗产历史变迁的文本。

第五是复合性特征。在人多地少的情况下，为最大限度取得生产生活资料，村民对于林盘中植物的利用、生产空间与生活空间的利用是复合型的。为最大可能增加耕地的生产能力，作物的间种、套种，水旱交替轮种是传统的耕作模式，体现了在自然条件的限制之下该地区演化出的传统生产生活智慧。

第四节　与同类乡村遗产地的比较研究

为探讨都江堰灌区扇形平原中乡村遗产的价值，明确其代表性与特殊性，除了需对其本身进行特征分析以外，还需要与其他地区的类似遗产做比较研究。在本节中，笔者探讨了该乡村遗产在世界乡村遗产体系中的地位，并将其与全球重要农业文化遗产（GIAHS）、中国重要农业文化遗产（China-NIAHS）名录中的类似农业系统进行了横向比较。此外，笔者在梳理中发现日本平原地区的乡村遗产与之具有较高的相似性，因此也专门进行了横向比较。

一、在世界乡村遗产分类体系中的定位

（一）在"全球乡村景观地图集"中的位置

如第二章第三节所述，国际古迹遗址理事会-国际风景园林师联合会文化景观科学委员会（ICOMOS - IFLA ISCCL）于2013年发布了"全球乡村景观倡议"，并在此后编制了全球乡村景观地图集（The Atlas），对全世界乡村遗产的类型进行了归纳（图2.3）。

基于本章第三节的特征分析可知，自流灌溉渠道系统是形成都江堰灌区扇形平原乡村遗产的基础，因此在这个体系中，该乡村遗产属于"农业"类乡村景观中"水资源管理/有灌溉设施的耕地"类型。这种类型广泛分布于世界各地。

此外，由于数量众多且广泛分布的林盘属于典型的复合型农林系统，同时耕地中存在着间种与套种、轮种等传统耕作模式，因此该乡村遗产又可以被划分为"农业"类乡村景观中"间种或套种式、围栏式/复合农林系统"类型。

因此，该乡村遗产不能单纯归为全球乡村景观地图集中的某种类型，而是基于"水资源管理"的"间种或套种"模式，在"有灌溉设施的耕地"上叠加"复合农林系统"的综合类型。

该全球乡村景观地图集只是选择不同区域最具代表性的案例归纳全球乡村遗产的类型，在"复合农林系统"的类型中选择了地中海地区与墨西哥为典型代表，由此可见，以林盘地带为代表的中国式的复合农林系统的特征与价值还未得到外界足够的认识。

（二）借用日本相关分类体系的分析

如第二章第四节所介绍，日本文化厅文化财部纪念物课从2000年至2003年间在全国范围内推行了"与农林水产业相关的文化景观保护调查研究"工作，在此过程中将与农林水产业相关的文化景观分成了四个大类（图2.4）。

<<< 第四章　整体性视角下都江堰灌区乡村遗产的特征与价值

借用该分类来审视的话,都江堰灌区扇形平原乡村遗产首先相当于第1类"与土地利用相关的文化景观"中的"水田景观""旱田景观""河川景观""水路景观"以及"与聚落相关联的景观"的复合型遗产。其次,由于该乡村遗产是世界遗产都江堰水利工程两千多年来灌溉的成果,因此又相当于第3类"与其他文化财融为一体、在其周边展开的文化景观"。因此整体而言,该乡村遗产属于"以上1-4的复合景观"类型。

此外,日本于2004年对《文化财保护法》进行了修订,在文化财保护体系中增设了"文化的景观"这一类别(图2.5),其概念相当于世界遗产文化景观的第二类"有机演进的景观"中的第二子类"持续性景观",且不以"建造物群"为价值评价的核心。如图2.6所示,该体系对文化景观进行了分类,并把特别重要者选定为"重要文化的景观"。

借用该体系的分类来看,都江堰灌区扇形平原乡村遗产相当于第1类"水田与旱田等与农耕相关的景观地",第5类"蓄水池、水渠及港口等与水的利用相关的景观地",第8类"垣根和屋敷林①等与居住相关的景观地"。因此该乡村遗产属于"以上1-8的复合景观地"。

基于(一)、(二)的分析可知,都江堰灌区扇形平原中的乡村遗产,在世界乡村遗产体系中属于典型的复合型遗产,其整体价值是灌溉水系、耕地、聚落价值的复合。

二、与"全球重要农业文化遗产"名录中同类遗产地的比较

(一)名录中乡村遗产的总体特征分析

目前,全球重要农业文化遗产(GIAHS)共有58处(详见附录四),从各遗产地的面积分布区间(图4.26)来看,10平方千米以下的农业遗产共计9处,仅约占全部遗产地数量的16%;10—100平方千米的遗产地共计15处,占比约为26%;而100平方千米以上的"巨型"遗产地共计33处,占

---

① 关于屋敷林的解释见第四章第四节第二小节中与"大崎耕土"的"居久根"相关的内容.

比约为58%。由此可知，全球重要农业文化遗产在形态上具有典型的"面状"特征，而非"点状"或"线状"，因此审视农业文化遗产的价值需采用整体性的视角。

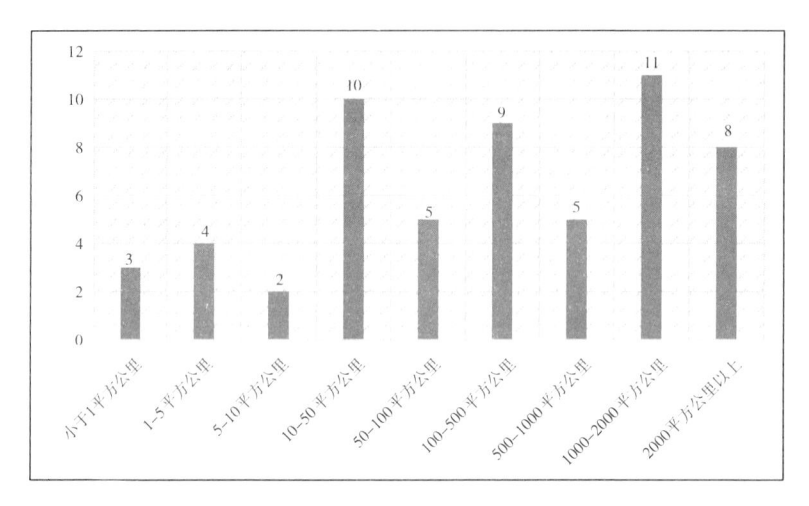

图4.26　全球重要农业文化遗产地的面积分布区间①

此外，从各遗产地的人口分布区间（图4.27）来看，1万人以下的遗产地共计12处，占比约为24%；1万~10万人的遗产地共计21处，占比约为43%；而10万人以上的遗产地共计16处，约占总数的33%。由此可见，全球重要农业文化遗产对其境内大量人口的生产、生活有着重要影响，是与乡村振兴、区域振兴密切相关的活态遗产。

---

① 笔者依据各遗产地申报文本中的面积数据制成，其中有1处遗产地没有明确的面积数据，因此只统计了另57处。基础数据来源：FAO, GIAHS around the world [EB/OL]. [2020-01-04]. http：//www.fao.org/giahs/giahsaroundtheworld/en/.

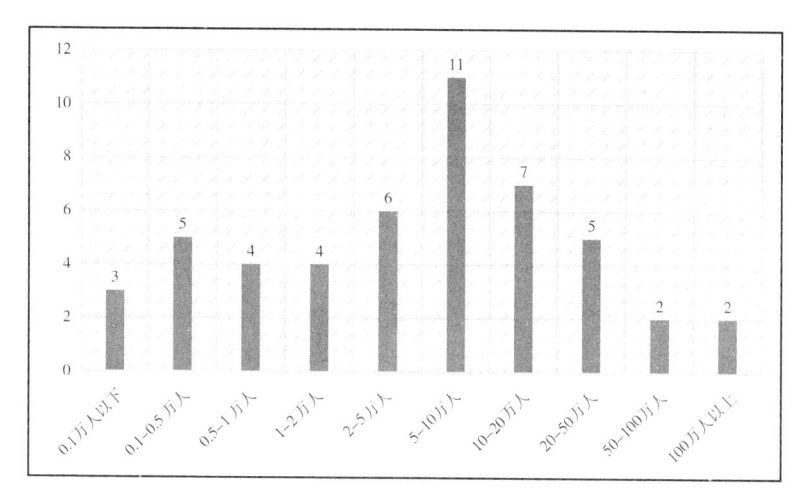

<<< 第四章　整体性视角下都江堰灌区乡村遗产的特征与价值

图 4.27　全球重要农业文化遗产地的人口分布区间①

同时，全球重要农业文化遗产的类型呈现出了多样性与区域代表性的特征。为便于与同类遗产进行比较，笔者借用后面第四小节中"中国重要农业文化遗产"的类型划分方法，将其主要划分为两个大类及若干从属小类——第一，拥有特殊地貌形态，但不一定生产特殊种类的农林牧渔产品的系统：如农田景观类（8处）、复合系统类（22处）、农田灌溉类（5处）；第二，与特定的农林牧渔产业相关的系统：如农作物品种类（2处）、林果类（11处）、特产类（3处）、茶叶类（4处）、动物养殖类（2处）、盐田类（1处）。以上各个类型所占比例如图4.28所示。同时，结合彩图九与彩图十所示的区域与国别分布，可以得到以下认知。

第一，复合系统类农业文化遗产主要是指农、林、牧、渔等类型的复合，以及多种作物或树木的复种与共生系统。从全球看，该类型的占比为38%，除欧洲与中亚地区以外，在其余四个地区均有广泛分布，因此它属于最为普遍、最具代表性的类型。单从亚太地区的分布来看，该类型集中分布在中国、日本、印度三个人口稠密、人多地少的国家。

---

① 笔者依据各遗产地申报文本中的人口数据制成，其中有9处遗产地没有明确的人口数据，因此只统计了另49处。基础数据来源：同上图．

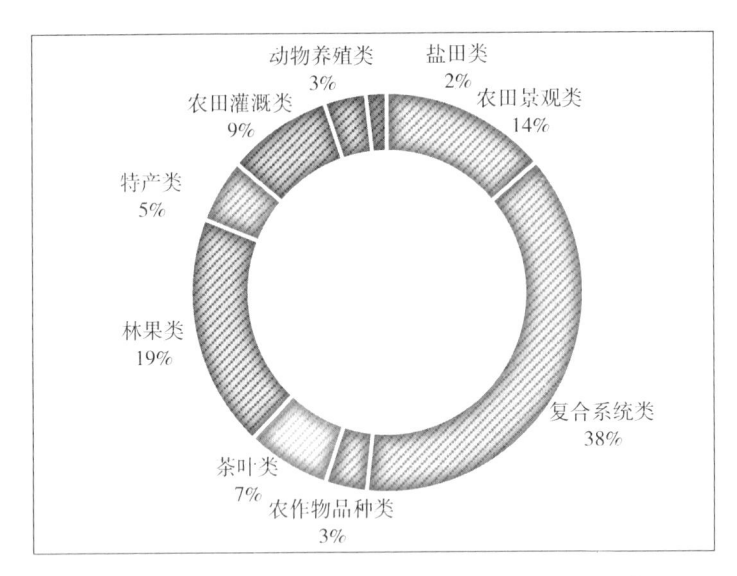

图 4.28　全球重要农业文化遗产各个类型所占比例①

第二，农田景观类农业文化遗产主要是指在陡峭的山地修建的梯田，或桑基鱼塘等具有大面积独特形态的农业系统。该类型的占比为14%，且全部集中于亚洲和太平洋地区，尤其是以中国、日本、韩国为代表的东亚地区，以菲律宾为代表的东南亚地区，以孟加拉国为代表的南亚地区。

第三，农田灌溉类农业文化遗产主要是指依托坎儿井等独特的灌溉系统形成的农业系统。该类型的占比为9%，在近东和非洲北部地区、欧洲和中亚地区、亚洲和太平洋地区均有该类型的农业系统进入名录。但亚太地区的两处分布在斯里兰卡与日本，中国虽拥有类型众多的灌溉系统，但还未有相关的农业遗产入选。

第四，无论从数量还是从类型来看，拥有悠久农耕历史的中国与日本都是农业文化遗产的大国，相比之下中国在数量上占有优势，而日本的农业文化遗产类型较为丰富。

通过以上分析可知，与都江堰灌区乡村遗产的本质最为相似的是农田灌

---

① 笔者绘制。基础数据来源：同上图.

溉类农业文化遗产，同时林盘聚落显示出典型的复合系统类的特征，兼具农田景观类的特征。

（二）与"大崎耕土"的比较

通过梳理可知，现有名录中与都江堰灌区乡村遗产最为相似的遗产地是2017年列入全球重要农业文化遗产的日本"大崎耕土"①。大崎地域位于宫城县北部，由1市4町组成；面积约为1524平方千米，其中农业用地为362平方千米，森林面积为837平方千米；该区域人口约为20万人；西部的奥羽山脉是著名的自然风景地，中部与东部比较平坦，从农业生态学的分类来说属于"温带水田农业地域"，是宫城县的优质水稻主产区（见彩图十一）。

该区域境内有两条主要河流，分别为江合川与鸣濑川。当地先民利用其流域范围内的谷地与湿地发展了稻作农业。但是，东北太平洋特有的湿冷季风会带来冻害，此外由于山区的坡度较陡，强降水时会发生涝灾，无雨时又会出现旱灾。在这种严酷的自然条件下要进行粮食生产，就必须对水进行巧妙的治理与管理，在此基础上形成的大地景观被称为"大崎耕土"。

为应对冻害与洪水，"大崎耕土"形成了独特的水资源管理系统，并以此为中心发展出了独特的生物共生关系、农业文化、饮食文化，以及丰富而独特的景观。"大崎耕土"入选全球重要农业文化遗产的关键理由体现在以下三个方面。

第一是巧妙的农业灌溉用水管理系统。从中世②开始，在江合川与鸣濑川流域修建了取水堰③、渠道、隧道与潜穴④、蓄水池等水利设施共计约1300处，并在当代得到了继承；同时基于该地区的地形特征形成了6个用水管理区域：①山地用水确保区域；②缓倾斜地自流区域；③湿地隧道与潜穴区域；④低平地水田遊水地利用区域；⑤扇状地区堰、蓄水池与反复水利用区域；⑥丘陵地区农地、蓄水池输水区域（见彩图十二）。

---

① 正式申报名称为 Osaki Kodo's Traditional Water Management System for Sustainable Paddy Agriculture.
② 日本的中世是指镰仓、室町时代，持续时间为12世纪末至16世纪末.
③ 是指从河川引水进行农田灌溉的设施。
④ 是指因管理用水的需要而挖掘的隧道.

第二是支撑生产与生活的传统社会组织"契约讲①"维系了人与人之间的关系。"契约讲"是在严峻的自然条件下形成的共同体，是当地社会的核心社区单位，主要在农业、水资源管理和其他日常生活中进行互助协作。

第三是该地区的先民为克服严酷的自然条件而创造的富于居住智慧的、被称为"居久根"（igune）的屋敷林（图4.29）②，其外观如同"漂浮在稻田中的树林③"[206]，与稻田一起构成了富有特色的乡村遗产（图4.30）。"居久根"是农户进行农业生产、维系自给生活的据点，其传统居住形式具有多重智慧——首先是减灾的智慧，密植的树林可以防止洪水与西北风破坏房屋；其次是自给的智慧，农户可以就近种植蔬菜与草药；最后是与益虫益鸟共生的智慧，"居久根"中丰富的植物种类是构成生物多样性的基础，

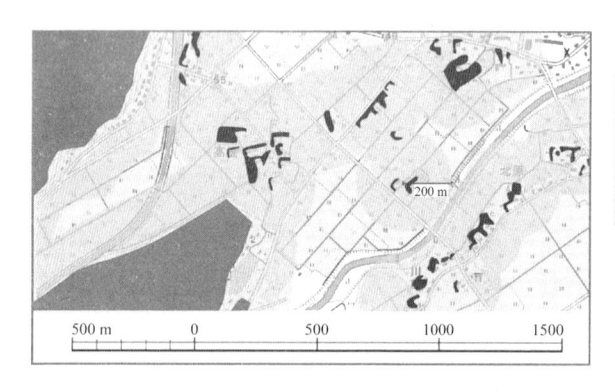

图例	颜色
稻田	
居久根	
林地	

图4.29　日本宫城县"大崎耕土"的"居久根"④

---

① 日语为"契約講"，是指主要分布在日本东北地区村落内部的团体。"講"即是社会团体的意思.
② 在日语中，"屋敷"（やしき）是指建造住宅的用地范围，"屋敷林"（やしきりん）专指围绕该用地，或在该用地一侧种植的树林。既可减轻风灾的影响，又可减少积雪，以保护住宅。而"居久根"（いぐね）是日本东北地区对于屋敷林的别称.
③ 英文原文为：forests floating in rice paddies.
④ 图片来源：Globally Important Agricultural Heritage Systems（GIAHS）Application [EB/OL].[2020-01-07]. http：//www.fao.org/giahs/giahsaroundtheworld/designated-sites/asia-and-the-pacific/osaki-kodo-sustainable-irrigation-system/annexes/en/. 笔者有修改.

<<< 第四章　整体性视角下都江堰灌区乡村遗产的特征与价值

"居久根"中生活着大量害虫的天敌，比如蜘蛛、蛙类与鸟类等，它们定期在"居久根"与水田之间进行迁徙，此外每年还有超过 10 万只真雁在该地区的农田中过冬。可以说，"居久根"与水田、水系一起维持了生物多样性，其中存在着丰富的生物共生关系。

图 4.30　日本宫城县"大崎耕土"的"居久根"示例①

通过以上分析可知，都江堰灌区乡村遗产与日本"大崎耕土"的相似之处有以下两点。

第一，灌溉水系与稻作农业。两者都在特定流域范围内的天然河道上建堰取水，经过漫长的历史时期形成了覆盖整个灌区的、复杂而密集的灌溉渠系，并在此基础上形成了大面积的水田景观。

第二，散居聚落。水田中的聚落规模较小且分布疏朗，呈散居形态；"林盘"与带"居久根"的聚落结构相似，其中都种植大量乔木与灌木，以利于农户生产生活方面的物资自给，也是形成生物多样性的据点；水田、林木、建筑形成的景观结构具有较高的相似性，在水田灌水插秧季节，聚落就像水面上的浮岛；为最大限度取得物质资源，两者对于聚落中的植物要素、种植空间的利用都是复合型的，共同体现了东亚地区的传统农耕智慧。

---

①　图片来源：同上图.

文化景观视野中的乡村遗产保护——以都江堰灌区为例　>>>

由此可见，在同等农耕技术条件下，不同的族群在相似的地理环境中，会发展出高度相似的乡村遗产形态。

此外，除了地理、气候、社会文化、生物性等方面显见的差异以外，笔者将两者的主要不同之处概括如下。

第一，都江堰灌区以平原地区自流灌溉为主。而"大崎耕土"的农业文化遗产申报范围涵盖了两条河流流域，将涵养水源的山区、需修建蓄水池灌溉的丘陵地区，以及平原地区都包括在内，地形的多样性决定了其灌溉模式与技术更为丰富。

第二，都江堰灌区乡村遗产中的散居村落（林盘）数量更多，分布更广，规模更大，聚居人数也更多，存在明显的家族单元。"大崎耕土"中带"居久根"的聚落规模普遍较小，通常一户形成单独的"居久根"。

三、与日本平原地区其他同类乡村遗产的比较

（一）相关遗产地概述

东亚地区在传统时代有着相似的气候条件与农耕传统，因此该地区乡村遗产之间具有可比性。但由于朝鲜半岛以山地为主，缺乏大型的冲积平原，因此笔者选择日本平原地区的类似乡村遗产（尤其是带有上节中介绍的屋敷林的乡村遗产）进行横向比较。在第二章第四节中笔者介绍了日本于2000—2003年在全国推行的"与农林水产业相关的文化景观保护调查研究"，在其调研报告中可以找到多处与大面积平原地区的屋敷林相关的乡村遗产，笔者挑选其中比较典型的7处[109]进行概述。

1. 出云平野筑地松散村集落①

出云平野②位于斐伊川与神户川之间，是位于多山地区的岛根县境内最

---

① 日语中的"散村"是指农户分散居住的村落；"集落"在日语中也通"聚落"（释义引用来源：weblio辞书）。日文名称：出雲平野の築地松の散村集落；位于岛根县；属于图2.4文化景观分类中的"复合景观"。

② "平野"是指与山地相对的、低平而宽广的土地。释义引用来源：weblio辞书.

大规模的平原，土地肥沃、产量高；同时，散落在宽阔的水田中的农户拥有被称为"筑地松"的屋敷林，该散村集落景观非常有名。"筑地松"种植在主要建筑的西北向，不仅可以在视觉上使房屋更加气派，而且可以在洪水时保护建筑不被冲走，在冬天可以阻挡强烈的西北风；农户也可以就近在屋敷林中取得薪柴。为保持一定的高度和厚度，"筑地松"在4—5年内进行一次修剪，且现在依然保持了传统的景观。虽然因圃场整备①导致水田的田块形状有所变化，但散村的形态得以保持。现存的问题：因生活方式变化导致建筑形式改变，"筑地松"的存在意义减退，同时松树也容易遭受虫害而枯死。

2. 锅仓集落②

锅仓集落是延展于奥羽山脉东侧平坦的水田地带、因水利而形成的散村，有记载表明该地区于1683年由盛冈藩开田，锅仓集落就形成于这个时期。在开田之前建造的锅仓新田穴堰，至今依然被沿用。锅仓集落中大多数农户均拥有屋敷林。该地区制定了绿地基本规划，力图保护作为乡土景观要素的屋敷林与农用地。现存的问题：因农业人口快速老龄化与过疏化，水田的经营愈加困难。

3. 仙北平野散村景观③

仙北平野位于奥羽山脉与出羽丘陵所夹的横手盆地北部，位于由丸子川、矢岛川、川口川、窪堰川等小河川形成的扇状地的前端，属于日本全国少数的水田地带之一。平野上共计1300多家农户形成了散村；该地区在明治时代后半期开始用马耕地，之后实施了大规模的区划整理。现存的问题：受到城市化的影响，仙北町西部地区的农用地成为住宅用地的开发对象。

---

① "圃场整备"是指通过实施耕地区划、渠道与农用道路的整理，通过土层改良、分散耕地的集团化等措施，用以提高土地的生产效率并改善农村的环境条件。这是由农林水产省与都道府县推行的公共事业。释义引用来源：weblio辞书。
② 位于岩手县。日文名称：鍋倉集落。属于"与聚落相关联的景观"。
③ 位于秋田县。日文名称：仙北平野の散村景観。属于"与聚落相关联的景观"。

103

4. 堀工屋敷林①

堀工所在的六乡地区位于馆林市南部。该地区的农户由榉树、白栎木等组成的屋敷林围绕，与周围的池沼、农用地、杂木林等一起组成了苍翠的乡村景观。屋敷林的作用主要是冬季防风，农户也可以在其中取得薪柴。现存的问题：虽然努力养护屋敷林的农户很多，但杂木的利用价值较低，屋敷林因缺乏管理而难以保持传统面貌；因六乡一带被划为城市化区域，从长期来看，进行住宅用地开发的可能性很高。

5. 浮野之里②

加须市北筱崎地区位于埼玉县东北部的利根川流域，自古以来被称为"浮野之里"。"浮野"是指江户时代进行新田开发时堆筑的、稍微高于水田的台地，农户在台地上建造避难用的建筑，以防水害。现存的问题：因农业后继者不足而导致土地弃耕，已经有水田被填埋。日本市民团体正努力促进"浮野"的保护与利用。

6. 布镰水冢集落③

"水冢"所在的布镰地区位于利根川与将监川相夹的轮中④地带。"水冢"是指农户为了防洪，在宅基地一角堆土筑台后，在上面建造避难用的建筑物。洪水到来时，农户可将财物和粮食搬入水冢后在里面生活。该地区的"水冢"被认为是江户时代末期至明治时代形成的。到了大正时代，由于治水成功，农户便不再需要建造"水冢"。现存的问题：由于洪水的威胁消失，"水冢"失去存在的意义后也面临消失的危险。即使是留存下来的"水冢"，其建筑物也多被改建成了仓库。

7. 砺波平野散村⑤

砺波平野位于小矢部川与庄川的泛滥平原，该地区流淌着多条河道，灌

---

① 位于群马县。日文名称：堀工の屋敷林。属于"与聚落相关联的景观"。
② 位于埼玉县。日文名称：浮野の里。属于"与聚落相关联的景观"。
③ 位于千叶县。日文名称：布镰の水塚のある集落。属于"与聚落相关联的景观"。
④ "轮中"是指在周围筑堤的低湿地区，可防止洪水侵袭聚落与耕地。
⑤ 位于富山县。日文名称：砺波平野の散村。属于"复合景观"。

溉着宽阔的水田。水田中间散布着带有屋敷林①的农户,形成了独特的散村景观。1714年修筑的松川除堤防工事使平原上的小河都汇入庄川,农耕安定,新村迅速增加。明治以后形成了现有的散村规模,现为日本第一。屋敷林可以在砺波平野的强季风中保护农户的建筑;农户也可以在屋敷林中砍伐薪柴。虽然在昭和40年代的围场整备中,田块、水渠、农道得到了整理,农田基础设施的水平得以提升,但屋敷林没有进行合并,因此独特的乡村景观得以保留。每年5—6月开始插秧时,倒映在水田中的屋敷林,仿佛漂浮在海面上的无数岛屿。

(二) 异同分析

通过对以上7处乡村遗产的分析可知,在日本平原型稻作农业区域,基于兴修水利而形成的灌区内进行水田农业,在此基础上形成带"屋敷林"的聚落,是一种普遍存在的模式。屋敷林普遍拥有防风、防灾与提供生产生活资料的功能,也是保护生物多样性的场所。而且,屋敷林在某些地区有自己的专有名称,如"筑地松";某些聚落因其独特的预防水灾的构造被称为"浮野"或"水冢",说明当地特有的散村聚落模式拥有悠久的传统,并保存着当地乡村遗产的文化基因。

此外,相比多山地区,平原地区交通便利,其乡村景观更容易受到现代化与城市化的影响而产生变迁。日本的乡村遗产正面临着劳动人口流出,以及高龄化、少子化社会带来的后继乏人的困境。

相较而言,虽然表现形式与规模有所不同,但都江堰灌区乡村遗产的形成也拥有同样的逻辑,"林盘"成为平原地区乡村聚落的专有名词,同样说明该聚落模式已经成为当地风土所固有的组成部分。

---

① 该地区屋敷林的专有名称为:カイニョ(kainyo)。

四、与"中国重要农业文化遗产"名录中同类遗产地的比较

（一）相关遗产地概述

目前，中国重要农业文化遗产（China-NIAHS）数量为91处（详见附录五），在全国农业展览馆暨中国农业博物馆于2018年底举办的"中国重要农业文化遗产主题展"① 中被划分为9个大类，分别为：农田景观类（8处）、复合系统类（9处）、农作物品种类（11处）、蔬菜与瓜类（7处）、茶叶类（12处）、林果类（28处）、特产类（7处）、农田灌溉类（3处）、动物养殖类（6处）农业文化遗产（图4.31）[207]。

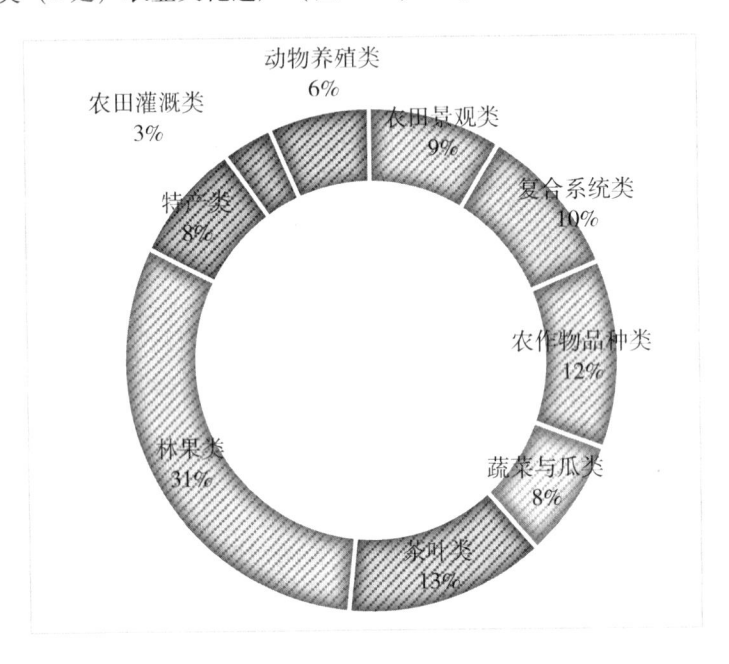

图4.31 中国重要农业文化遗产的类型划分与数量占比②

其中，农田景观类农业文化遗产主要是指稻作与旱作梯田系统，以及桑

---

① 展览期间为2018年11月23日至2019年3月16日.
② 图片来源：笔者根据主题展中相关数据绘图.

基鱼塘系统,其遗产景观具有较强的特殊性与稀缺性。复合系统类农业文化遗产主要指农、林、牧、渔的复合型生产系统,以土地的多样化利用与作物的间种、套种等高效利用为其特征。农作物品种类农业文化遗产的价值主要体现在稻米、荞麦等粮食的特殊种质资源上。此外,顾名思义,蔬菜与瓜类、茶叶类、林果类、特产类、动物养殖类农业文化遗产均与农林牧渔业中特殊的种植、养殖系统相关①。农田灌溉类农业文化遗产虽然数量较少,但与都江堰灌区乡村遗产具有较高的可比性。以下笔者介绍3处农田灌溉类农业文化遗产的概况。

1. 安徽寿县芍陂(安丰塘)及灌区农业系统[208-209]

芍陂为中国留存至今最古老的蓄水工程,比都江堰和郑国渠早300多年,为春秋时期楚庄王令尹孙叔敖所建②,选址科学,布局合理,工程浩大。后因隋朝在此地设置安丰县,又称为安丰塘。至6世纪时,芍陂已经具有完善的塘堤、斗门节制工程体系。目前芍陂为"全国重点文物保护单位"与"省级水利风景区",其塘周边长26千米,蓄水面积34平方千米,灌溉面积67万余亩。2015年,在国际灌溉与排水委员会(ICID)[210]第66届国际执行理事会全体会议上,芍陂成功进入世界灌溉工程遗产名录(WHIS)[211]。而由芍陂形成的传统灌区以种植小麦和水稻为主,盛产大豆、酥梨、席草、香草等农产品,其乡村遗产具有丰富的生物多样性特征。

2. 新疆吐鲁番坎儿井农业系统[212]

至少有两千多年历史的坎儿井是利用坡度建造的地下水利工程,主要由竖井、暗渠、明渠、涝坝四部分组成,其总长度约5000千米;坎儿井的输水渠道深埋于地下,不仅可以在炎热的气候条件下减少蒸发,而且具有自流灌溉功能,其优良的水质也可供人畜饮用。吐鲁番坎儿井在鼎盛时期曾达到

---

① 比如花椒栽培系统、普洱茶文化系统、葡萄栽培系统、樱桃种植系统、蚕桑生产系统、辛夷栽培系统、游牧系统、水产养殖系统等.
② 芍陂(quèbēi)。《水经注》记载,"淝水流经白芍亭,积水成湖,故名芍陂";芍陂的北岸坐落着为纪念孙叔敖而修建的孙公祠,至少已经存在1400余年.

1237条，年流量5.6亿立方米，灌溉面积约35万亩；到2003年时，坎儿井已减少到405条，灌溉面积减少到13万亩左右。依托坎儿井灌区形成了大面积绿洲，其农业文化遗产是吐鲁番地区人类与自然持续互动的活态例证。鉴于其高度的遗产价值，吐鲁番坎儿井在2008年被列入世界遗产预备清单[213]。

3. 新疆伊犁察布查尔布哈农业系统[214]

察布查尔布哈农业系统主要是由察布查尔布哈及其灌溉区域组成的。察布查尔布哈是新疆伊犁地区人工建造的最大的水利工程，全长90千米，迄今已有207年历史。察布查尔布哈是伊犁河流域大河灌区以及察布查尔锡伯自治县的主要农田引水渠道，由其灌溉的农田产量占全县粮食总产量的70%以上。察布查尔布哈农业系统中有耕地、草地、林地、次生林、滩涂地、湿地等土地类型，拥有丰富的生物多样性；大量具有锡伯族特色的传统村寨遍布其中，它们是当地锡伯族农耕文化的重要表征。

（二）异同分析

通过对以上3处农业文化遗产的分析可知，它们都与中国历史上发挥重要作用的著名水利工程有直接的联系。安徽寿县芍陂也是"世界灌溉工程遗产名录（WHIS）"中的一员，新疆吐鲁番坎儿井已经进入联合国教科文组织（UNESCO）世界遗产预备清单，拥有世界级的文化遗产价值。而都江堰水利工程更拥有世界遗产与世界灌溉工程遗产双重身份①。

在新疆伊犁察布查尔布哈灌区农业系统中，多样化的土地类型、生物多样性，以及大量具有锡伯族特色的传统村落都是整体价值的组成部分；安徽寿县芍陂及灌区农业系统、新疆吐鲁番坎儿井农业系统也都是包含了灌溉工程、耕地与聚落的整体。同样，除了灌溉系统以外，都江堰灌区乡村遗产中的林盘聚落与生物多样性也是该农业系统中不可或缺的部分，从整体性特征来看，这与以上3处农业文化遗产是相通的。

---

① 详见第四章第二节第二小节中的介绍．

除了文化族群、生物性要素的显见差异以外，以上3处农业文化遗产与都江堰灌区乡村遗产的差异主要体现在不同地理、气候环境下对水资源利用方法的差异。这4处乡村遗产分别是平原地区的蓄水灌溉系统、戈壁地区的地下自流灌溉系统、高原地区的地面引水灌溉系统、盆地平原自流灌溉系统的典型代表。

五、比较研究结论

通过以上与同类乡村遗产的横向比较，可以得到以下认知。

第一，从世界乡村遗产分类体系来看，都江堰灌区乡村遗产是典型的复合型遗产，其整体价值由自流灌溉渠系、水旱轮作耕地、林盘聚落共同承载，但以自流灌溉系统为其首要特征。

第二，从东亚地区来看，因具有相似的地理环境、气候特征，且都有人多地少的矛盾，在平原地区的乡村遗产中，"水利灌溉系统＋水田耕地＋周围种植林木的散居村落"是一种常见的模式。这种散居村落周围种植的树林在日本有专门的称谓"屋敷林"，其功能是防风、减灾、物资自给。在日本个别地区，针对"屋敷林"还有更本地化的称谓，说明这种聚落模式的发展已十分成熟。都江堰灌区乡村遗产是这种复合模式在中国川西地区的典型代表，"林盘"聚落与带有"屋敷林"的散村聚落在构成逻辑上具有相通性。

第三，从中国的视角来看，灿烂的农耕文明需要发达的灌溉技术来支撑。中国拥有大量水利灌溉工程遗产，它们代表了传统时代灌溉技术的多样性与可持续性。从关系上看，水利工程是"因"，所形成的乡村遗产是"果"，两者属于同一个农业系统。但将灌溉系统与乡村遗产看作一个整体，以"灌区乡村遗产"的名义来申报农业文化遗产的案例数量很少，因此目前还缺乏区域代表性。而都江堰灌区乡村遗产的申报将对中国重要农业文化遗产、全球重要农业文化遗产体系的完善做出贡献。

第五节　都江堰灌区乡村遗产价值综述

基于以上分析，都江堰灌区乡村遗产可以进一步被定义为——依托广阔的都江堰灌区密集分布的自流灌溉渠系形成的水旱轮作农田系统、数量众多的林盘散居村落及其农林系统，以及反映当地居民可持续生产生活方式的各类物质与非物质文化遗产、生物多样性资源。

笔者从第二章所述的文化景观理论视角出发，针对都江堰灌区乡村遗产的价值进行归纳。

第一，该乡村遗产见证了两千余年前的蜀地先民通过在天然江河上修建大型水利工程都江堰，分流江水、防洪抗旱，最终使得成都平原"水旱从人"的历史；见证了在等级分明的自流灌溉系统的滋养下，成都平原成为"不知饥馑"的"天府之国"的历史。

第二，该乡村遗产是亚热带湿润季风气候条件下，在四川盆地的盆地平原中创造并传承至今的自流灌溉土地利用系统，其中潜藏着丰富的生物与文化多样性；该乡村遗产与当地传统产业及居民生活方式密切相关，在川西地区经济、社会文化的可持续发展过程中扮演着积极的角色，对于理解本土知识、习俗、智慧、技术而言不可或缺；作为活态的遗产，该乡村遗产始终处于持续演进的过程之中，同时它又是动态演进的重要物证。

第三，该乡村遗产是人口稠密的东亚地区，人类在与其所处环境长期协同发展的过程中创造的、发达的农田灌溉类农业系统中的杰出代表，其构成逻辑具有普适性的价值，折射了人类和自然之间和谐共存的内在联系；对亚热带湿润季风气候下东亚地区农业文化传承、农业可持续发展和农业功能拓展具有重要的科学价值和实践意义。

第四，该乡村遗产是世界范围内依托大型灌区发展的、复合型土地利用系统的重要代表，是两千余年来人类农耕文明的结晶和见证，更是未来人类可持续发展过程中必须认真研究的样本和可以有效利用的资源。

第六节 小结与思考

基于联合国教科文组织（UNESCO）世界遗产名录、国际灌溉与排水委员会（ICID）世界灌溉工程遗产（WHIS）名录的巨大影响力，都江堰水利工程的世界级文化遗产价值已经为世人所知。然而，由于每年申报世界遗产的数量有严格限制，各国在申报过程中一定会采取优中选优、挑选最佳范例的方式[129]，这有可能会造成将某些价值从整体价值中割裂的情况。

从农业系统的角度来看，都江堰水利工程、由宝瓶口分流出的四条河道及河道两侧的大量取水口、纵横交错的灌溉渠系均属于同一个系统。如果说都江堰水利工程对于旱涝的调节是"因"，那都江堰灌区形成的乡村遗产就是"果"；如果说盆地平原因控制旱涝、农田灌溉的需要，而修建了都江堰水利工程，那这个因果关系可以互换。因此，两者是互为因果、相辅相成的关系。但非常遗憾的是，该乡村遗产甚至不属于世界遗产都江堰水利工程的缓冲区，其价值曾被大大低估。

从文化景观的视角来看，都江堰灌区乡村遗产与历史纪念物、建筑群等精英主义的文化遗产相比，属于普通的、动态演进的、存在于当地居民日常生产生活中的文化遗产。笔者通过宏观、中观、微观尺度的分析，揭示了该乡村遗产拥有整体性、匀质性、活态性、拼贴性、复合性特征。

从世界乡村遗产分类体系来看，都江堰灌区乡村遗产是典型的复合型遗产，并以自流灌溉系统为首要特征。其整体价值由自流灌溉渠系、水旱轮作耕地、林盘聚落、生物多样性特征，以及与当地居民可持续生产生活方式相关的其他物质与非物质文化遗产共同承载。

通过与全球重要农业文化遗产（GIAHS）、中国重要农业文化遗产（China-NIAHS）名录中的类似遗产地，以及日本平原地区同类型乡村遗产地进行了比较研究发现,"水利灌溉系统+水田耕地+周围种植林木的散居村落"的模式是东亚地区平原地带普遍存在的,而都江堰灌区乡村遗产更是其中的杰出代表,具有成为世界级农业文化遗产的潜力。同时,"农田灌溉类"乡村遗产在名录中数量的增加和地区代表性的完善,将为农业文化遗产体系的完善做出贡献。

正如第三章第四节所介绍,成都市郫都区正行进在申报农业文化遗产的道路上,都江堰灌区乡村遗产的价值正面临着被全世界重新发现的重大机遇,但仅有郫都区的参与是不全面的,都江堰灌区乡村遗产应该被当作一个整体来审视。而成都市现代田园城市的构想要达到"世界级"的水准,必须建立在都江堰灌区乡村遗产具有全球示范意义的保护与发展基础之上。

第五章

动态性视角下都江堰灌区乡村遗产保护与发展方法论

第一节　引言

乡村遗产是活态的、持续演进的文化遗产，其中包含着多样的生物性要素，不仅要求我们用整体性的眼光来审视其特征与价值，更需要基于动态的视角，来管理持续不断的变化过程，而不是进行固化的保护。相较而言，平原地区交通便利，与外界联系紧密，其乡村遗产中的各类要素更容易受到现代化与城市化的影响而产生变迁。如第四章第四节所述，日本平原地区的同类乡村遗产正面临着劳动人口流出和高龄化、少子化社会带来的困境，以及现代化、城市化所带来的诸多问题。

同样，成都平原乡村地区的现代化进程也早已开始。对于都江堰灌区来说，2008年属于关键的转折年。如第三章第三节所述，汶川地震以后，结合灾后复兴的需要，成都市在2009年确立了建设"世界现代田园城市"的长远发展目标，并在此框架下推进城乡一体化与新农村建设工作。而这在促使乡村地区基础设施跨越式发展的同时，也使乡村遗产发生了重大变化。

在这种持续动态的变化中，如何认识变化、管控变化，为变化设定底线，为保护与发展提供依据，需要建立一套方法论。在本章中，笔者以都江堰市扇形平原为例，首先分析了现代化与城市化、乡村游憩活动、农田种植模式的变化、灾后新农村建设对该乡村遗产持续演化的推动作用；其次阐释了潜藏在这些变化背后的人地关系特征，确认了各类景观要素在受影响后的易变程度；最后，基于田园城市的构想，笔者对应第四章第三节所提出的微观、中观、宏观三个分析尺度，对构建乡村遗产保护与发展的方法论进行了探索。

第二节 都江堰灌区乡村遗产的变迁

乡村是生产性空间，在传统时代以农产品的生产与自给为基本特征。随着现代化过程中商品经济的发展及城乡关系的进一步融合，乡村的生产不仅要满足本地居民的需求，也越来越受到外部市场的影响。另外，通过基础设施提升与新农村建设的发展等来自外部的影响，乡村地区已经成为工业产品的消费场所。城乡关系的变化是乡村遗产在当代持续变迁的内在动力。

一、现代化与城市化的影响

改革开放以后，现代化进程导致了城市化的发展，带动了城市建成区的扩大。迄今为止，都江堰城市建成区的扩张表现为摊大饼的模式，以老县城为圆心向平原地区不断推进（图5.1）；与此相对，乡村地带因受到蚕食而不断退缩。城市经济的发展提供了更多的就业机会，加速了周边的人口向城市聚集，也加剧了乡村地区劳动人口的流出，使得乡村经济相对衰弱。

现代化的影响也体现在乡村居民生活方式现代化转变中，最显著的变化是建筑形式与材料的变化。相较于建造传统形式的木构建筑，使用砖、钢筋混凝土、预制楼板等材料建房的做法逐渐成为主流，这不但解决了木构建筑容易腐坏的问题，而且大幅提升了建筑的宜居性，改善了卫生状况；同时因建筑材料的变化以及排水方式的改进，坡屋顶不再成为必需（图5.2）。

<<< 第五章 动态性视角下都江堰灌区乡村遗产保护与发展方法论

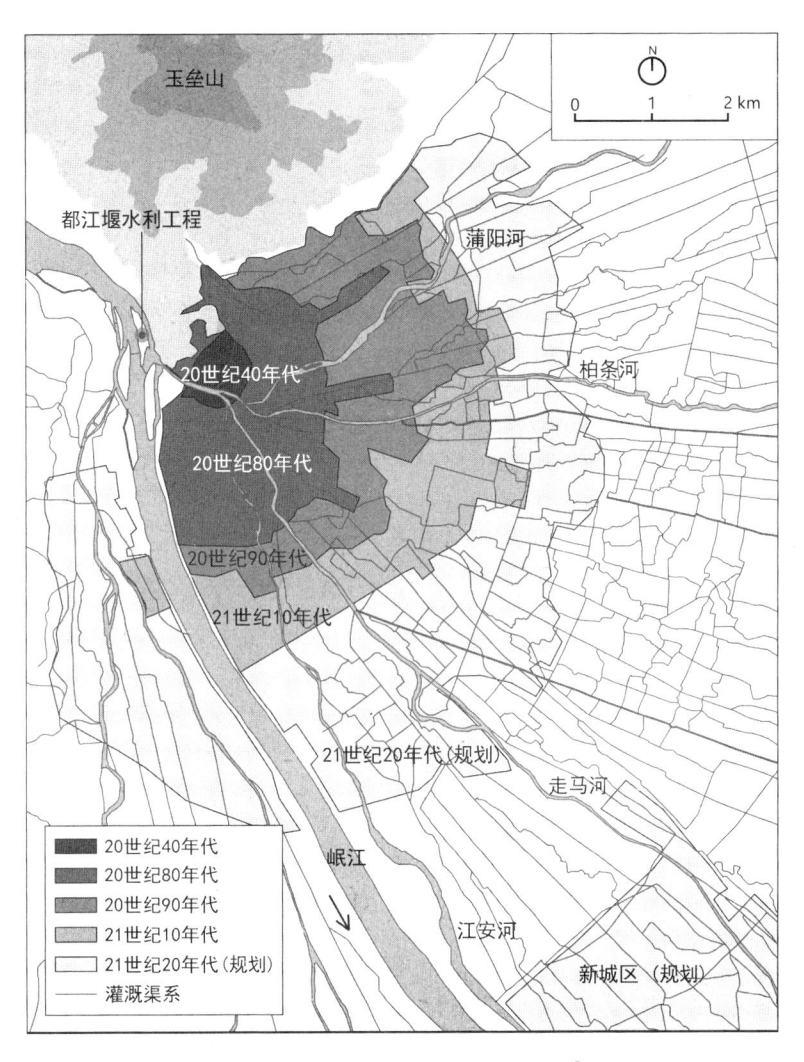

图 5.1 都江堰市建成区扩张图示①

---

① 图片来源：笔者绘制。引用来源：石鼎，石川幹子．中国四川省都江堰市のグリーンベルトにおける農村地域の文化的景観に関する研究 [J]．日本都市計画学会都市計画論文集，2012，47 (3)：1009－1014．

115

图 5.2　林盘中村民自建砖房示例①

不过在这个过程中传统建筑的布局得以保留。新建建筑保持了传统的三合院形式，或保持了曲尺形、"一"字形的建筑平面，房前依然保留了大面积的晒场（图 5.2），只是铺地材料从夯土、石板等变为混凝土。晒场的保留是传统生产与生活方式得以延续的例证。此外，由于机动车的广泛使用，晒场也兼具停车场的功能[26]。

由于建筑材料的变化，村民对林盘中乔木的依赖性大为降低。林盘中的乔木开始减少，剩下的林木也主要被当作原料向造纸或家具制造厂出售。

此外，由于物资运输的需要与机动车的迅速增加，乡村地区的道路系统进一步得到完善。为取得交通的便利，乡村地区的新建房屋出现了向道路两侧，尤其是道路交叉口附近聚集的趋势（图 4.14）。这种沿路建房的现象是林盘劳动人口流出的例证。如彩图十三所示，从 2005 年该地区的土地利用特征可以看出，交通要道两侧聚集的新建房屋，形成了一种区别于传统"点状"聚居的"线状"聚居模式，便于居民在城乡之间的交通往返。

---

①　图片来源：笔者于 2011 年 3 月拍摄．

<<< 第五章　动态性视角下都江堰灌区乡村遗产保护与发展方法论

　　与这种趋势相呼应，一些林盘中的传统居住模式趋于解体，林盘的空心化现象日益显著，房屋无人管理，林木与竹类生长茂盛；但同时空心化林盘也非常适合昆虫类、蛙类、鸟类及哺乳类野生动物的栖息，间接促进了生物多样性的发展，因此无人居住的空心化林盘也可以被视为"生态型林盘"（图5.3）。通过调研发现，林盘规模越小、住户越少，空心化的概率越高。

　　从灌溉渠系的角度看，为保证在流水的冲刷下水渠的两壁不会坍塌，传统的做法是用排列整齐的卵石铺装渠壁，然后在水渠两侧种植水杉等根系发达的乔木，借助树木的根系牢牢抓住水渠两侧的土壤，以加固水渠；高大的乔木在形成线性的林木景观的同时，也会占用一定面积的土地，还会对周边田块中作物的日照产生影响。随着田块与渠系整理的推进，渠道底部与两壁也采用了混凝土铺装（图5.4）。混凝土更加坚固耐用，使得水渠两侧不再需要大量种植乔木、节省了土地资源的同时，也导致水渠沿线成熟的林木景观的消失。

图5.3　空心（生态型）林盘示例①

---

① 图片来源：笔者于2011年3月拍摄.

文化景观视野中的乡村遗产保护——以都江堰灌区为例 >>>

图5.4 水渠的混凝土铺装示例①

从交通路网的角度看，经过多年的发展，都江堰市域范围内形成了由高速铁路、货运铁路、高速公路、城市与乡村道路系统组成的现代交通网络，乡村地区的交通已高度依赖机动车。随着乡村道路的拓宽与硬化，主要道路沿线原有的林木景观逐步消失，新的行道树景观正在形成。

二、乡村游憩活动的影响

随着城市居民游憩需求的增加以及交通条件的改善，都江堰乡村地区逐渐成为城市居民的日常游憩地。一部分林盘聚落从农产品的生产空间，转变为向城市居民提供乡村型游憩体验的消费型空间，兼具原有生产空间的特征。这标志着一种新型城乡关系的建立，与川西地区乡村旅游兴起的大环境有密切关联。

在此背景下，"游憩型林盘"逐渐成型。此类林盘通常靠近交通要道，乡村居民在其中开设农家乐，或者将房屋、土地承包给民宿经营者。为接待访客，林盘中的基础设施、建筑品质得到了大幅改善。同时，为更具观赏性与舒适性，此类林盘中的原有植被会得到改造，除了留下香樟、水杉、枫杨

---

① 图片来源：笔者于2012年3月拍摄.

等高大的本土树种以外，原有的杂木林被具有审美价值的城市绿化树种替代，其中较常见的树种有银杏、紫薇、桂花、腊梅、木芙蓉等（表5.1）。这使得植物群落发生显著变化，其林相更加接近城市园林绿地的面貌。

可以说，游憩产业的出现间接影响了林盘聚落中的生物多样性特征。这些园林绿化树种直接从附近的农田苗圃中购得，这扩大了苗圃中园林植物的出售市场，促进了园艺产业的进一步发展。

表5.1 游憩型林盘中的主要植物种类[1]

编号	名称	学名	高度	功能 装饰	功能 食用	功能 出售
1	樟树★	Cinnamomum camphora	①	●		
2	刺槐★	Robinia pseudoacacia	②			
3	水杉★	Metasequoia	①			
4	杨树★	Populus	①			
5	枫杨★	Pterocarya stenoptera	①			
6	臭椿★	Ailanthus altissima	②			
7	构树★	Broussonetia papyrifera	②			
8	慈孝竹★	Bambusa multiplex	③			
9	慈竹★	Neosinocalamus	②			
10	柳树★	Salix babylonica	②	●		
11	桉树	Eucalyptus	①			●
12	银杏	Ginkgo biloba	②			●
13	乐昌含笑	Michelia chapensis	②			●
14	黄葛树	Ficus virens	②	●		
15	桢楠	Phoebe zhennan	②			●

---

[1] 表格来源：笔者绘制。调研对象为都江堰市聚源镇迎祥村12-17村民小组中的游憩型林盘。调查时间为2011年3月、7月，2012年3月。表格中带星号表示本土树种，其他是主要的园林绿化树种.

续表

编号	名称	学名	高度	功能 装饰	功能 食用	功能 出售
16	腊梅	Chimonanthus praecox	②	●		●
17	广玉兰	Magnolia Grandiflora Linn.	②	●		
18	杜英	Elaeocarpus sylvestris	②	●		
19	海桐	Pittosporum tobira	③	●		
20	鸡爪槭	Acer palmatum	③	●		●
21	榕树	Ficus microcarpa	②	●		
22	桂花	Osmanthus fragrans	③	●		
23	紫薇	Lagerstroemia indica	③	●		●
24	紫叶李	Prunus ceraifera	③	●		●
25	鹅掌柴	Schefflera arboricola	③	●		
26	夏鹃	Rhododendron pulchrum	③	●		
27	茶花	Camellia japonica	③	●		
28	八角金盘	Fatsia japonica	③			●
29	木芙蓉	Hibiscus mutabilis	③	●		
30	栀子花	Gardenia jasminoides	③	●		
31	石楠	Photinia serrulata Lindl.	③	●		
32	罗汉松	Podocarpus macrophyllus	③	●		
33	桃树	Prunus persica	③	●	●	
34	枇杷	Eriobotrya japonica	②		●	●

注：【高度】① = 大乔木（10 - 15 m）、② = 小乔木（3 - 10 m）、③ = 灌木与草本（1 - 3 m）

三、农田种植模式的变化

如图 5.1 所示，由于在城市化的过程中保留了主要灌溉水系，乡村地区的农田灌溉模式并未受到影响，但近年来农田中的种植模式产生了重要变化。

随着都江堰市及周边地区城市化进程的加快，公园、道路、居住区的建设需要大量观赏植物与绿化树木的供应。为抓住这个商机，农业用地被改造成苗圃的做法愈加普遍，农户开始在耕地中培育观赏或绿化苗木，或者将土地承包给专业的苗木企业进行树苗的种植。

大面积的树苗形成了苗圃景观（图5.5），区别于以往耕地中的作物景观。而农户又在树苗下方间种或套种比较耐阴的蔬菜等作物，因此与苗木一起形成了复合型的农林系统，创造了农田种植的新模式。根据笔者的测算，2005年传统农耕用地面积约为133平方千米，而观赏花木苗圃的种植面积约为5平方千米，两者比例约为27:1（见彩图八）。

图5.5　农田中的苗圃景观①

2008年以后，由于汶川地震灾后重建与城市化进程的进一步提升，新建住区、道路、公园及其他公共设施对于观赏花木的需求持续走高。因花木的经济价值较高，村民将耕地改造成苗圃的积极性也越发升高；另外，青壮年人口的外流导致农业耕作后继乏人的家庭，也会考虑将耕地出租给花木公司

---

① 图片来源：笔者于2011年3月拍摄。照片中为桂花树林苗圃。

进行苗木的栽植，因此苗圃的规模不断扩大。

根据笔者的测算，至 2012 年，用于农耕的土地面积下降至约 92 平方千米，而苗圃面积上升至约 33 平方千米，两者比例约为 2.8∶1（见彩图十四）。可以说，该地区的花木生产已经形成了规模经营，成为当地新的产业。苗圃中的乔木树种以银杏、桂花为主，高度在 3—5 米，这些乔木林使得林盘与农田的边界不再清晰，改变了林盘与农田明确的图底关系。

同时，相较于传统的水稻与蔬菜的种植，种植水果的效益更高，尤其是猕猴桃的大量种植，改变了以往由水稻、小麦、玉米、油菜等一年生作物组成的传统作物格局，农田中逐渐形成了大面积的猕猴桃种植园景观（图 5.6）。

图 5.6　农田中大面积的猕猴桃种植园景观[①]

四、灾后新农村建设的影响

2008 年 5 月 12 日发生了汶川大地震，以都江堰市为首的成都西北部区县也遭受了巨大的损失。此后，都江堰市基于灾后复兴战略所推进的新农村建设，成为乡村景观变迁过程中的又一重要节点（图 5.7）。新农村建设的原则是在乡村地区建造新的居住社区，以集中安置受灾居民，并使乡村地区的基础设施水平得到跨越式提升。具体建造方式可以分为原址重建、统规统

---

① 图片来源：笔者于 2011 年 3 月拍摄.

建、统规自建①三种。从数量上来说，原址重建属于少数；而对新的乡村社区进行统一规划设计后再推进建设的做法是主流，也是区别于自发形成的传统聚落的重要特征。而单从形态上判断，新农村的聚落重构模式也可以分为三类（图5.8、图5.9）。

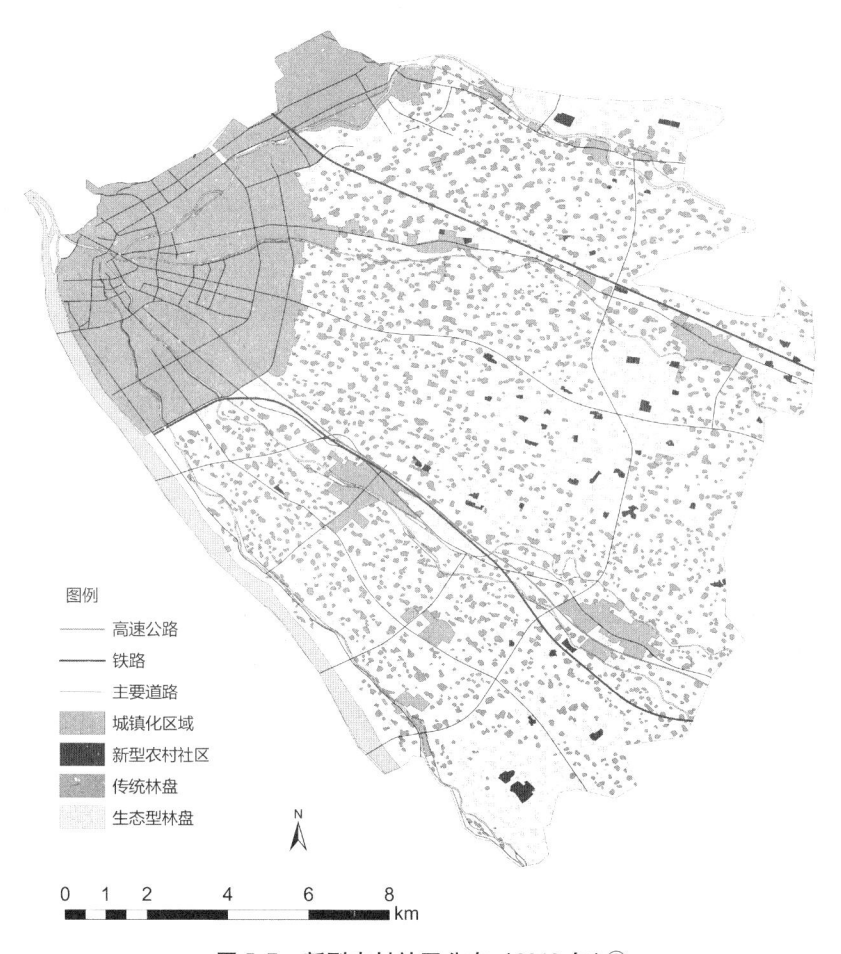

图5.7 新型农村社区分布（2012年）②

---

① 原址重建是指地震后在原有的宅基地上进行房屋的重建；统规统建是指统一规划、统一建造；统规自建是指进行统一规划后由村委会或村民建造.
② 图片来源：笔者绘制，底图来源：Google Earth.

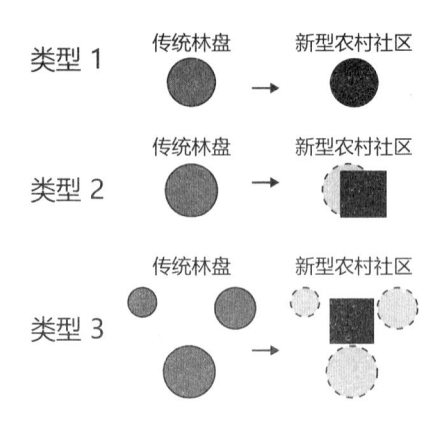

图5.8 三类新型农村社区的构建模式图示①

第一类是在林盘的原址上新建乡村社区。该类社区主要是将周边日益空心化的林盘中的居民集中居住，以集中改善居住设施。这种模式基本不会改变原有林盘的面积，但在建筑的布局上采用了阵列式，并通过严格限制单体建筑的建筑面积与体量，大大增加了林盘中的建筑密度；与之相对，林盘中的树木的数量与种类大为减少，林盘中的道路与水系也得到重新规划或组织。

第二类是在原有林盘的基础上扩建新型乡村社区，这种模式会显著增加原有聚落的面积，而其他特征与第一类相同。

第三类属于聚落兼并类型，此类社区将周边林盘中的居民进行兼并，在林盘之间的农田内建设新型社区；而原有林盘中的房屋被拆除后，宅基地也被处理后还耕，这样可以将原有林盘的宅基地面积计入农用地面积。相比传统林盘，此类社区的占地面积、户数与建筑密度均大大增加，社区中心建设小型公共广场，以开展集会或各类公共活动。其他特征也与第一、二类相同。

---

① 图片来源：笔者绘制．

<<< 第五章 动态性视角下都江堰灌区乡村遗产保护与发展方法论

2005年　　　　　　　　　　2012年

类型 1

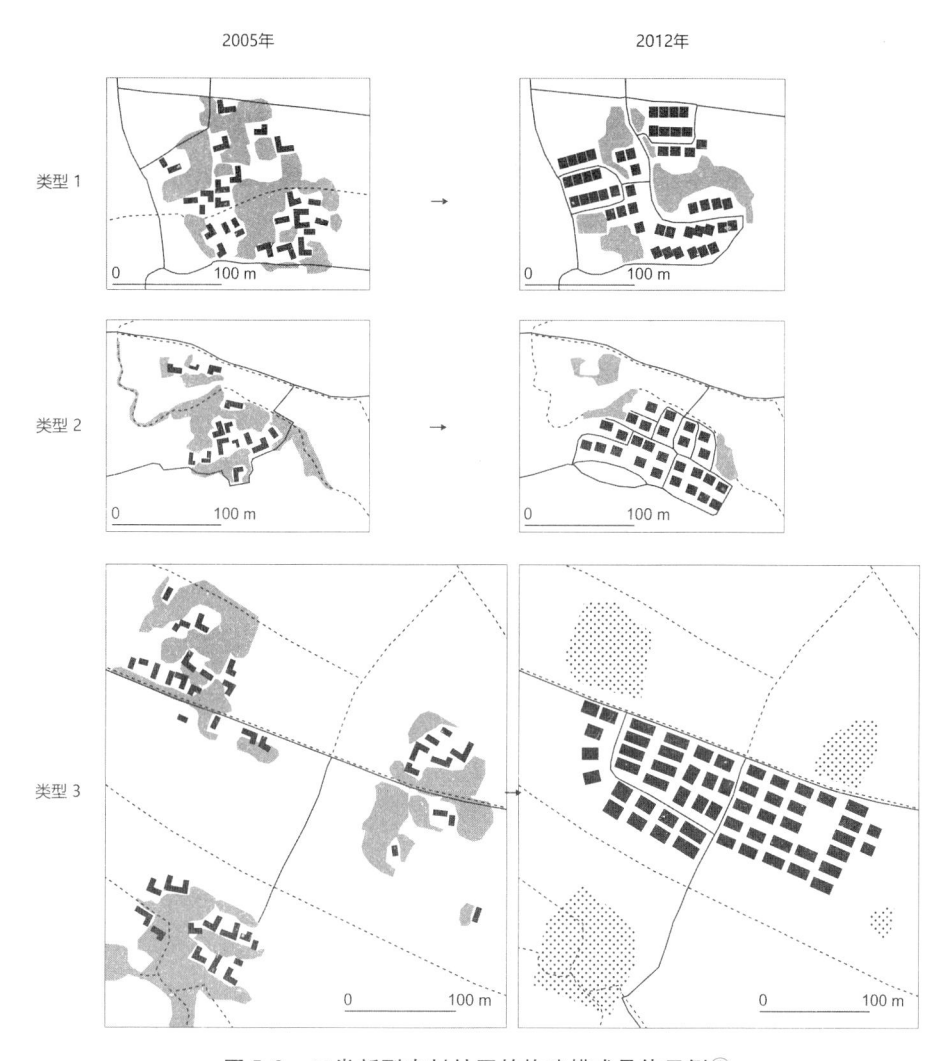

类型 2

类型 3

图 5.9　三类新型农村社区的构建模式具体示例①

根据笔者测算，扇形平原内新型农村社区平均周长超过 700 米，平均面积约为 3 公顷，远大于传统林盘的平均规模。按照规划，新农村中的人均居住面积为 30 平方米。与传统的三合院式建筑相比，每户宅基地所占面积大

---

① 图片来源：笔者基于 2005 年与 2012 年同一地区的 Google Earth 卫星图像绘制．

125

为减少，可以更少的土地面积容纳更多的村民，容积率①大增。新建住宅普遍为两层以上，建筑高度普遍增加；平面多为矩形，不带院落，也基本不建晒场。建筑材料与城市建筑无异，建筑形态接近于简化版小别墅，建筑外表颜色醒目，只有少部分新型社区的建筑设计具有传统风格。同时，以家族为单元的聚居模式消失。

同时，新村中的基础设施得到了大幅改善。除了已有的电网与自来水管道得到重新组织以外，天然气管道、光纤宽带也成为新村的标配。因此薪柴、作物秸秆等传统生物燃料也失去了用武之地。此外，新村中的道路硬化质量得到进一步提升，便于机动车行驶。

如果用前述第四章第三节所述的扇形区域 K·6 网格范围内的新型农村社区来举例的话，将图 5.10 与图 4.14 对照来看可知，该新型社区的建设模式属于第二类"在原有林盘的基础上扩建新型乡村社区"。从选址上看，该新型社区靠近通往市区的快速道路，交通便利；从平面上看，该社区显著扩大了图 4.14 中原有 13 号聚落的面积，并在建筑布局上采用阵列式；建筑造型接近城郊别墅的简化版，社区内住宅普遍为 3—4 层，大大增加了容积率。与之相对，社区内植被面积大为减少，只种植了道路沿线的行道树，传统的林盘植物利用方式消失。所以，该新型农村社区更像一块城郊别墅区飞地，与周边的乡村遗产面貌迥异。但由于并未兼并周边的林盘聚落，因此 K·6 网格范围内的乡村肌理总体得到了保持。从聚落兼并的角度来看，根据图 5.7 所示的新农村整体建设情况可知，该案例是比较"温和"的。

---

① 容积率是指一个小区的地上总建筑面积与净用地面积的比率.

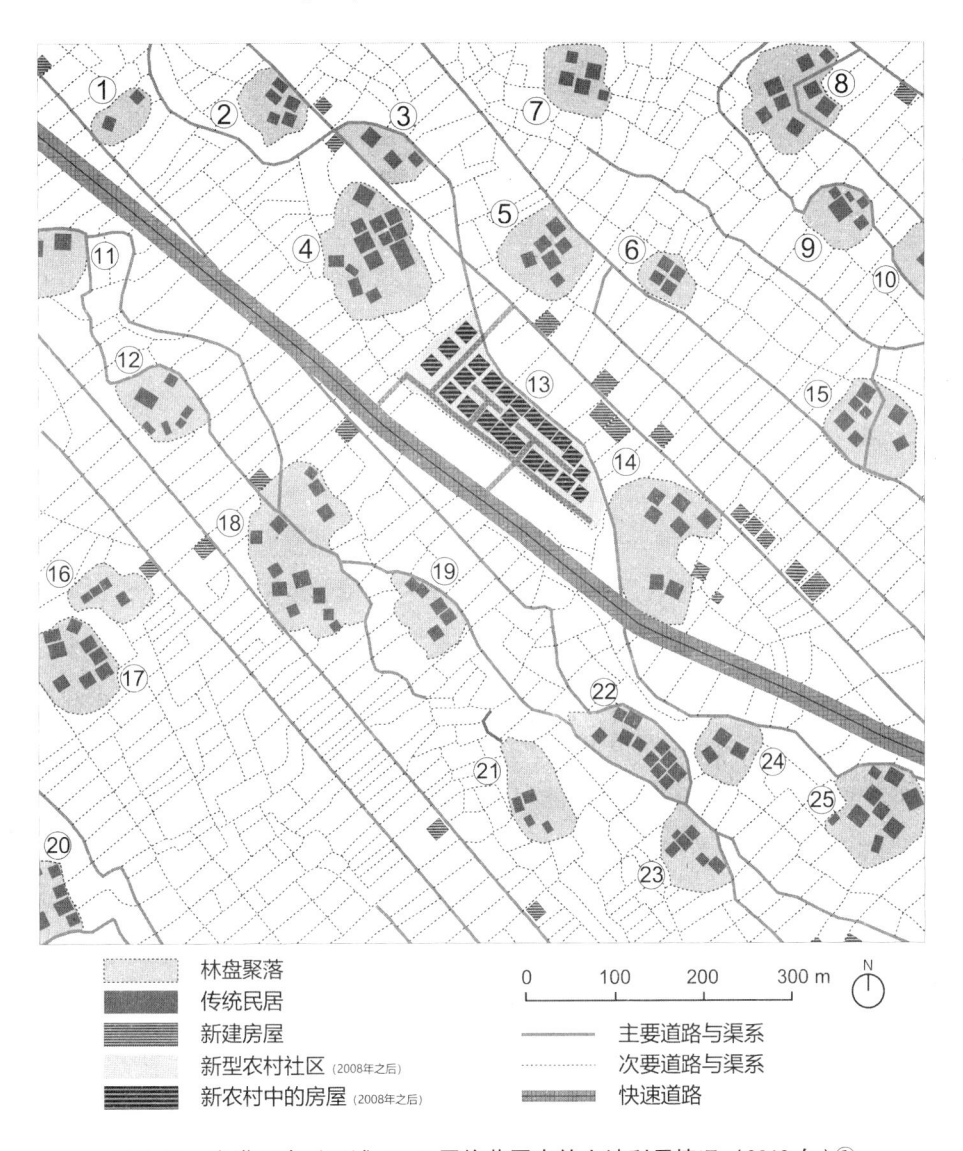

<<< 第五章 动态性视角下都江堰灌区乡村遗产保护与发展方法论

图 5.10 老灌区扇形区域 K·6 网格范围内的土地利用情况（2012 年）①

---

① 图片来源：笔者绘制。底图来源：Google Earth.

127

第三节 人地关系分析

正如2014年第18届国际古迹遗址理事会（ICOMOS）大会通过的《佛罗伦萨宣言①》指出，"景观是人类价值的栖息地②"[215-217]，人类选择什么样的价值观与行动不仅影响着景观的结果，更从本质上决定着自身的发展[1]。由此可知，潜藏在景观背后的人地关系是人类价值观的外化，不同时代的人地关系模式反映了不同的价值取向。在上一节中笔者阐述了都江堰市扇形平原地区居民生产、生活方式的变化以及由此引起的乡村遗产要素的变迁，而本节从人地关系的角度来分析这些变化。

一、生产生活方式与景观要素的对应关系

基于第四章第三节、本章第二节中的描述，可以将都江堰扇形平原的发展主要划分为传统农耕时代与现代化时期；其中现代化时期以2008年为界限，又可以分为现代化初期与现代化中期两个阶段。

（一）传统的延续

传统时代的农耕模式、大家族聚居方式决定了三合院式以及曲尺形平面的建筑形态是该地区的主流。而在现代化初期，林盘内的传统生活方式基本得到了延续。从生产方面看，林盘中的居民在房前屋后的空地上栽种各种乔木与灌木的习惯没有变化。同时，组织粮食、蔬菜、水果的生产不仅需要大面积的耕地空间，更需要完善的灌溉水系以及运送物资的道路系统，因此密如蛛网的渠系与道路系统也得到了继承与维护。

而在2008年以后，灾后复兴的新农村建设拉开了现代化中期的序幕。在该时期，聚落依然是乡村地域的最小构成单位，新农村的乡村聚落属性没有发生变化。同时，新农村中房前屋后的空间内依然有一定的生产功能存在。

---

① 原文：The Florence Declaration.
② 原文：Landscape as Human Values

此外，耕地面积基本得到继承，与灌溉水系与道路系统相关的硬件设施得以进一步提升。

（二）新的变化

在现代化初期，林盘中建筑的平面布局依然延续传统，只是由于建筑技术的进步，建筑材料逐步现代化，传统的木构建筑遭到了淘汰。这种变化使得村民对林盘中乔木的依赖程度降低，林盘中各种乔木与灌木，开始被当作原料出售给造纸厂或家具厂，其功能已经改变。除了传统的粮食、蔬菜生产外，水果种植与苗圃成为农业经营多样化的新选择。同时，灌溉水渠与乡村道路的铺设材料发生了新变化，在渠壁与道路铺地变得更加坚固的同时，也导致对沿线树木固土需求的降低，因此树林景观开始消失。

在2008年以后推行的新农村中，聚落的形态有了统一规划，由于有着严格的人均住宅面积的限制，因此建筑户型的设计趋于小型化，大家族聚居的习惯也被打破。新农村中的树木成为共有财产，村民不能私自出售。培育绿化树种与观赏性植物的苗圃，以及以猕猴桃为主的水果种植产业形成了规模化经营。农民的土地被从事农业的企业承包之后，农民可以受雇成为员工。此外，因灌溉水渠与乡村道路的硬化铺装全面推进，沿线大部分带状林木景观已消失。

基于以上总结，可以得出都江堰灌区乡村地区在传统农耕时代、现代化初期、现代化中期，其主要的生产生活方式与景观要素的对应关系如下（表5.2）。

二、景观要素易变程度的确认

根据田野调查的结果可知，每一类景观要素受外界影响后的恢复能力[①]是不同的，恢复能力的强弱与景观要素"脆弱"或"顽强"的特性息息相关，因此与景观要素的易变程度直接相关。并且，在不同的社会条件下其易变程度也会发生变化。笔者将变化的难易程度大致划分为四个等级，用以说明各类景观要素在现代化初期与现代化中期的易变程度（表5.3）。

---

① 这种恢复能力也可称为"韧性"，对应英语词汇 resilience。

表 5.2 三个主要时期的生产生活方式与景观要素的对应关系[1]

传统农耕时代		现代化初期		现代化中期（特指新型农村社区及周边地区）	
生产生活方式	景观要素	生产生活方式	景观要素	生产生活方式	景观要素
多世代聚居	三合院式建筑（夯土式木结构）	核心家庭生活	平面为曲尺形或"一"字形建筑（砖混结构）	核心家庭生活	统一规划设计的新型农村社区
人际交流		人际交流		人际交流	
制作手工制品		制作手工制品			
晾晒（谷物、薪柴、衣物等）	晒场（夯土，石板或碎石铺装）	晾晒（谷物、薪柴、衣物等）	晒场（混凝土铺装）	晾晒（谷物、衣物等）	建筑入口处与村内道路两侧
打井取水		机动车停放		机动车停放	

表格来源：笔者绘制。

[1] 表格来源：笔者绘制。

<<< 第五章 动态性视角下都江堰灌区乡村遗产保护与发展方法论

续表

	传统农耕时代	现代化初期		现代化中期（特指新型农村社区及周边地区）	
饲养家禽		饲养家禽			
取得薪柴		取得薪柴			
取得建筑材料	林盘中的树林（以本地树种为主）	农具制作	林盘中的树林（开始出现观赏花木）	观赏与装饰	聚落中的花木
农具制作		栽培观赏花木			
		将木料卖给造纸厂或家具厂			
粮食生产	耕地与灌溉渠系（沿线林木景观）	粮食生产	耕地（出现苗圃与果园）与灌溉渠系（沿线林木景观减少）	粮食生产	耕地（苗圃与果园面积扩大）与灌溉渠系（沿线林木景观消失）
蔬菜栽培		蔬菜栽培		蔬菜栽培	
果树栽培		果树栽培		果树栽培	
		栽培观赏花木		栽培观赏花木	
物资交流	乡村道路系统（夯土或碎石路面）（沿线林木景观）	物资交流	乡村道路系统（出现混凝土或沥青路面，沿线林木景观减少）	物资交流	乡村道路系统（道路拓宽，普遍出现混凝土或沥青路面，沿线林木景观消失）

131

表 5.3 景观要素变化的难易程度等级[1]

			现代化初期			现代化中期			现代化(特指新型农村社区及周边地区)		
			最易改变	较易改变	较难改变	最难改变	最易改变	较易改变	较难改变	最难改变
林盘	建筑形式	结构与肌理				●	●			
		建筑材料		●			●			
		平面布局			●		●			
		晒场				●	●			
	植物	墓地				●				●
		乔木	●					●		
		灌木			●			●		
耕地		作物种类		●				●		
		苗圃与果园			●			●		
		田块肌理				●				●
灌溉渠系与道路系统	沿线树木	乔木			●				●	
		灌木					●			
		分布网络							●	
		硬质铺装		●			●			

表格来源：笔者绘制。

[1] 表格来源：笔者绘制。

132

(一) 现代化初期

最易改变：因天然气并未普及，能源的取得依然需要依靠燃烧薪柴，因此林盘中萌蘖能力较强的灌木（包括竹类），以及水渠、道路两侧的灌木[①]，最容易受到砍伐；同时因效益使然，村民开始在住房周围种植楠木等经济林木，进一步促进了经济效益较低的灌木林的消失。

较易改变：由于混凝土的广泛使用，建筑材料与形态、道路的铺装比较容易发生变化；同时因消费市场打开，水果种植与观赏花木的培育成为新的产业，将耕地转化为苗圃与果园的做法逐渐普及。

较难改变：林盘与水渠、道路两侧的大乔木因属于农户或集体所有，发挥较强的经济效益与固土功能，因此不容易发生变化。在没有进行大规模田块整理的前提下，农田的肌理、道路与水渠系统的分布较难发生改变。

最难改变：在传统的林盘中，生产空间与生活空间均由农户分别占用，因此个别建筑的自我更新难以改变林盘的平面结构与肌理。因传统农居方式未变，建筑的平面布局尤其是房前的晒场空间难以发生改变。农田中的基本作物种类也基本恒定。因信仰与伦理的原因，林盘中的墓地没有特殊原因不会被迁移。

(二) 现代化中期（特指新型农村社区及周边地区）

最易改变：主要体现在与新型农村社区相关的要素变化方面。因进行聚落兼并严格控制人均居住面积，相比传统林盘，社区内部容积率大大增加，原有的灌木与竹类被清除。与带有大面积晒场的传统建筑相比，新建建筑的材料、平面布局、层数等都发生了较大变化，也没有保留晒场的设计，因此在这个时期，新农村中的建筑形式是最易改变的。在这种模式下，传统林盘的结构与肌理被打破（见彩图十五）。此外，因机动车通行的需要，乡村道路已全面硬化，沿线经济效益较低的灌木全面消失。

较易改变：原有林盘中的乔木在新农村建设中也大量消失，只有一些树

[①] 灌木主要是本地树种，经济价值和用材价值均较低.

龄较大的乔木被保留下来；灌溉渠系与道路系统沿线的乔木也因渠壁与路面铺装全面硬化而大量消失。随着青壮年劳动人口的流出，越来越多的耕地被改造为苗圃与果园。

较难改变：农田的肌理、道路与水渠系统的分布。

最难改变：基本作物种类与墓地。原因均与上述现代化初期相同。

由上述分析可知，根据保护目标，对在当代社会易于变化的景观要素需采取有针对性的措施，可以从"最易改变"与"较易改变"的景观要素中针对有价值的对象进行保护。

三、基于价值延续的判断

在现代化初期，乡村居民自发进行的生产生活方式的现代化改造并未对乡村遗产的结构与肌理造成质变。而标志着进入现代化中期的新农村建设模式，是目前最容易使原有乡村遗产发生巨变的因素，这充分说明了在当代技术条件下，乡村遗产的脆弱特性。依据第四章第五节对该乡村遗产价值的表述，可以判断新农村建设对价值延续的影响。

第一，新农村建设并未对该地区的生产方式产生本质影响。由于数量与规模所限，新型农村社区的建设并未实质性地影响到都江堰灌区内传承至今的自流灌溉土地利用系统。因此该乡村遗产依然是东亚地区农田灌溉类农业系统的杰出代表，人与自然之间和谐共存的内在联系得以维持，对东亚地区农业文化的传承与发展依然具有重要的科学价值和实践意义。

第二，新农村建设对部分村民的生活方式进行了深度干预。新农村建设对于提高村民现代化生活品质方面做出了贡献。住房条件的改善与基础设施的大幅提升，是新型农村社区最大的特征。除了在现代化初期就已通的自来水与电以外，管道天然气、光纤网络、污水处理设施，加上近年来移动互联网的发展，社区中村民的生活便利程度已经与城镇居民比肩，城乡差距大为缩小。但同时在新农村建设过程中，传统散居村落被兼并为聚居型社区，形成聚落凝聚力的家族单元聚居方式消失，作为乡村遗产持续演进重要物证的

<<< 第五章 动态性视角下都江堰灌区乡村遗产保护与发展方法论

中小型林盘大量消失,传统乡村遗产的"匀质性"特征受到重大影响;新型农村社区改变了村民的能源利用方式,使得可持续利用的复合型农林系统消失,并相应加速了与之相关的本土知识、习俗、智慧、技术与生物多样性资源的消失。该新农村建设的模式并未体现人与自然和谐共存的高度智慧,不能成为未来可持续发展所仰赖的资源。

通过笔者对村民的访谈①可知,绝大多数村民对于生活品质的改善有正面的评价,但认为传统生活方式已随着新农村所设定的既定模式改变。比如新村建筑的厨房无法使用薪柴做饭,村民只能有偿使用天然气。由于新农村规划并未给每户留有饲养禽畜和种植经济林木、水果与蔬菜的空间,因此导致了村民生活成本的上升。此外,在图5.8、图5.9中所示的三类主要的新型农村社区中,村民的满意度也不同。第一、二类社区主要基于传统林盘进行改造,并未大量兼并周边聚落,规模较小,从社区到耕地进行劳作的步行距离基本得到维持,农业生产的便利性得以保持,因此村民满意度相对较高。第三类社区主要修建在林盘之间的耕地中,大量兼并周边聚落;而被兼并林盘中的宅基地则进行还耕,计入耕地面积。这造成的结果是从社区到耕地进行劳作的距离大为增加,从而增加了村民的时间与生产成本,因此村民的满意度较低。总体而言,村民既希望改善基础设施,取得城乡一体化的生活质量;又希望保持适合于乡村生产生活方式的居住模式。这种追求符合都江堰灌区乡村遗产价值延续的规律。

追求城乡同质的基础设施,既可增加内需,消化城市的剩余产能,促进区域协同发展;也是乡村地区居民提升生活质量的内在需求。但灾后复兴新农村建设本质上并未摆脱地产思维,在促进居民生活方式现代化的同时未能

---

① 访谈时间为2012年10月9日至10月16日,访谈地点为都江堰市天马镇焦家大院、天马镇向荣新村、石羊镇丰乐村7组安置点、翠月湖镇五桂13组、安龙镇徐家大院、紫坪铺镇杨柳坪与沙湾村7组安置点与8组安置点、蒲阳镇花溪村、玉堂镇财神村、龙池镇查关安置点与南岳4组安置点、虹口乡高原村5组安置点与6组安置点、向峨乡石碑岗,访谈村民共计32人。笔者的访谈并未局限于老灌区扇形平原,而是扩展至都江堰市域范围内灾后复兴新农村建设中具有代表性的案例.

135

延续乡村遗产的价值,因此从遗产保护的视角来看是不可持续的。

第四节 基于田园城市构想的保护与发展方法论探索

如第二章第四节所述,《中国文物古迹保护准则(2015)》认为文化景观具有"活态"的特征,它处于不断变化的过程当中;文化景观的基本特征是在其文化的延续和发展进程中被充分认识和理解并得到保护的;对文化景观的保护,就是对这种持续不断的变化过程的管理[145]。

从文化景观的视角来看乡村遗产的保护,其关键是如何管控、引导各要素变化的方向——首先要正确认识乡村遗产的特征与价值,其次要设定乡村遗产保护的目标,最后才能划定其变迁的可接受区间[161]。

在本节中,笔者对应第四章第三节中的分析尺度,按照微观、中观、宏观的顺序,基于"田园城市"的构想,借鉴景观性格评价(LCA)方法与城市历史景观(HUL)方法,从城乡规划的视角对都江堰市扇形平原乡村遗产的保护与发展方法论进行了探索①。

一、微观尺度:对林盘聚落变迁的设想

要管理持续不断的变化过程,首先要预想未来的发展方向。在本小节中,笔者根据该乡村遗产在当代发展的客观规律,面向未来设定林盘聚落变化的可能性。

(一)对微观尺度的认识与目标

(1)基于林盘聚落的景观要素与特征,需要在保护的基础上寻求发展,并在发展的过程中解决保护所面临的问题。林盘属于人居型遗产,如果没有人的居住与管理则无法维持传统的农林系统特征。对于有人居住的林盘来

---

① 为更有针对性,本节所用的分析对象局限于都江堰灌区扇形平原.

说，要确保林盘聚落在当代适合人居，则需要全面提升基础设施，满足居民对于现代化生产生活方式的需求。

（2）在可预见的未来，随着人口的流出，必然有一部分林盘会产生过疏化现象。需要认可林盘的变化规律，适度推进收缩型的规划①，为林盘的多样化发展提供可选择的方案。对于现有模式下修建的新农村，需要与周边因聚落兼并而产生的生态型林盘一起，探讨未来乡村遗产修复的可能性。

（3）需要在现有条件的基础上，预先设想林盘聚落在不远的未来，最有可能呈现的主要形式与具备的主要功能，在此基础上预测主要的变迁方向，并根据是否可以延续乡村遗产的价值，探讨可接受的变迁区间与变迁底线。

（二）面向未来的设定

通过现场调研与前述的分析，可将林盘中的主要景观要素分为四个方面。

（1）建筑形制与植物种群。建筑形制主要指：①围合晒场的三合院，或门前带有晒场的、平面为曲尺形或"一"字形的建筑形式，这种大面积的晒场适合农耕生产生活的需要与聚落中人际交往的需求；②建筑与铺地材料；③建筑造型与色彩。植物种群主要指林盘中的大乔木、灌木与竹类、菜地、果树等与村民生活关系最为密切的植物形成的固有群落。这两类景观要素是在现代化过程中最容易发生变化的。

（2）家族单元。家族单元是指同一个家族在林盘中聚居所形成的空间单元，它是社会关系在空间形态上的反映。它属于不可视的景观要素，对于村民生产生活的组织、协作、互助，以及对于家族的向心力、林盘的凝聚力发挥重要作用。人口流出导致林盘空心化，或聚落的重新组织，使传统的家族单元可能难以维持，因此家族单元较容易发生变化。

（3）结构与肌理。结构是指林盘中以道路与灌溉水渠为框架，以林地、

---

① 乡村地区的收缩型规划在日本的过疏化地区已开始实践，被称为"撤退的规划"。参考：林直樹，齋藤晋，等. 撤退の農村計画——過疎地域からはじまる戦略の再編［M］. 京都：学芸出版社，2010.

菜地、建筑群、墓地等功能分区为内容的平面构造；肌理是林盘中的景观要素所形成的纹理与质感，如纵横交错、粗糙细腻等。由于林盘中每一片用地都由实际的占有者进行管理，因此住户单独的拆建不会对林盘整理的结构与肌理产生本质影响。只要不出现大拆大建的聚落合并，或宅基地、道路等用地的重新组织，结构与肌理的特征较难发生根本性变化。

（4）农林系统的基本特征。农林系统的基本特征是指人地之间的基本物质交换模式，比如从林盘中的菜地与饲养禽畜的场所获得蔬菜与肉类的供应，从耕地中收获蔬菜与粮食，同时人畜粪便经过处理后回到林下与田野，增加土壤肥力；比如在对林盘的林木生长进行管理时砍伐的枝叶，以及农田中收获粮食后剩下的秸秆可作为薪柴，成为村民日常燃料的来源之一，其燃尽后的草木灰又可作为肥料回到耕地，等等。这种人地互适的生产模式是乡村自给生活的重要特征，它有可能会因为现代化而产生某些环节的改变，但其基本特征应当成为有人居住的林盘聚落变迁底线。

这四个方面的要素的变化容易程度顺序为"建筑形制与植物种群＞家族单元＞结构与肌理＞农林系统的基本特征"；其重要性表现为"建筑形制与植物种群＜家族单元＜结构与肌理＜农林系统的基本特征"的顺序。按照景观要素重要性的递增与变化容易程度的递减，可以在排列组合后得到林盘未来变化的方案。

同时，结合现有林盘及其周边耕地中的产业发展趋势，可以设定未来主要会出现如下四类功能的林盘①。

（1）依托传统农耕模式，发展粮食作物与蔬菜种植的"传统农耕型林盘"。需进行严格保护、适度开发。

（2）以发展游憩为导向，积极应对全域旅游、乡村旅游、康养产业兴起的"游憩导向型林盘"。区位与交通等条件较好的聚落适合发展游憩功能。

（3）发展特殊品种的花木、林果、蔬菜、药材种植，养蜂或禽畜养殖等

---

① 林盘可能会带有复合的产业特征，可以看该林盘以哪一类产业为主．

<<< 第五章 动态性视角下都江堰灌区乡村遗产保护与发展方法论

新型农林产业以及相关加工业为主的"特殊产业型林盘"。

（4）因人口流出而产生过疏化乃至空心化现象后，侧重本地生物多样性培育与保护的"生态型林盘"，它们可以成为鸟类与蛙类等害虫天敌的栖息地。需注意的是，新型农村社区周围的空心化林盘中的宅基地多已还耕，但保留了原有林盘中一定树龄的大型乔木，它们是传统农耕时代村民生产生活的物证，也是乡村遗产保护的重要对象。

综合林盘中主要景观要素的变化规律，以及未来产业发展的可选方向，可以设定都江堰灌区乡村遗产中林盘聚落的未来可能性，包括形式变化的主要方向，以及可以选择的功能发展方向（表5.4）。以下笔者结合图示对每一类方案进行说明。

表5.4 基于形式与功能设定的林盘聚落未来变迁方案[1]

类型	景观要素				可选功能方向
	建筑形制与植物种群	家族单元	结构与肌理	农林系统的基本特征	
传统类型	●	●	●	●	■ ○
类型1	▲	●	●	●	■ □ ○
类型2	▲	▲	●	●	■ □ ○
类型3	▲	▲	▲	●	■ □ ○
其他可能类型	▲	▲	▲	▲	□ ○ ★

注：●代表继承与延续；▲代表改变或消失；■代表持续传统农耕；□代表发展特殊产业；○代表游憩导向；★代表生态导向。

（1）传统类型（图4.24、图4.25）。

在该类型的林盘中，四类景观要素的基本特征均得到保护与传承。该类型既是农业遗产传统价值的重要载体，也是景观性格得以传承的保证。该类

---

[1] 表格来源：笔者绘制。表格中的"可选功能方向"对应于上一段描述的"四类功能的林盘"。

型最大限度保留了传统林盘中的文化与自然生态系统，因此在延续传统农耕模式的同时，也可适度发展游憩、农耕体验产业；或选择有条件的林盘建立研究与阐释基地。

（2）类型1（图5.11）。

在该类型中，除了少数有历史价值的三合院式的祖屋得到保护与修缮以外，新建房屋可以采用适合现代生活方式的形式，但需保留门前的晒场；林盘中的植物种群可以根据生产生活的需求进行改造。此外，家族单元、结构与肌理、农林系统的基本特征维持不变。该类型适合延续传统农耕模式，或结合周边耕地发展特殊产业、配合游憩产业的发展。

（3）类型2（图5.12）。

该类型中的建筑形制因适应现代化生活方式发生改变；植物种群因产业调整等原因重新配置；因人口流出、林盘空心化而导致家族单元解散，或因解决过疏化问题而适度迁并其他聚落中的居民，导致原有聚落中家族单元解体。但同时原有林盘的结构与肌理得到传承，农林系统的基本特征由新老居民共同维持。该类型适合延续传统农耕模式、发展特殊产业，以及适度修建游憩接待设施。

（4）类型3（图5.13）。

该类型除了建筑形制与植物种群、家族单元发生变化以外，结构与肌理也因为聚落的重新组织而发生重大变化，比如为满足公众集会、健身运动等现代生活方式的需要，在建筑群的中心地带围合出大面积的公共空间；道路与灌溉水渠网络也相应得到重新组织。但作为有人居住的林盘聚落变迁底线的农林系统的基本特征得到延续，聚落中的生产功能得以继承；原本属于每户自我管理的用地也可以进行社区共管。该类型适合延续传统农耕、发展特殊产业以及游憩相关产业。

（5）类型4（图5.14）。

属于表5.4中的"其他可能类型"。该聚落中四类主要景观要素全部发生变化，作为有人居住的林盘聚落变迁底线的农林系统也已消失。村落里面即使留有植物群落,也主要发挥观赏与生态的功能,与居民的生产生活不再发生实质关联;道路与灌溉水渠网络也被重新组织。此类聚落在现存的震后复兴新农村中有典型的表现。该类型在未来有可能发展特殊产业及游憩相关的产业。

(6) 类型5(图5.15)。

同属"其他可能类型"。此类因过疏化、空心化、聚落合并而产生的无人居住的林盘,可以将宅基地进行还林,种植经济价值较高的树种,并依然将该林盘作为周边耕地的管理据点,设置一定的公共场地进行耕作的准备、作物的加工、人员的休息、车辆的停放等;或保护林盘中自生的杂木林,以孕育鸟类与蛙类等害虫的天敌,维持生态平衡,保护生物多样性。因此该类型在未来应以生态为导向,发展特殊产业,也可以考虑设立自然保护与教育研究基地。

(7) 类型6(图5.16)。

同属"其他可能类型"。该聚落中四类主要景观要素全部发生变化或消失,道路与灌溉水渠网络被重新组织;聚落以高容积率的建筑群为主,设有公共广场等公共设施;除公共绿地以外,聚落中的林木因失去原有功能,或经济效率低下而被全部砍伐。图5.8、图5.9所示的地震灾后复兴新农村的第三类便是该类型的典型代表。该类型在未来可发展特殊产业,如有条件可以配合乡村遗产的修复,从价值延续的角度进行重新改造。

文化景观视野中的乡村遗产保护——以都江堰灌区为例 >>>

类型 1

家族单元

大乔木
禽舍
养鸡场
菜地
墓地
水渠
入口
砖混结构房屋
果树
经济林苗圃
混凝土路面

结构与肌理

家族单元

农林系统

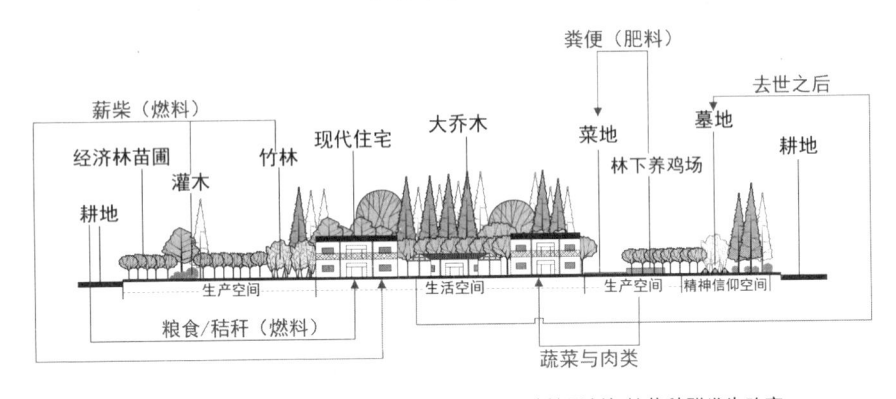

粪便（肥料）
去世之后
薪柴（燃料）
现代住宅
大乔木
菜地
墓地
经济林苗圃
竹林
林下养鸡场
耕地
灌木
耕地
生产空间
生活空间
生产空间
精神信仰空间
粮食/秸秆（燃料）
蔬菜与肉类

● 结构与肌理不变　　　　● 建筑形制与植物种群发生改变
● 家族单元不变
● 农林系统的基本特征不变

图 5.11　林盘未来变迁方案（类型 1）①

① 图片来源：笔者绘制.

142

<<< 第五章 动态性视角下都江堰灌区乡村遗产保护与发展方法论

类型 2

结构与肌理

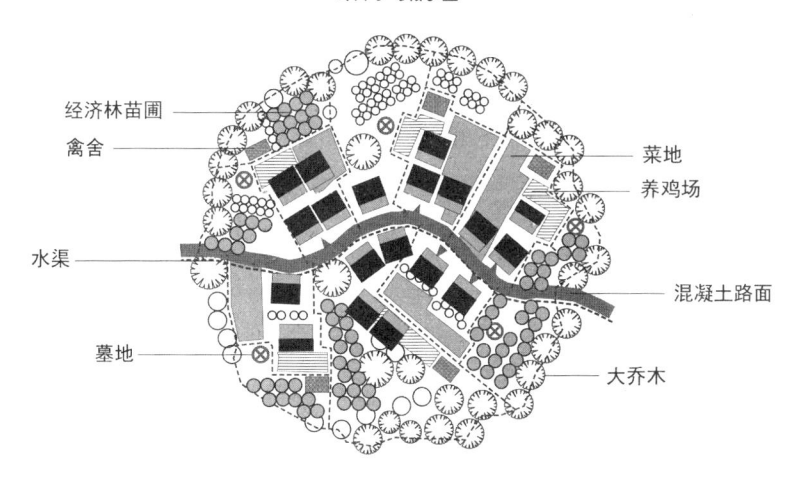

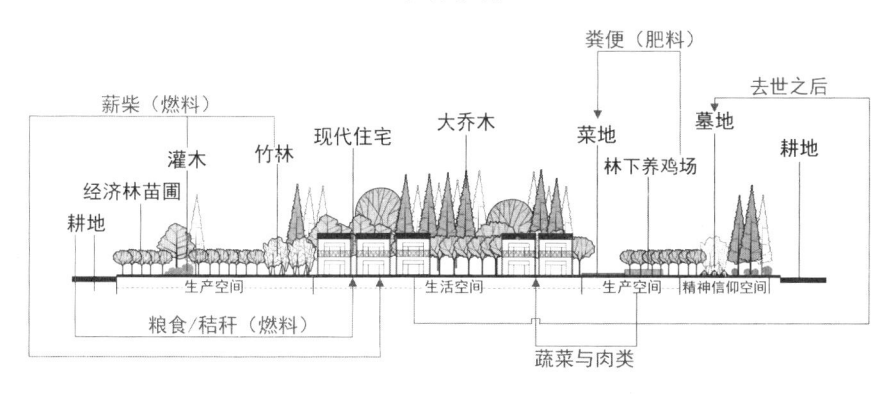

经济林苗圃
禽舍
水渠
墓地

菜地
养鸡场
混凝土路面
大乔木

农林系统

薪柴（燃料）
经济林苗圃
耕地
灌木
竹林
现代住宅
大乔木
粪便（肥料）
菜地
林下养鸡场
去世之后
墓地
耕地

生产空间　　生活空间　　生产空间　精神信仰空间
粮食/秸秆（燃料）
蔬菜与肉类

- 结构与肌理不变
- 农林系统的基本特征不变
- 家族单元发生改变
- 建筑形制与植物种群发生改变

图 5.12　林盘未来变迁方案（类型 2）①

---

① 图片来源：笔者绘制.

143

文化景观视野中的乡村遗产保护——以都江堰灌区为例 >>>

类型 3

结构与肌理

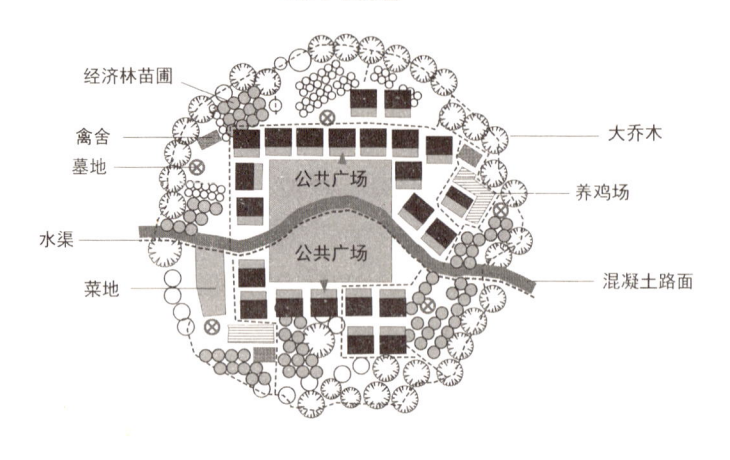

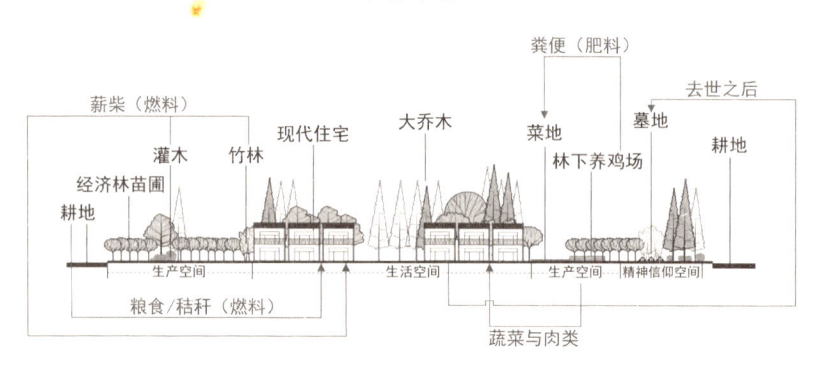

农林系统

● 农林系统的基本特征不变　　● 结构与肌理发生改变
　　　　　　　　　　　　　　● 没有家族单元
　　　　　　　　　　　　　　● 建筑形制与植物种群发生改变

图 5.13　林盘未来变迁方案（类型 3）①

---

① 图片来源：笔者绘制.

144

<<< 第五章 动态性视角下都江堰灌区乡村遗产保护与发展方法论

类型 4

结构与肌理

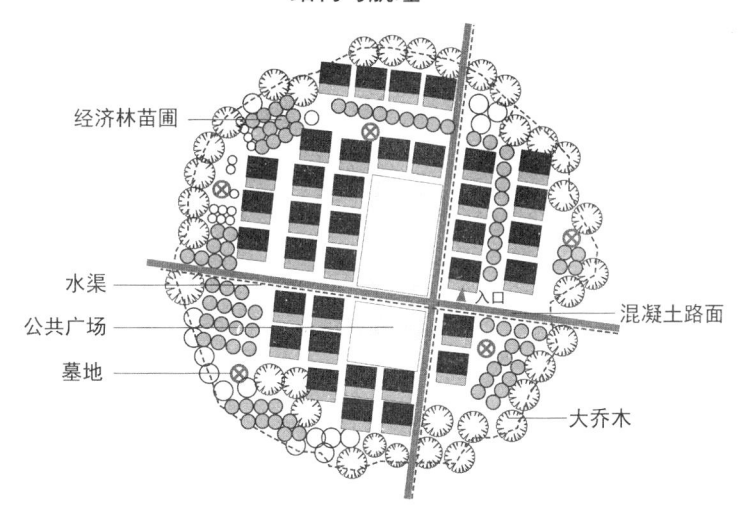

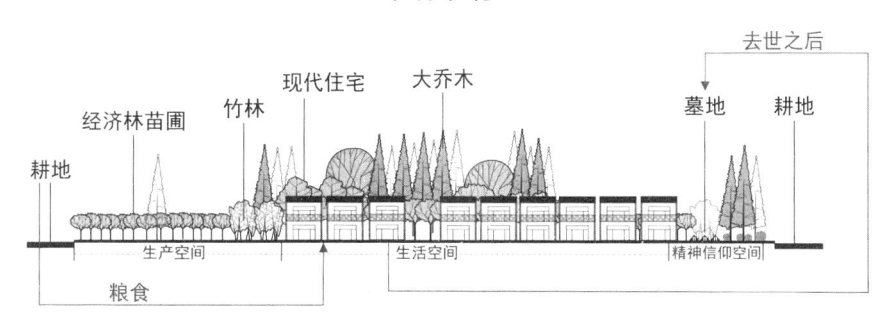

经济林苗圃

水渠
公共广场
墓地

入口

混凝土路面

大乔木

农林系统

去世之后

经济林苗圃　竹林　现代住宅　大乔木　　墓地　耕地

耕地

生产空间　　　　生活空间　　　精神信仰空间
粮食

● 结构与肌理发生改变
● 没有家族单元
● 农林系统的基本特征发生改变
● 建筑形制与植物种群发生改变

图 5.14　林盘未来变迁其他可能（类型 4）①

---

① 图片来源：笔者绘制.

145

文化景观视野中的乡村遗产保护——以都江堰灌区为例 >>>

类型 5

结构与肌理

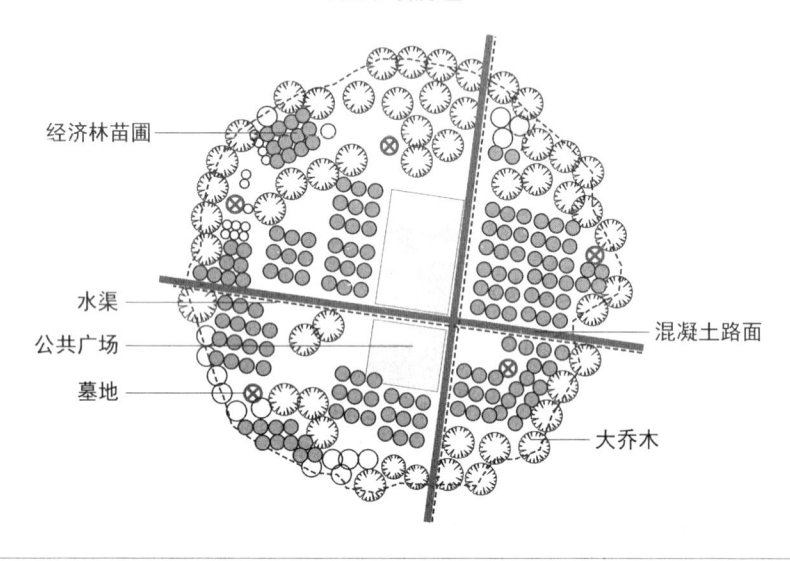

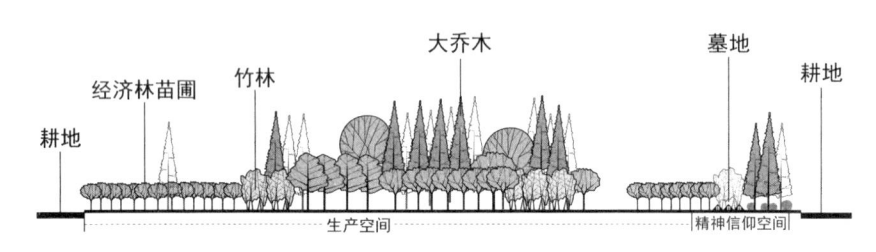

经济林苗圃
水渠
公共广场
墓地
混凝土路面
大乔木

农林系统

耕地　经济林苗圃　竹林　大乔木　墓地　耕地

生产空间　　精神信仰空间

● 结构与肌理发生改变
● 林盘内无人居住
● 农林系统的基本特征发生改变

图 5.15　林盘未来变迁其他可能（类型 5）①

---

① 图片来源：笔者绘制．

146

<<< 第五章 动态性视角下都江堰灌区乡村遗产保护与发展方法论

类型 6

结构与肌理

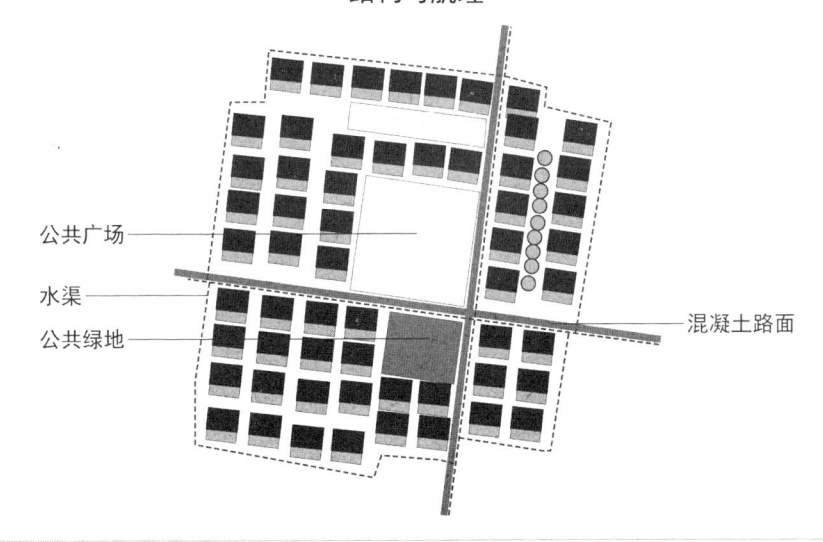

公共广场
水渠
公共绿地
混凝土路面

农林系统

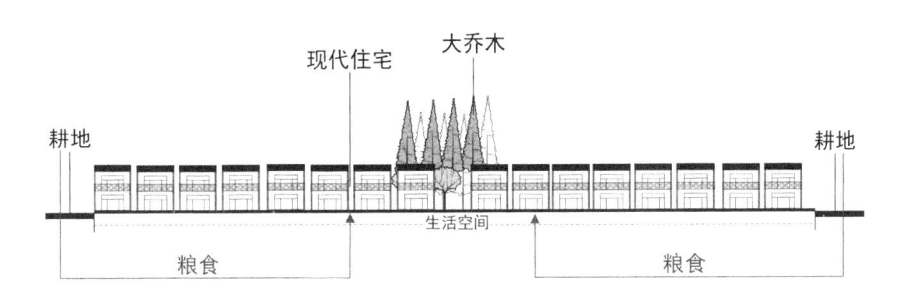

耕地　现代住宅　大乔木　耕地
粮食　生活空间　粮食

● 结构与肌理发生改变
● 没有家族单元
● 农林系统的基本特征发生改变
● 建筑形制与植物种群发生改变

图 5.16 林盘未来变迁其他可能（类型 6）①

---

① 图片来源：笔者绘制.

147

二、中观尺度：借鉴景观性格评价方法的规划管理分区①

如果说在微观尺度是针对林盘聚落个体进行未来设定，那在中观尺度，就是针对林盘聚落群体以及周边的耕地与渠系，来进行保护与发展政策的实施。但面对该地区同质化程度很高的乡村遗产，依据什么样的方法来分区规划，是需要首先解决的问题。

笔者认为可以借鉴第二章第二节中介绍的"景观性格评价（LCA）"方法，制定规划管理分区。运用景观性格评价方法进行分区的意义在于能够超越既有行政区划的分割，真正从景观要素的特殊组合方式出发，来划定管理政策的施策范围[73]。

景观性格因不同景观要素之间的特殊组合方式形成，是产生"场所感"的来源。景观性格评价方法中有两个关键词，一是"景观性格类型"（landscape character types），是指具有同一性格的景观，虽分布在不同的地区，但拥有相似的地质、地形、植被、土地利用历史或居住模式；二是"景观性格区域"（landscape character areas），是指同一景观性格类型中的特殊区域，同一个景观性格类型中通常包含几个区域，它们具有同样的性格类型，却有不同的区域名称（图5.17）[218]。在本节中，笔者尝试借鉴景观性格类型与区域的概念，探索规划管理分区的识别方法。

---

① 本小节中部分内容已发表于：石鼎，赵殿红. 文化景观视野下乡村地区规划管理分区划定理念与方法初探——以都江堰市扇形平原林盘地带为例[J]. 城乡规划，2018（6）：88-97.

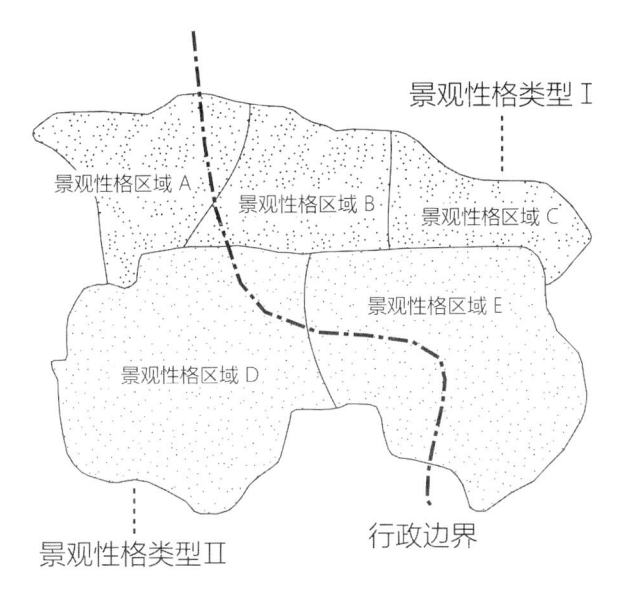

<<< 第五章 动态性视角下都江堰灌区乡村遗产保护与发展方法论

图 5.17 景观性格区域、景观性格类型与行政边界关系图示①

（一）对中观尺度的认识与目标

（1）密如蛛网的灌溉渠系覆盖了都江堰扇形平原，联系起了所有林盘聚落、新型农村社区。可以借鉴景观性格类型与区域的划分方法，从辨识渠系、农田、林盘聚落（新型农村社区）的组合方式出发，来识别景观单元，使之成为规划管理分区的重要参考。

（2）中观尺度的分析，下接微观尺度的特征分析（内在特征），上承宏观尺度的上位规划（外部策略）。城乡规划中的绿带（green belt）范围通常覆盖大面积乡村地域，在中观尺度上制定规划管理分区，需要考虑上位规划中对于绿带的设置。

（3）需要根据景观单元与绿带设置，制定扇形区乡村地带规划管理分区

---

① 图片引用来源：SWANWICK C. Landscape character assessment guidance for England and Scotland [M]. The Countryside Agency: Scottish Natural Heritage, 2002, 笔者根据该文献第9页图2.1重新绘制。此图曾发表于：石鼎. 乡村文化景观保护管理分区制定方法探讨——基于景观性格评价的方法论思考 [J]. 遗产与保护研究, 2018, 3 (12): 55-60.

的技术路线，使同质性较高的平原地区乡村遗产的分区有据可依。

（二）面向未来的设定

正如在传统林盘中可以辨识家族单元是构成聚落的有机单位，可以说，由林盘、耕地、渠系所组成的景观单元（landscape unit）是构成广域乡村遗产的有机单位，也是在中观尺度上划定规划管理分区（zoning）的重要参考。而如何在同质化的乡村地域辨识景观组团并设定规划管理分区，至少需要考虑内在特征与外部策略两方面的因素。

1. 依托渠系形态的景观单元辨识

考虑内部结构是指需要从乡村遗产本身具有的特征来辨析。从中观尺度来看，由世界遗产都江堰所分流出来的灌溉水网是形成乡村遗产的基础，它串联起了林盘与耕地。单从形态上判断，可将所有灌溉渠系区分为曲线形态与直线形态。基于现场调研可知，呈曲线形态的灌溉水渠基本属于传统农耕时代遗留下来的渠系片段，它们是传统灌溉技术的例证，其两侧的田块形态也传递着传统农耕时代的历史信息，因此具有较高的历史价值；其两侧及拐弯处杂木林比较茂盛，是生物多样性的重要载体，因此具有较高的生态价值。而呈直线形态的灌溉水渠为现代化过程中根据田块整理的需要重新梳理所得，渠道之间相互平行且间隔距离比较均等，因此可以均匀灌溉两侧耕地且效率较高（图5.18）。

如果把所有的主要灌溉水渠进行形态的区分，可以得到彩图十六所示的结果。从形态上判断即可发现，基于两种不同形态的灌溉水渠，可以辨识出两类主要的渠系集群。曲线形态灌溉水渠集群及其串联起来的林盘与耕地，相对来说其景观构造更接近乡村遗产在历史时期的面貌；而直线形态灌溉水渠集群及其所在的地区，相对来说更能反映现代化耕作方式影响下所发生的变迁。因此可以将这两类渠系集群所在的用地范围作为划分两种不同景观单元的基础。

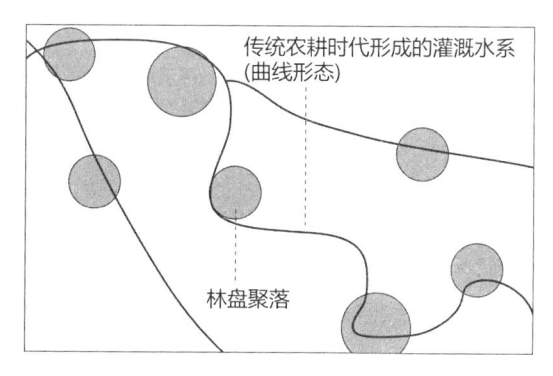

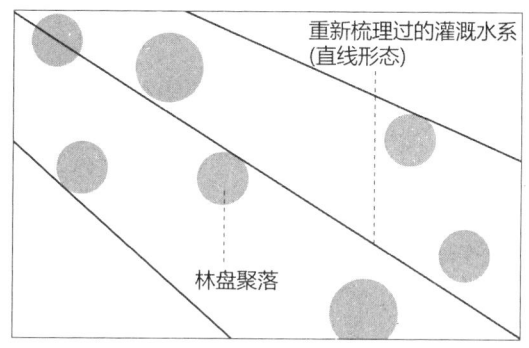

<<< 第五章 动态性视角下都江堰灌区乡村遗产保护与发展方法论

图 5.18 传统水系与整理后的水系①

此外,从现有聚落的特征来判断,可以发现它们正在或已经形成一定的集群。为了不流于琐碎,笔者主要确认三种类型的组团②。

第一,虽然传统农耕型林盘是目前的主流,但一部分交通条件与区位条件有利的"传统农耕型林盘"已经发展成为"游憩导向型林盘",而其游憩产业的发展,也离不开周围从事传统农耕的林盘的支撑,因此在未来,"传统农耕型+游憩导向型"林盘集群可以看作一种聚落组团。

第二,为进一步发挥土地的效益,"传统农耕型林盘"中的一部分正发

---

① 图片来源:笔者绘制.
② 虽然在排列组合时,理论上"传统农耕型林盘+生态型林盘"也是组团的选项之一,但由于现有的新农村建设模式主要体现在对周边林盘住户的兼并,"传统农耕型社区+新型农村社区"的类型极少,所以在分类时忽略不计.

151

展为"特殊产业型林盘",结合周边耕地发展经济林木、花卉、水果、中草药等种植,以提高土地的经济效益。因此"传统农耕型+特殊产业型"林盘集群也可以成为一种主要的聚落组团类型。

第三,汶川地震灾后复兴时期所建设的新型农村社区,因集中迁居周边林盘中的村民、基础设施集中配置而造成社区周围出现了大量已经还耕或还林的"生态型林盘"。这种"生态型林盘+新型农村社区"的集群,是乡村遗产在景观构造上发生重大变化的表征,因此可以被视为又一类聚落组团。

从时间线上来看,灌溉水网的重新梳理要早于汶川地震之后的新农村建设,而且在现代化中期,林盘的变化与新农村的建设带来的影响相对扇形平原整体而言是"点状"的,无论曲线形还是直线形渠系均未受到新型农村社区建设的影响。因此可以认为在本案例中,林盘与新型农村社区在微观尺度上的功能性、特征性变化是独立于周边灌溉水系的,聚落集群的未来发展方向与灌溉水系群落是否截弯取直也没有必然的联系。所以从理论上说,以上三种类型的聚落组团既可以出现在曲线形态,也可以出现在直线形态的灌溉水渠集群中。

基于以上的分析,可以得到 6 种不同的景观单元,其组合方式可参考表 5.5 中的规划管理分区 A1、A2、A3 与 B1、B2、B3。

2. 依托绿带规划的分区辨识

在中观尺度进行管理分区划分时还需要考虑来自外部的策略因素。在本案例中,这种因素主要表现为城乡规划策略中对绿带的设定。

在彩图十七中所示的《都江堰市灾后重建总体规划(2008—2020)》[219]制定于汶川大地震之后,其主要思想是基于本书第三章中所述的"田园城市"理念,跳出旧城建设新区(卫星城),并在两者之间设立宽约 4 千米的绿带(田园风光带),用以限制主城区因摊大饼式扩张而进一步蚕食周边乡村地域,同时为新旧城区带来良好的生态效益[26]。在此基础上,《都江堰市土地利用总体规划图(2014 年调整完善版)》[220]进行了调整与深化,依托靠近主城区的小镇建设卫星城与工业园区,进一步缩小了新城的规模,使得主

<<< 第五章　动态性视角下都江堰灌区乡村遗产保护与发展方法论

城、卫星城、工业园区之间有机联系，同时它们之间又有宽阔的绿带用以生态隔离。

基于田园城市的理论与实践，与本书第三章所述大伦敦规划的同心圈层（图3.4）相对应，都江堰历史城区与外围的城市建成区域可以视作中心城区、城市内环（inner urban ring）与近郊环（suburban ring）的结合；而都江堰市规划中的绿带（田园风光带）与外围的乡村地域则可与大伦敦规划中的绿带环（green belt ring）与外圈乡村环（outer country ring）分别对应。

从大伦敦规划中对于绿带环与外圈乡村环的描述可知，绿带环对应农田与游憩地带，作为制止城市向外扩张的屏障，严格控制建设；外圈乡村环可以进行适度开发并建设新城，以疏散主城区的人口。因此，虽然其规划的基底是同质化程度较高的乡村地域，圈层的形态也较为相似，但未来的保护与发展目标是不同的。同时，绿带环与外圈乡村环也可以看作不同层级的绿带。

借鉴大伦敦规划中的圈层划分，基于2008年都江堰市总体规划中对于田园风光带的设定，为便于表述，笔者将都江堰乡村地域设定为绿带1（田园风光带）与绿带2（外圈乡村地带）[①]。绿带1应当被设定为制约城市建成区无序扩张、严格保护与现地阐释乡村遗产价值的核心区域。绿带1覆盖了纯粹的农业用地，没有将乡镇建成区划入。绿带2的规划范围主要涵盖了乡镇的建成区、农业用地，以及新农村建设地区（见彩图十八）。绿带2中可以允许依托原有的乡镇为中心有序、适度开发并兼顾保护，以促进城乡协同发展，但以林盘聚落兼并、大规模改变传统景观构造的新农村建设模式亟待调整和积极探索修复措施。

基于以上的绿带设定，可以通过排列组合的方式将前述的6类景观单元翻倍，在理论上得到对应绿带1的A1、A2、A3与B1、B2、B3景观单元，以及对应绿带2的C1、C2、C3与D1、D2、D3景观单元，共计12类（表5.5）。

---

① 由于规划的对象是同质的乡村地域，因此统称为绿带。在实际的规划中可以根据保护与发展的需求进行更多层级的设定．

表5.5　扇形区乡村地带规划管理分区①

规划管理分区（景观单元）类型	林盘与新型农村社区（核心）					灌溉水系网络（廊道）		分区（基质）	
	传统农耕型林盘	游憩导向型林盘	特殊产业型林盘	生态型林盘	新型农村社区	传统农耕时代形成（曲线形态）	现代化过程中重新组织（直线形态）	绿带1	绿带2
A1	●	●							
A2	●		●			●			
A3				●	●			●	
B1	●	●							
B2	●						●		
B3				●	●				
C1	●	●							
C2	●		●			●			
C3				●					●
D1	●	●					●		
D2	●		●				●		
D3				●	●				

　　基于前述景观单元的特征，综合绿带规划的目标，笔者用图示的方法展示了各规划管理分区内景观单元的构造，并针对各景观要素设定了保护等级与活化利用的具体建议（详见附录六）。

　　综上所述，中观尺度中的规划管理分区方法的核心观点是从景观构造的特征出发，在貌似同质化的大面积乡村遗产中辨识景观单元，并通过探讨其

---

① 表格来源：笔者绘制.

第五章　动态性视角下都江堰灌区乡村遗产保护与发展方法论

内在的发展规律，以及在城乡体系中的功能设定，制定规划管理分区（图 5.19）。

```
┌─────────────────────────┐      ┌─────────────────────────────────┐
│  乡村聚落集群（3类）      │      │  主要灌溉水系集群（2类）          │
│  (林盘,新型农村社区)     │      │ (传统农耕时代形成的,现代化过程中再组织过的) │
└───────────┬─────────────┘      └───────────────┬─────────────────┘
            │                                    │
            └──────────────┬─────────────────────┘
                           ▼
                ┌─────────────────────┐
                │   景观单元（6类）    │
                └──────────┬──────────┘
            ┌──────────────┴──────────────┐
            ▼                             ▼
   ┌──────────────────┐          ┌──────────────────┐
   │ 绿带1（田园风光带）│          │ 绿带2（外围乡村地带）│
   └────────┬─────────┘          └────────┬─────────┘
       ┌────┴────┐                   ┌────┴────┐
       ▼         ▼                   ▼         ▼
  ┌─────────┐┌─────────┐        ┌─────────┐┌─────────┐
  │规划管理分区││规划管理分区│        │规划管理分区││规划管理分区│
  │A1、A2、A3││B1、B2、B3│        │C1、C2、C3││D1、D2、D3│
  └─────────┘└─────────┘        └─────────┘└─────────┘
```

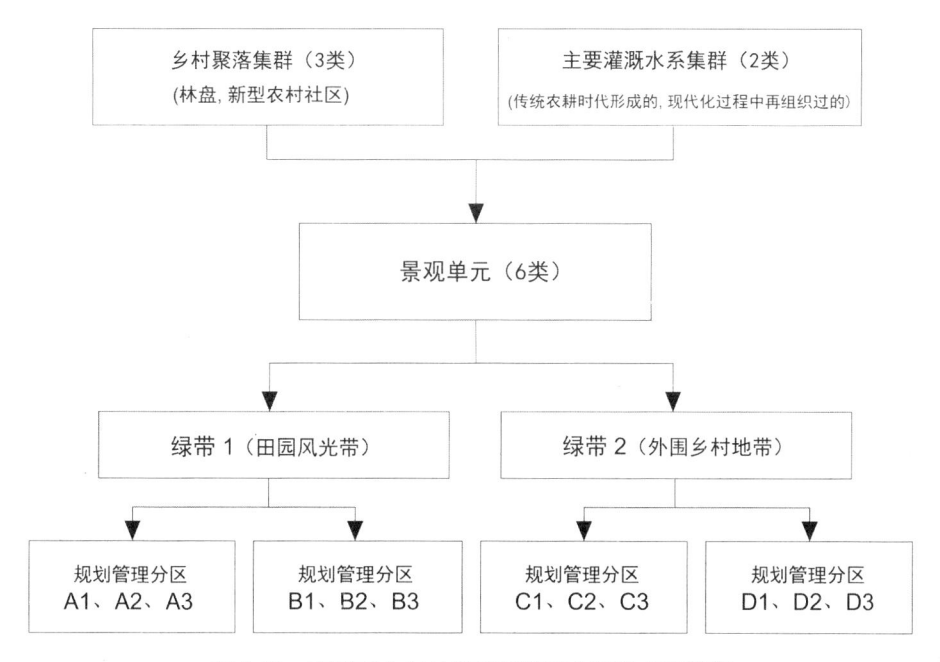

图 5.19　扇形区乡村地带规划管理分区技术路线①

同时，分区内各个聚落按照自身条件进行功能与形式上的调整是具有弹性且相对自由的，适合村民做出各种尝试或调整，具体可参考表 5.4 所示的可选方案。

将规划管理分区落实到空间上，可以得到彩图十九所示的结果。总体来说，A、B、C、D 四类规划管理分区在空间上属于较为均衡的状态，而基于具有较高历史价值的、曲线形态的灌溉水网集群所划分的 A 区域和 C 区域内的乡村遗产更应得到景观构造层面的有效保护。

需要注意的是，首先，绿带 1 所对应的范围以保护田园风光为主要目标，其中仅出现了一处新型农村社区（图 5.10），但其周围的林盘并未还耕

---

① 图片来源：笔者绘制.

155

或还林，因此不存在大幅改变传统景观结构的新农村建设，也就不存在"生态型林盘＋新型农村社区"的景观单元，所以在图中没有标识A3与B3两个分区。

其次，就本小节所述的中观尺度而言，笔者借鉴景观性格类型与区域（landscape character types & areas）的概念识别出了景观单元（landscape unit），使彩图十九所示的分区结果体现了图5.17中所示的分区理念。为方便说明，笔者在中观尺度选择将景观单元的范围等同于规划管理分区（zoning）的范围。在实际情况下可以根据需要将若干景观单元合并为一个规划管理分区。

总之，制定规划管理分区的意义是根据乡村遗产的景观单元特征划分出施政范围，其中的保护管理政策应当基于总体目标，在各分区的保护、利用、发展原则下灵活制定。

三、宏观尺度：与城市历史景观方法的呼应①

第二章第二节指出，景观作为城市动态演变中自然与建成环境之间相互作用的层累结果，具有重要价值。作为一种景观方法而不是新的遗产类型，城市历史景观（HUL）可以因地制宜地融入各国法律和制度框架，协助达到城市发展目标。城市历史景观方法主张整体性的保护，强调将城市的文脉与地脉、自然肌理、生物多样性融汇到遗产保护的框架中去，在动态演进与发展过程中保护、传承城市的文化与自然基因。因此，城市历史景观的方法超越了对传统建筑、遗址的保护，也打破了历史街区、各类保护区等传统保护范畴[37,78-79]。

基于以上论述可知，时间的延续性、空间的完整性，是城市历史景观方法所具有的整体性视角；乡村遗产保留着乡村地区固有的文化基因，是解读

---

① 本小节中部分内容已发表于：石鼎，赵殿红. 文化景观视野下乡村地区规划管理分区划定理念与方法初探——以都江堰市扇形平原林盘地带为例[J]. 城乡规划，2018（6）：88-97.

文脉与地脉不可或缺的例证，把市域范围内广大乡村地区纳入保护体系，是城市历史景观方法的内在要求。

田园城市的目标是城市发展过程中保持人与自然关系的和谐，因此主张城乡一体的空间形态，以及分离式的规划方法。让"城市与乡村成婚"的思想[166]，要求广域田园空间得到保护并成为限制城市无序扩张的绿带，让城市居民可以就近享受乡村遗产中丰富的人文与自然生态，同时也能促进乡村地区的协同发展。

（一）对宏观尺度的认识与目标

（1）城市历史景观与田园城市理念虽各有侧重，但两者具有共通的目标，即都将乡村地域的重要性与城市建成区并置，都要求将乡村地域整体纳入保护视野。对于具有悠久历史的城市来说，应用田园城市理念的区域并不是一张可以任意涂抹的白纸，需要运用城市历史景观方法，构建一个既尊重"历史文化脉络的价值、传统及其环境"[81]，又面向未来发展的城乡体系。作为识别、保护和管理历史区域的整体性景观方法，城市历史景观可以与田园城市理念影响下差异化的绿带政策相结合，构建完整的城乡遗产保护与发展体系。

（2）鉴于上节中所述的景观性格评价方法可以在不同的区域层级上进行应用[73]，需要在宏观尺度上，针对都江堰灌区扇形平原进行景观性格类型与区域的识别，以构建保护管理政策实施的框架。

（二）面向未来的设定

1. 扇形平原中的城乡遗产保护体系

从城市历史景观的视角来审视都江堰市扇形平原，其城乡遗产保护体系呈现出涟漪形的同心圆弧结构——其圆心为世界遗产都江堰，以及相关的传统建筑群、遗址等文物，属于世界遗产保护的核心范围。

围绕圆心的第一道圆弧为历史街区，大致相当于古灌县的县城范围，属于世界遗产保护的缓冲区。

第二道圆弧为现代城市建成区，是容纳各类城市功能的主要区域，也是在演进中修复现代城区与文脉、地脉关系的核心区域。建成区中需要制定整体化的城市设计，对建筑的层高、风格、密度进行控制的同时，保护各个时代留下来的历史空间与历史遗迹，保护城市水系两岸的绿道通廊和承载生物多样性的空间，以保护"自然与建成环境之间相互作用而产生的层累结果"。

第三道圆弧为绿带1，参考第三章第三节所述的大伦敦规划中的"绿带环（green belt ring）"设定，它主要用来限制主城区对周边乡村地域的蚕食，并发挥重要生态、游憩效益，是乡村遗产保护与活化利用的核心区。

第四道圆弧为绿带2，参考大伦敦规划中"外圈乡村环（outer country ring）"设定，是依托原有乡镇建成区进行适度开发与保护乡村遗产、促进区域协同发展的核心区域。

此外，由都江堰发源的四条历史河道与两侧的绿化通廊、生物多样性空间一起，形成了四条生态廊道，与上述四道圆弧相交，成为串联起所有保护空间的通路，也使扇形区域各个分区勾连镶嵌，形成有机整体[20,221]。

对应以上描述，笔者在宏观尺度上划分了景观性格类型，明确了扇形平原中的城乡遗产保护框架（见彩图二十）。

2. 绿带中的规划管理分区（宏观）

在宏观层面上仅把绿带1与绿带2这两处"景观性格类型"看作城市建成区的背景，或者将其看作无差别的乡村地区是不够的，需要在广域范围内进行规划管理分区，即"景观性格区域"的识别，以便实施差异化的规划管理政策。

如果忽略灌溉水网的差异因素，将彩图十九所示中观尺度的规划管理分区依功能与产业特征合并，可以在宏观层面上得到绿带1中"传统农耕型+游憩导向型林盘分区"与"传统农耕型+特殊产业型林盘分区"，在保护乡村遗产的基础上切实推进产业升级；绿带2中除了前述两种分区外，还有"新型农村社区+生态型林盘分区"，需要在进一步发展的过程中，解决前一阶段发展所带来的问题，促进人地关系的重构，传承与提升基于自流灌溉系统、耕地与林盘农林系统的世界级农业文化遗产价值，从而实现成都市构建世界现代田园城市的目标（见彩图二十）。

第五节　小结与思考

都江堰灌区乡村遗产由大量"点状"的聚落、"线状"的灌溉渠系与道路、"面状"的耕地组成，具有大面积、同质性的特征。它与当地居民的生产生活方式有直接的关系，其保护与发展也是乡村振兴、区域振兴与传统文化全面复兴的基石。

站在时间的延长线上来看，都江堰灌区乡村遗产并未停留在传统农耕时代所呈现的"经典"状态，而是随着现代化与城市化的发展产生了显著的变化。这其中既有本地居民自发性的改变，也有来自外界直接的影响。在这其中都涉及潜藏在景观背后的人地关系的改变。从遗产保护的角度来看，判断这些变化是否可以接受的准绳是，看变化是传承、提升乡村遗产的价值，还是割裂、破坏乡村遗产的价值。

从文化景观的理论来看，首先，乡村遗产是持续演进的活态遗产，其保护不应该是机械地让所有要素停止变化，这在事实上也是做不到的；而探讨其未来变迁的可能性，并依据价值延续的准绳来管控变化显得尤为重要。其次，乡村遗产是一个整体的概念，必须站在整体保护与区域协同发展的视角，来制定管控变化的框架。从这个意义上说，面积宏大的乡村遗产的保护与发展，势必需要在城乡规划的大框架下阐明自身的价值与定位，进而影响城乡规划的制定与实施。而整体地看待乡村遗产的动态演进，并不是只从宏观的角度来进行审视，而是要首先深入微观的聚落尺度，研究组成乡村遗产的微观要素的变化规律；其次是在中观尺度，研究呈集群分布的林盘聚落、灌溉水系、耕地等要素的群体性变化规律，这就涉及分区施策与管理，而在同质性特征如此显著的平原地区，依据什么样的方法来识别分区，是首先需要解决的问题；最后，在宏观尺度上，乡村地域是整个城乡体系中的必要组成部分，乡村遗产作为城乡遗产保护体系中的必要环节，需要在宏观尺度上制定提纲挈领式的保护框架。

笔者认为，针对乡村遗产的分析需要有层级性。在认识一处乡村遗产的时候，如第四章第三节所示，可以采取宏观、中观、微观的顺序，层层推进、由表及里；而在制定保护与发展政策的时候，如本章第四节所示，应当按照微观、中观、宏观的顺序，从细部发现问题、分析规律、制订可以选择的方案，然后再推演至部分与整体。

具体来说，在微观尺度，笔者预测了林盘聚落在未来的变迁方向，基于乡村遗产的价值，从可选的功能与形式出发，通过景观要素易变程度的排列组合建立了一个模型，给出了一套可以选择的方案，让现有的林盘聚落与新型农村社区找到未来变化的可接受区间，以及不应突破的底线。"可以选择"意味着可以给本地居民按照需求来谋求变化的一系列可能性，可以在尊重乡村遗产价值的基础上满足村民对于发展的需求。

在中观尺度与宏观尺度，笔者基于近期的都江堰市总体规划，综合了注重城乡嵌合关系与分离式建成区规划的"田园城市"理论、注重区域景观保护的"景观性格评价"方法、注重城乡遗产整体保护的"城市历史景观"方法，尝试在图面上划定景观性格区域，并以此为依据划定规划管理区域。划分这些区域的目的在于打破既有行政区划的分割，提供一个基于乡村遗产自身特征而制定的规划管理施政框架，可以根据保护与管理的需要，针对不同区域设定不同的目标，实施不同的政策。

总而言之，笔者在本章中所构建的保护与发展方法论，是一种基于设想与理论推演所得出的理想化框架，具有灵活性与弹性特征，在实际应用时可以根据需要进行调整，或只运用其中部分相关方法。

第六章

启示与建议

第一节 关于"绿带"与"绿道"

正如笔者在第三章第三节中所述,"田园城市"是一个经典的构想,其分离式的规划理念与城乡一体的空间形态,普遍适用于城市化进程中的地区。成都市在21世纪初期提出建立"世界现代田园城市"的背景,与20世纪40年代"大伦敦规划"所面临的背景在客观上有较高的相似之处——两者都是区域中心城市;在两者周围地形平坦,拥有广阔的乡村地域,容易受到城市建成区无序扩张的影响;两者都在现代化与城市化进程中,面临着环境污染、交通拥堵等"城市病"问题,以及乡村地区相对衰弱的问题。因此,先行一步的大伦敦规划在当代依然拥有重要的参考价值。

在图3.4所示的大伦敦规划的四个圈层中,用以限制城市建成区域扩张的绿带环(green belt ring)是对"田园城市"理论的应用与发展,具有全球示范意义[222]。它依据1938年英国制定的《绿带法》设立,宽度约16千米。如此宽阔的地域覆盖了大面积的农田以及游憩地带,并严格控制建设。

而图3.5中所示的成都市域主干绿道体系规划,其中"绿道"的概念,是指结合交通干道与主要河道进行线性的绿地建设，以形成区域级、城区级、社区级等多层级的绿色通廊。首先"绿道"具有交通属性，比如图中的"锦城绿道"基本相当于图3.6所示的"198规划"范围，是沿着成都市外环路规划的带状绿地；其次，"绿道"被赋予了自然生态的属性，成为隔离两侧城市建城区域的生态屏障，具生态保育功能。

另外，从"锦城绿道"的案例来看，由于绿道宽度有限，其中又要容纳快速交通干道与绿地，因此绿道范围内的传统乡村遗产已经消失，只留存了"三圣花乡"（图3.7）这种主题公园式的、异化的乡村地域。

从字面上来看，"绿带"很容易与"绿道"混淆，在形态上也有相似之处，但绿带是一个面的概念，可以制约城区盲目扩张，促进乡村遗产的保护与区域振兴；绿道是一条线的概念，可以隔离城市建成区，也可以割裂包括灌溉渠系、乡村聚落、耕地在内的乡村遗产。因此，需要十分警惕图3.5所示的"田园绿道"在未来对乡村遗产造成的切割与破坏。

绿带中包含的要素应该是多元化的。每个城市的资源禀赋不同，不应该一刀切地在绿带规划中规定农田、林地、公园绿地等组成要素的比例，更不应该为了单纯追求自然生态的各项指标，或规划图面的视觉效果，而轻视拥有悠久历史的乡村遗产的价值。尤其像成都平原这样历史悠久的"天府之国"，其乡村遗产面积广袤，蕴含着丰富的农业生物多样性以及文化生态，本身就可以成为绿带的重要组成部分。如果因单纯追求绿地指标而广开"绿道"，切割与覆盖乡村遗产，不仅是削足适履，更是舍本逐末。因此需要呼吁《成都市城市总体规划（2016—2035）》在未来进行修编时，强调"绿带"，弱化"绿道"，在真正理解大伦敦规划所体现的"田园城市"精髓的基础上，推进现代田园城市的建设。

第二节 关于"农业文化遗产"申报

一、整体性申报的必要性[①]

从现代景观科学的角度来看,景观是由景观要素有机联系组成的复杂系统,含有等级结构,具有独立的功能性和明显的视觉特征,是具有明确边界、可辨识的地理实体。一个健康的景观系统具有功能上的整体性和连续性,只有从系统的整体性出发来研究景观的结构、功能和变化,才能得出正确的科学结论[223]。

无论是"全球重要农业文化遗产(GIAHS)"还是"中国重要农业文化遗产(China-NIAHS)",其英文全称最后一个单词都是"system"(系统),但在中文名称中没有体现出来。因此,需要在该名录推广过程中着重强调"农业系统"的重要性。

从都江堰灌区乡村遗产保护的角度来说,申报农业文化遗产,是该地区乡村遗产价值被重新发现的里程碑。长期以来,由于林盘聚落呈小规模散居形态,其中缺乏集中连片且价值较高的建筑遗产,很难进入中国历史文化名村、中国传统村落等保护名录的视野。而农业文化遗产的价值取向更偏向于粮食和生计保障、农业生物多样性、本地和传统知识系统等方面,因此从都江堰灌区乡村遗产的特征来看,申报农业文化遗产能更完整地阐释其农业系统的整体价值,且不以建筑物或构筑物群为价值评价的核心。

既然要整体保护乡村遗产的价值,就必须跳脱"点状""线状"保护的思维,扩展到"面状"保护的视野,并要充分考虑纳入保护范围的价值载体的完整性。虽然成都市郫都区已率先划定部分区域来进行申报实践,但从整

---

① 此小节中部分内容已发表于:石鼎. 必要性与可能性:关于都江堰及其灌区乡村遗产整体保护的评述[J]. 自然与文化遗产研究,2020,5(4):101-106.

体性的角度来看，其价值载体是否完整且具有代表性，是十分值得商榷的。

由第三章第四节的介绍可知，目前与都江堰灌区相关的农业文化遗产的申报名称为"四川郫都自流灌区水旱轮作系统与川西林盘景观"，重点保护区划涉及6个街道、17个行政村[190]。对遗产价值的描述重点落在郫都区的局部复合型农业系统，认识到该区域中的"稻鱼共生"系统，比全球重要农业文化遗产名录中的浙江青田"稻鱼共生"系统[224]历史更悠久；认识到该区域内自流灌溉渠系、土地轮作制度中蕴含的农业智慧，以及林盘这一特殊聚落形态的审美价值。但是，这样的认识是零散的，如果没有一个整体的视野，就难以进行系统性的论述。此外，由于缺乏对都江堰灌区的整体性论证，缺乏与相邻区县中乡村遗产资源禀赋进行比较性的论述，即使郫都区"申遗"成功，也会造成对都江堰灌区整体乡村遗产价值阐释的割裂。

如果从系统的角度来看自流灌区水旱轮作系统，都江堰灌区是"具有世界遗产价值的水利工程"及其"两千余年灌溉下形成的农业灌区"两者共同组成的完整系统，应当考虑将彩图二中所示的、依托都江堰水利工程进行灌溉的"都江堰灌区"进行整体申报。这就至少需要都江堰市、郫都区、温江区等核心区县打破行政边界的限制，进行联合申报。

那么，整体申报的范围是否会过大呢？由图4.26与图4.27可知，在目前的全球重要农业文化遗产名录中，面积在100平方千米以上的遗产地共计33处，其中有8处的面积超过了2000平方千米；拥有10万人以上的遗产地共计16处，其中包含100万人以上的遗产地有2处，因此这种大型农业文化遗产的申报是有先例可循的。

比如，笔者在第四章第四节中指出，2017年列入全球重要农业文化遗产的日本"大崎耕土"与都江堰灌区乡村遗产有较高的相似性。"大崎耕土"所指定的农业文化遗产范围与"大崎地域"重合，包含了1市4町，总面积约为1524平方千米，覆盖人口约为20万人，其中农业用地为362平方千米，是宫城县的优质水稻主产区；"大崎耕土"境内的土地利用形态包括水田、其他耕地、森林、建成区、湖泊与河流等，将两条河流的水源涵养地与流域范围都包含其中（见彩图十一）。这个案例同时也体现出了近年来东亚地区农业文化遗产申报的整体性、广域性趋势。

综上所述，都江堰灌区的整体申报，可以对区域内农业系统的完整保护、大量居民的生产生活产生重要影响，对该地区的乡村振兴与区域振兴具有切实推动作用。同时，整体申报也符合东亚地区灌区农田系统的特点，符合近年来国际案例体现出的整体性申报趋势。笔者建议参考中国重要农业文化遗产名录中"农田灌溉类"遗产的命名方法，由成都市来统筹各相关区县，进行以"都江堰及其灌区农业系统"为名义的整体性申报。

二、对于农业文化遗产保护体系的贡献

东亚地区在传统农耕时代拥有发达的农业灌溉技术，中国目前已有19处灌溉工程遗产登录世界灌溉工程遗产名录（WHIS），在数量上仅次于日本（39处），位居世界第二，且遥遥领先于其他国家[211]。

灌溉工程的修建是为了调节旱涝、灌溉农田。中国的灌溉工程遗产历史悠久且种类丰富，必然会形成一批重要的灌区，孕育多样化的乡村遗产。遗憾的是，在中国重要农业文化遗产名录中，目前与重要灌溉工程相关的"农田灌溉类"农业文化遗产数量最少（图4.31），只有安徽寿县芍陂（安丰塘）及灌区农业系统、新疆吐鲁番坎儿井农业系统、新疆伊犁察布查尔布哈农业系统（见附录五），无法体现灌区乡村遗产在中国的地区代表性与均衡性。

从全球重要农业文化遗产名录来看，根据笔者在第四章第四节中分析可知，农田灌溉类农业文化遗产同样属于少数，共计5处（见附录四），占比为9%（图4.28），分别坐落于近东和非洲北部、欧洲和中亚、亚洲和太平洋地区。但亚太地区的2处分布在斯里兰卡与日本，中国至今还未有农田灌溉类农业文化遗产入选①，这与中国灌溉工程遗产大国的地位十分不匹配。

---

① 中国已登录的15处"全球重要农业文化遗产"中有复合系统类5处，农作物品种类1处，农田景观类3处，茶叶类2处，林果类4处，没有农田灌溉类。

因此，从整体的视角出发，将中国的灌溉工程遗产及其灌区内乡村遗产结合起来进行梳理，形成"灌区农业系统"的专门研究类别，是亟待推进的工作。而都江堰灌区乡村遗产如果成功能申报中国乃至全球重要农业文化遗产，不但可以增加中国名录中灌区农业系统的细分类型与地区代表性，更能填补全球名录中中国农田灌溉类农业文化遗产的空白，为全球农业文化遗产体系贡献来自中国灌区农业系统的重要价值。

三、对于构建世界级田园城市的贡献

城乡一体化发展、"城市与乡村成婚"是当初霍华德提出田园城市构想的初衷。而对于具有悠久建城历史的成都来说，作为历史沉淀的城乡遗产，如何与未来全球城市的构想相融合，是成都市在新时代面临的课题。

从乡村遗产的角度来说，都江堰灌区乡村遗产整体申报中国乃至全球重要农业文化遗产，将促进成都市文化遗产保护体系的完善。在第三章第三节中介绍的《成都市城市总体规划》中将现有文化遗产保护体系列为"世界文化遗产、历史文化名镇、名村和传统村落、历史文化街区、大遗址、文物保护单位、历史建筑、工业遗产、文化线路、古树名木、非物质文化遗产"，而"重要农业文化遗产"的加入，可以进一步完善文化遗产保护体系，为成都新增与乡村遗产相关的国家级、世界级品牌，进一步提升成都的文化影响力。

此外，如果全球重要农业文化遗产申报成功，其本身就是成都"世界级"田园城市建设的成果之一。反之，也将促进成都市在新时代的进一步发展可以摆脱单纯的地产扩张思维，以新的科技手段探索高效利用可开发用地的可能性，从乡村遗产的角度重构面向未来的、和谐的人与自然的关系，从而引领世界级田园城市的发展新模式。

都江堰灌区乡村遗产不是限制发展的枷锁，不应把遗产保护与城市发展对立起来看。首先，乡村遗产本身具有自我造血的生产性功能，在将来依然是成都市粮食生产与居民生计的重要保障；其次，乡村遗产的保护不是将其

状态限制在某一个历史断面,从文化景观的视角出发,可以为乡村遗产的发展提供一个具有弹性的框架;最后,灌区乡村遗产在两千余年来的可持续发展经验、其本身所具有的传统知识体系、农业生物多样性、文化体系与价值体系、社会组织特征、景观特征,都可以成为成都市未来城市形态发展、未来理想生活方式的智慧资源。

从田园城市的理论与实践发展来看,霍华德在19世纪末提出了分离式规划的核心思想,并进行了在小范围内的实践;20世纪40年代的大伦敦规划将这种思想运用到区域规划尺度,充分发挥了乡村地域的生态功能;而在21世纪,探索将乡村遗产中蕴含的可持续发展智慧运用到城市发展的进程中,将促进田园城市理论的进一步发展。

综上所述,农业文化遗产对于构建田园城市来说是不可多得的资源。在田园城市的框架下,乡村遗产与城市建成区的关系在未来不是简单的拼贴,而是内在的融合与互相促进。成都市现代田园城市的建设要达到世界级的水准,必须建立在都江堰灌区乡村遗产具有全球示范意义的保护与发展基础之上。

第三节 关于"生态博物馆"的构建

既然要用整体性的视角来审视都江堰灌区乡村遗产,那就需要构建一套整体性的阐释系统,让更多人可以认识乡村遗产,并参与到探索与保护乡村遗产的队伍中来。在第二章第四节中笔者介绍了起源于20世纪60年代末期的法国的"生态博物馆"的概念,以及日本农林水产省在1998年基于生态博物馆理念而创立的"田园空间博物馆"制度,笔者在此再做一些扩展说明。

生态博物馆是在对传统博物馆模式进行反思的基础上出现的,传统博物馆的特征是将各地收集来的实物资料保存在特定的建筑物中,并进行保护、研究、展示、利用,但在此过程中不可避免会对当地的自然、文化资源进行掠夺或侵占。与此相反,生态博物馆的理念是将存在于当地的自然遗产、文化遗产、产业遗产就地进行保护、培育、展示,从而对当地的区域振兴做出贡献[105,225]。

基于生态博物馆的理念,各国都在国际经验本土化的过程中发展出了不同的模式。日本自泡沫经济破裂后的20世纪90年代进入了重新发现乡村价值的时代,以乡村地域发展为目标的"故乡创生运动"在全国各地蓬勃开展,在此背景下,生态博物馆的概念与方法受到了很大重视,并在日本社会产生了巨大反响。由于生态博物馆覆盖了广阔的地理空间,因此从一开始就与城乡规划、游憩活动、环境教育、乡村地区社会培育等功能结合在了一起,为各利益相关方提供了经验交流与思维碰撞的平台,并通过举办各类活动推动公众参与的发展[105,226]。

而日本农林水产省基于生态博物馆的理念创立的"田园空间博物馆"制度,目的是对各类生产要素、生产基础进行优化,对传统农业设施、乡村景观进行保护与修复[227]。认识与评价地域资源的特征与状态,是建设田园空间博物馆的首要任务,在这个过程中需要对当地人的生产生活方式、信仰体系有详细的解读,对地域内传统人地关系进行全面梳理。从可视要素来看,地域资源基本上可以分为五种景观区域,即山体、耕地、聚落、道路、水系;从空间形态来看,这五种景观区域承载着以点状、线状、面状存在的地域资源[105,228]。

目前,日本农林水产省所公布的田园空间博物馆的数量达到了56处①,从日本全国范围来看分布比较均匀;同时,各地的田园空间博物馆都覆盖了大面积的乡村遗产,因此被称为"没有屋顶的博物馆"[105,229]。

在第二章第四节中笔者也提及了生态博物馆在中国的发展。中国从20世纪90年代后期开始陆续建立了一批生态博物馆,但主要集中分布在贵州、

---

① 其中北海道地区3处、东北地区8处、关东地区7处、北陆·中部地区12处、近畿地区9处、中国·四国地区9处、九州·冲绳地区8处.

广西等少数民族地区[148]，而近年来生态博物馆的建设正在向浙江安吉[230]等东部发达地区推进，伴随着乡村振兴的推进呈现出方兴未艾之势。虽然生态博物馆已经进入了中国博物馆的分类，但研究与实践的基础依然薄弱，亟待形成中国特有的生态博物馆建设与运营的方法论。

与日本在20世纪90年代发生价值转向相似，现代化与城市化已经发展到一定程度的当代中国，也已经到了重新发现与保护乡村遗产价值的转折点。如果可以在都江堰灌区建设生态博物馆，不但将推进生态博物馆在全国的均衡性发展，丰富生态博物馆本身的类型；更可以让都江堰灌区乡村遗产的价值走出学者研究的范畴，真正与公众对接。

只有让社会各界完整地认知都江堰灌区乡村遗产的具体内容与其世界级的文化遗产价值，才能更好地促进乡村遗产的各类价值载体在广域范围内就地保护、培育、展示；更好地吸引外来者的到访与探索，增强本地居民的文化自豪感；促进当地的年轻一代继承人与自然和谐相处的模式，建立人与人之间更紧密的互助关系，在未来成为推动该地域整体发展的中坚力量。

第七章

总　结

第一节　本研究的贡献

第一，本研究运用处于国际前沿的文化景观与乡村遗产研究视角，跳出偏重于建筑遗产的传统范式，将研究对象落在研究基础薄弱的广域灌区乡村遗产之中，在研究方法与研究内容上具有独创性，为开启中国"灌区乡村遗产"保护与可持续发展的系统性研究抛砖引玉。

第二，本研究阐释了文化景观方法论与乡村遗产保护之间的理论关联。通过厘清"景观"的词源与语义的发展，明确了文化景观从文化地理学概念到世界文化遗产的特殊类别，再到普遍适用的文化遗产保护方法论的全过程。通过对近年来与乡村遗产相关的重要国际准则、全球倡议、保护体系的梳理，发现了潜藏在其中的文化景观方法论的整体性、动态性视角；阐述了国际学界对于乡村遗产价值认知、类型划分的最新理论成果。在此过程中，通过对比分析文化景观理论视野下乡村遗产保护理念在中日两国的发展过程及成果，指出日本对于文化景观的一系列制度性保障对中国的启示。

第三，在文化景观理论视野下，本研究建构了乡村遗产保护与田园城市规划之间的理论关联。通过分析田园城市理论产生的时代背景、发展历程、核心特征，明确了田园城市理念对于未来中国区域级大城市发展的重要意义。通过对成都市最新版城市总体规划中有关乡村遗产内容的解读，以及通过对成都市"绿道"系统中乡村遗产的现状分析，肯定了成都市提出"世界现代田园城市"构想的前瞻性与先进性；指出具有世界级遗产价值的都江堰灌区乡村遗产，是成都构建世界级田园城市的重要资源，需在城市"绿带"中明确其整体保护的地位。

第四，本研究通过国际横向比较，阐明了都江堰灌区乡村遗产在世界乡村遗产分类体系中的定位与价值。通过与"全球重要农业文化遗产"名录中同类遗产地的比较，指出了都江堰灌区乡村遗产在全球的稀缺性与代表性，也指出中国"农田灌溉类"农业系统在全球名录中暂时空缺的现实，以及中国在未来需要为名录的均衡性与代表性而努力的方向。通过与日本平原地区其他同类乡村遗产的比较，指出了"水利灌溉系统＋水田耕地＋周围种植林木的散居村落"在东亚地区是一种普遍的模式，而都江堰灌区乡村遗产进入保护体系，可以为该模式贡献来自中国的案例，并促进同类遗产在保护与发展中的经验互鉴。通过与"中国重要农业文化遗产"名录中同类遗产地的比较研究，明确了都江堰灌区乡村遗产整体申报农业文化遗产的必要性与可行性。

第五，本研究以都江堰市扇形平原为案例，提出了针对具有整体性、匀质性、活态性、拼贴性、复合性特征的都江堰灌区乡村遗产的整体性保护与发展的一整套方法论。基于文化景观的方法论，本研究认为，从"整体性"视角认知广域乡村遗产的特征与价值，必须首先从宏观尺度分析整体地形地貌特征，其次从中观尺度分析聚落、农田、灌溉渠系的组合特征，最后从微观尺度分析单个聚落的农林系统特征，明确景观构成要素与结构特性。从"动态性"视角来看广域乡村遗产的保护与发展，需要反过来首先从微观尺度入手，根据景观要素的变化类别提出聚落尺度中的一系列变迁可能性，并划定可以接受的变迁区间；其次从中观尺度入手，借鉴"景观性格评价"方法中对于景观性格类型与景观性格区域的划分手法，找出隐藏在匀质性景观

171

中的"景观单元",并以此划分中观尺度上的规划管理分区;最后从宏观尺度入手,与"城市历史景观"方法结合,构建完整的城乡遗产保护与发展体系。该方法论有利于打破既有行政区划的分割,提供一个适应乡村遗产自身特征的规划管理施政框架,根据保护与发展的具体目标,因地制宜,精准施策。

第二节　后续研究建议

第一,鉴于同处东亚地区的日本在文化景观与乡村遗产方面与中国有较高的相似性与可比性,鉴于日本在20世纪90年代泡沫经济破裂后更早地完成了针对乡村遗产的价值转向,更早地制定了相关的保护制度、分类体系、法律法规,更早地将生态博物馆建设、田园空间博物馆建设与乡村振兴、区域振兴结合在一起并取得了重要的成果,笔者建议在今后要继续加强系统性的中日比较研究,来对中国的乡村遗产保护与可持续发展进程提供有益参考。目前,日本的乡村遗产面临着高龄化、少子化的"过疏"问题,甚至后继乏人的问题,而日本也正在积极应对,其经验具有极高的借鉴意义,需进一步深入研究。

第二,鉴于以中国、日本为代表的、传统农耕文明发达的东亚地区拥有历史悠久、类型丰富、规模宏大的灌溉工程遗产,作为其灌溉历史见证与最终成果的"灌区乡村遗产",是自然与人类在长期互动过程中的杰作,应当成为乡村遗产研究的一个专门类别。关于中国的灌区乡村遗产的类型、特征与价值,其传承与发展过程中所面临的问题、有待建立的方法论,都亟待进行系统性梳理与整体性研究。

第三,都江堰灌区乡村遗产申报"中国重要农业文化遗产"乃至"全球重要农业文化遗产"将为完善名录的均衡性与代表性做出贡献,其相关研究工作需要长期坚持不懈地推进。由于条件的限制，在本研究中笔者只能针对都江堰市平原地区进行案例分析，未能覆盖都江堰灌区乃至成都市域整体，同时也未能对都江堰灌区乡村遗产的非物质要素部分做更深入的表述，该部分内容需要在后续研究过程中逐步完善。

附录一

关于乡村景观遗产的准则

ICOMOS – IFLA PRINCIPLES CONCERNING RURAL LANDSCAPES AS HERITAGE

GA 2017 6 – 3 – 1 – Doctrinal Texts Ver. 30/07/2017

Final draft for distribution to the ICOMOS membership in view of submission to the 19th ICOMOS General Assembly

PREAMBLE

Rural landscapes are a vital component of the heritage of humanity. They are also one of the most common types of continuing cultural landscapes. There is a great diversity of rural landscapes around the world that represent cultures and cultural traditions. They provide multiple economic and social benefits, multifunctionality, cultural support and ecosystem services for human societies. This document encourages deep reflection and offers guidance on the ethics, culture, environmental, and sustainable transformation of rural landscape systems, at all scales, and from international to local administrative levels.

Acknowledging the global importance of culturally – based food production and use of renewable natural resources, and the issues and threats challenging such activities within contemporary cultural, environmental, economic, social, and legal contexts;

Considering The United Nations *Universal Declaration of Human Rights* (1948), the United Nations *Convention on Biological Diversity* (1992), the UNESCO *Universal Declaration on Cultural Diversity* (2001), the United Nations *Declaration on the Rights of Indigenous People* (2007), the *International Treaty on Plant Genetic Resources for Food and Agriculture* (Food and Agriculture Organisation, 2011), and the United Nations 2015 *Sustainable Development Goals* (in particular but not limited to Sub-Goal 11.4①), which state that all human beings have the right to adequate, healthy, and secure sources of food and water;

Considering international documents such as the *Venice Charter for the Conservation and Restoration of Monuments and Sites* (1964), the UNESCO *Convention Concerning the Protection of the World Cultural and Natural Heritage* (1972); the ICOMOS-IFLA *Florence Charter on Historic Gardens* (1981), the ICOMOS *Washington Charter for the Conservation of Historic Towns and Urban Areas* (1987), the ICOMOS *Nara Document on Authenticity* (1994), the UNESCO *Convention for the Safeguarding of the Intangible Heritage* (2003), the ICOMOS *Xi'an Declaration on the Conservation of the Setting of Heritage Structures, Sites and Areas* (2005), the UNESCO *Recommendation on the Historic Urban Landscape* (2011), the ICOMOS *Florence Declaration on Heritage and Landscape as Human Values* (2014), the UNESCO Florence Declaration on the Links Between Biological and Cultural Diversity (2014), and the UNESCO Policy to integrate a sustainable development perspective within the processes of the World Heritage Convention (2015) which relate to the heritage and cultural values of landscapes;

---

① "Strengthen the efforts for the protection and safeguarding of the world's natural and cultural heritage" (United Nations Agenda 2030).

Considering regional and national documents related to rural landscapes, including the *European Landscape Convention* (2000), the *European Rural Heritage Observation Guide* (CEMAT, 2003), the Council of Europe's *Faro Convention on the Value of Cultural Heritage for Society* (2005), the Tokyo *Declaration on the Role of Sacred Natural Sites and Cultural Landscapes in the Conservation of Biological and Cultural Diversity* (2005), the *Santiago de Cuba Declaration on Cultural Landscape in the Caribbean* (2005), the *Latin American Landscape Initiative* (LALI) (2012), the Australia ICOMOS *Charter for Places of Cultural Significance* (*The Burra Charter*) (1999 – 2013), the IFLA *Asia Pacific Region Landscape Charter* (2015);

Considering the UNESCO World Heritage Centre *Operational Guidelines for the Implementation of the World Heritage Convention* (2015), which, from 1992, primarily designate rural landscapes as 'Continuing Cultural Landscapes';

Considering the ICOMOS – IFLA ISCCL *Milano Declaration on Rural Landscapes* (2014) concerning rural landscapes as heritage;

Considering the International Union for the Conservation of Nature (IUCN) recognition of Category V Protected Landscapes and Seascapes in their management system, the IUCN efforts of sustaining pastoral nomadism (*World Initiative on Sustainable Pastoralism*, 2008), the joint ICOMOS – IUCN initiative "Connecting Practice – nature and culture" and the importance of people interacting with their environment in ways that sustain bio – cultural diversity (including agrobiodiversity, as well as cultural and spiritual values);

Considering the FAO *Globally Important Agricultural Heritage Systems* (GIAHS) programme that aims to identify and safeguard remarkable land – use systems and landscapes with heritage value and rich in globally significant agricultural biological diversity and knowledge systems;

Considering other documents solely related to aspects of rural landscapes, such as the *Charter of Baeza on Agrarian Heritage* (2012), the *Recommendations of* *the World Heritage Thematic Expert Meeting on Vineyard Cultural Landscapes*, Tokaj, Hungary (2001) and recommendations of many other thematic expert meetings on rural cultural landscapes as heritage;

ICOMOS and IFLA

Commit to expand their cooperative actions by adopting the dissemination and use of the following principles in order to promote the understanding, effective protection, sustainable transformation, and transmission and appreciation of rural landscape heritage as part of human societies and cultures and a crucial resource across the world.

The principles presented in this document seek to address loss and adverse changes to rural landscapes and their associated communities through the recognition, safeguarding, and promotion of their heritage values. Its goal is to promote an appropriate balance between economic, social, cultural, and environmental aspects.

1 PRINCIPLES

A Definitions

Rural Landscape: For the purpose of this document, rural landscapes are terrestrial and aquatic areas co-produced by human-nature interaction used for the production of food and other renewable natural resources, via agriculture, animal husbandry and pastoralism, fishing and aquaculture, forestry, wild food gathering, hunting, and extraction of other resources, such as salt. Rural landscapes are multifunctional resources. At the same time, all rural areas have cultural meanings attributed to them by people and communities: all rural areas are landscapes.

Rural landscapes are dynamic, living systems encompassing places produced and managed through traditional methods, techniques, accumulated knowledge, and cultural practices, as well as those places where traditional approaches to production have been changed. Rural landscape systems encompass rural elements and functional, productive, spatial, visual, symbolic, environmental relationships among them and with a wider context.

Rural landscapes encompass both well – managed and degraded or abandoned areas that can be reused or reclaimed. They can be huge rural spaces, peri – urban areas as well as small spaces within built – up areas. Rural landscapes encompass land surfaces, subsurface soils and resources, the airspace above, and water bodies.

Rural landscape as heritage: Refers to the tangible and intangible heritage of rural areas. Rural landscape as heritage encompasses physical attributes – the productive land itself, morphology, water, infrastructure, vegetation, settlements, rural buildings and centers, vernacular architecture, transport, and trade networks, etc. – as well as wider physical, cultural, and environmental linkages and settings. Rural landscape as heritage also includes associated cultural knowledge, traditions, practices, expressions of local human communities' identity and belonging, and the cultural values and meanings attributed to those landscapes by past and contemporary people and communities. Rural landscapes as heritage encompass technical, scientific, and practical knowledge, related to human – nature relationships.

Rural landscapes as heritage are expressions of social structures and functional organizations, realizing, using and transforming them, in the past and in the present. Rural landscape as heritage encompasses cultural, spiritual, and natural attributes that contribute to the continuation of biocultural diversity.

All rural areas can be read as heritage, both outstanding and ordinary, traditional and recently transformed by modernization activities: heritage can be present in different types and degrees and related to many historic periods, as a palimpsest.

B Importance

Rural landscapes have been shaped over millennia and represent significant parts of the earth's human and environmental history, ways of living, and heritage. Many areas of the world are vital sources of food, renewable natural resources, associated world view and wellbeing for local and indigenous communities, as well as for visitors and tourists. Landscapes used for the production and/or harvesting of plant and animal species, including edible resources, demonstrate the entangled connections between humans and other species across broad areas. The diversity of agricultural, forest, animal husbandry, fishery and aquaculture, wild – resource, and other resource practices is essential for the future adaptation and resilience of global human life.

The heritage values of rural landscapes are recognised in some heritage inventories, such as the UNESCO World Heritage List as '*continuing cultural landscapes*'. The values may be recognised in regional, national, and local heritage inventories and protected area regimes. Identification of rural landscapes values at any level aims to provide awareness of rural landscapes' tangible and intangible characters and values, and is the first and necessary step to promote the sustainable conservation of such areas and transmission of their associated knowledge and cultural meanings to future generations.

C Threats

Increasing human populations and climate change make rural landscapes vulnerable to risks of loss and/or abandonment or radical change. The threats to rural landscapes reflect three interrelated types of change:

1 Demographic and cultural (population growth in urban areas and depopula-

tion in rural areas, urban expansion, intensive infrastructure works, development pressures, loss of traditional practices, techniques, local knowledge, and cultures);

2 Structural (globalization, change and growth of trade and relations, economic growth or decline, intensification of agricultural practices and techniques, change of land and loss of native pastures and of domesticated species diversity);

3 Environmental (climate change, pollution and environmental degradation including nonsustainable resource mining, impacts on soil, vegetation, and air quality, and loss of biodiversity and agro – biodiversity).

D Challenges

Heritage should play a significant role in the recognition, protection and promotion of rural landscapes and biocultural diversity due to the significant values it represents. Heritage can contribute to sustaining and increasing the adaptation and resilience of rural landscapes by supporting rural and urban inhabitants, local communities, governments, industries, and corporations as integral aspect to managing the dynamic nature, threats, risks, strengths, and potentialities of such areas. Conservation of the integrity and authenticity of the heritage should focus on assuring the standard and quality of living of local populations working and living in rural landscapes. As all heritage, rural heritage is an economic resource: its use should be appropriate and should provide vital support to its long – term sustainability.

E Benefits

Rural landscapes are critical resources for the future of human society and the world environment: they provide food and raw materials as well as a sense of identity; they represent economic, spatial, environmental, social, cultural, spiritual, health, scientific, technical and, in some areas, recreational factors. In addition to food and raw materials, rural landscapes contribute to land conservation (nature, environment, soil, hydrographic networks) and the transmission of rural cultures (techniques, knowledge of environment, cultural traditions, etc.) to future generations. Rural landscapes often provide distinct economic and tourism benefits when closely associated with the communication and enhancement of their heritage values.

Over the past decades, environmental and cultural heritage have been the subject of increasing international, interdisciplinary, and transdisciplinary research. Communities as knowledgeholders or local initiatives and collaboration among stakeholders, rural and urban inhabitants, and professionals have contributed to conservation, awareness, and enhancement of rural landscapes as a valuable shared resource. Many international, national, and local public administrations have supported this idea through their legislation and policies.

F Sustainability of rural landscapes

Many rural systems have proven to be sustainable and resilient over time. Various aspects of these systems can inform future management of rural activities and support conservation and improvement of biocultural diversity and peoples' rights to adequate quantities and good quality of food and raw materials.

As landscapes undergo continuous, irreversible, and inevitable processes of transformation, rural landscape policies should focus on managing acceptable and appropriate changes over time, dealing with conserving, respecting, and enhancing heritage values.

2 ACTION CRITERIA

Specific measures are: understand, protect, sustainably manage the transformation, communicate and transmit landscapes and their heritage values.

A Understand rural landscapes and their heritage values

1 **Recognise that all rural landscapes have heritage values**, whether assessed to be of outstanding or ordinary values, and that such heritage values will vary with scale and character (shapes, materials, uses and functions, time periods, changes).

2 **Document the heritage values of rural landscapes** as a basis of effective planning, decision – making, and management. Inventories, catalogues, atlases and maps provide basic knowledge of rural landscapes to spatial planning, environmental and heritage protection and management tools, landscape design and monitoring.

3 **Develop base – line knowledge of the physical and cultural characteristics of rural landscapes**: the status of the rural landscape today; its historical transformations and expressions of tangible and intangible heritage; historic, inherited, and contemporary socio – cultural perceptions of the landscape; past and present links (spatial, cultural, social, productive, and functional) between all elements (natural and human – made, material and immaterial) of rural landscape systems; and the stakeholders involved in both their past and present. Inventorying and cataloguing aim to describe rural landscapes in the current state but also to identify changes over time.

4 **Inventory and catalogue rural landscapes at all scales** (world, regional, national, local). These tools should integrate local, traditional and scientific knowledge and use systematic methods that are readily achievable and suitable for use by both specialists and non – specialists in all countries in order to collect and compare rural landscapes internationally and locally. In order to achieve an effective database, inventorying and cataloguing activities should consider complexity, costs of human resources, timing of data collection and organisation, and involve both experts and local inhabitants.

5 **Develop knowledge to enable comparison of rural landscapes at all levels** (world, regional, national, local), monitoring historical changes to rural landscapes and support shared learning and collaboration from local to global scales and among all public and private stakeholders.

6 **Recognize local populations as knowledge – holders** who in many cases help to shape and maintain the landscape and should be involved to the building of collective knowledge.

7 **Promote extensive and ongoing cooperation among public institutions, non – governmental organizations, and universities** for research, information sharing, technical assistance, and coordination of a wide variety of knowledge building activities at all administrative levels.

B Protect rural landscapes and their heritage values

1 **Review and implement legal and policy frameworks** to ensure biocultural sustainability and resilience in use and transformation of rural landscapes with respect to global, national, local threats, risks and opportunities.

2 **Implement policies** via laws, rules, economic strategies, governance solutions, information sharing, and cultural support. The complex character of rural landscapes necessitates development of both specific and cross – sectoral policies that consider broad cultural, social, economic, and environmental factors.

3 **Define strategies and actions of dynamic conservation, repair, innovation, adaptive transformation, maintenance, and long term management**. These should seek to balance global and local approaches, and ensure the involvement and cooperation of all stakeholders and communities in their effective design and daily management.

4 **Consider that rural landscape heritage values are economic, social, environmental, cultural, spiritual and spatial** and that awareness of the values of

each rural landscape enables the management of appropriate and effective future transformations.

5 **Prepare effective policies** based on informed local and other knowledge of the landscapes, their strengths and weaknesses, as well as potential threats and opportunities. Define objectives and tools. Programme actions with regard to long, medium, and short – term management goals.

6 **Define monitoring strategies** to review the effectivity of implemented policies and reassess short, medium and long term goals, related to the monitoring results.

7 **Consider that effective policy implementation** is dependent on an informed and engaged public, on their support for required strategies and involvement on actions. It is essential to complement all other actions. Public administrations should support proactive and bottom – up initiatives.

C Sustainably manage rural landscapes and their heritage values

1 **Consider bio – cultural rights within food and natural resource production**. Implement planned management approaches that acknowledge the dynamic, living nature of landscapes and respect human and non – human species living within them. Respect, value, and support the diversities of cultures and various peoples' approaches to nature.

2 **Recognize key stakeholders of rural landscapes, including rural inhabitants**, and the local, indigenous, and migrant communities with connections and attachments to places, their role in shaping and maintaining the landscape, as well as their knowledge of natural and environmental conditions, past and present events, local cultures and traditions, and scientific and technical solutions trialed and implemented over the centuries. Acknowledge that the good standard and quality of living for rural inhabitants enables strengthening of rural activities, rural landscapes,

and transmission and continuity of rural practices and cultures.

3 **Consider the connections between cultural, natural, economic, and social aspects** across large and small landscapes, in the development of sustainable management strategies for rural landscapes as heritage resource.

4 **Consider the interconnections between rural and urban landscapes**. Rural landscapes are a resource for urban inhabitants' quality of life (recreation, food quality and quantity, firewood, water and clean air quality, food gardening, etc.) in all metropolitan areas of the world. Urban areas can provide economic opportunities for rural landscape products and integrated other activities as recreation, education, agritourism, demanded by citizens (multifunctionality). Cooperation between rural, peri-urban, and urban inhabitants should be actively encouraged and practiced, both in sharing knowledge of rural landscapes' heritage and the responsibilities for their management.

5 **Find a balance** between long-term sustainable (economic, social, cultural, environmental) resource use and heritage conservation, and the short-term needs of rural workers' quality of living, which is a prerequisite for the continuation of activities that generate and sustain rural landscapes. Quality of living consists of both income and social appreciation, provision of public services including education, recognition of culture rights, etc. This requires finding appropriate ways and solutions in which living heritage values can be recognized so that change and adaptation are to be compatible with the conservation, use, and communication of heritage values, as well as with the economic enhancement of rural landscape heritage.

6 **Support the equitable governance of rural landscapes**, including and encouraging the active engagement of local populations, stakeholders, and rural and urban inhabitants, in both the knowledge of, and responsibilities for, the management and monitoring of rural landscape as heritage. Because many rural landscapes are a mosaic of private, corporate, and government ownership, collaborative work-

ing relationships are necessary.

D Communicate and transmit the heritage and values of rural landscapes

1 **Communicate awareness** of the heritage values of rural landscapes through collaborative participatory actions, such as shared learning, education, capacity building, heritage interpretation and research activities. Develop participatory plans and practices that involve civil society, private organizations, public authorities, and amongst both urban and rural inhabitants.

2 **Increase awareness** of the means and methods for transmission of traditional and technical knowledge and practices and develop case studies to do so and disseminate best practices.

3 **Support shared learning, training, and research** using diverse tools, approaches and cultural practices, including cultural mapping, information-sharing, education, and on-site training involving stakeholders, such as local communities, heritage specialists, professionals of various disciplines, schools and universities, and the media.

NOTE: The document is promoted by *ICOMOS - IFLA International Scientific Committee on Cultural Landscapes* (*World Rural Landscapes Initiative* www.worldrurallandscapes.org)

附录二

标准地图

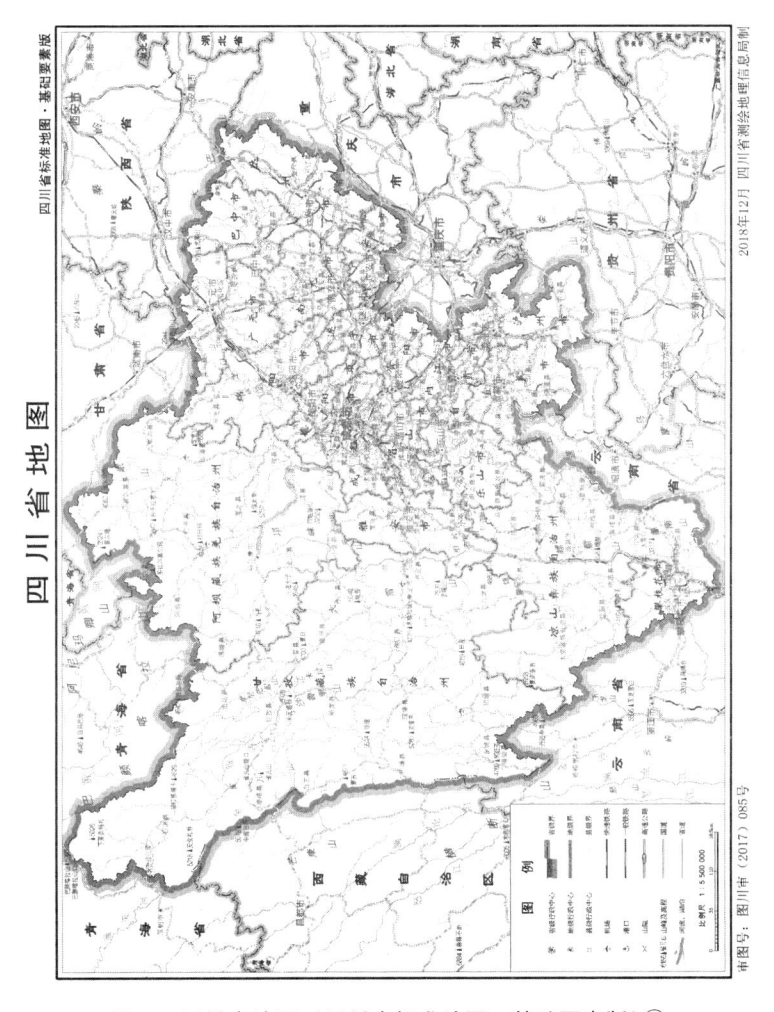

图一 四川省地图（四川省标准地图·基础要素版）①

---

① 图片来源：四川测绘地理信息局. 四川省测绘地理信息局标准地图［EB/OL］.
　［2019－09－15］. http：//scsm. mnr. gov. cn/nbzdt. htm.

图二　成都市地图（四川省标准地图·基础要素版）①

---

① 图片来源：四川测绘地理信息局. 四川省测绘地理信息局标准地图［EB/OL］. ［2019-09-15］. http://scsm.mnr.gov.cn/nbzdt.htm.

<<< 附录二 标准地图

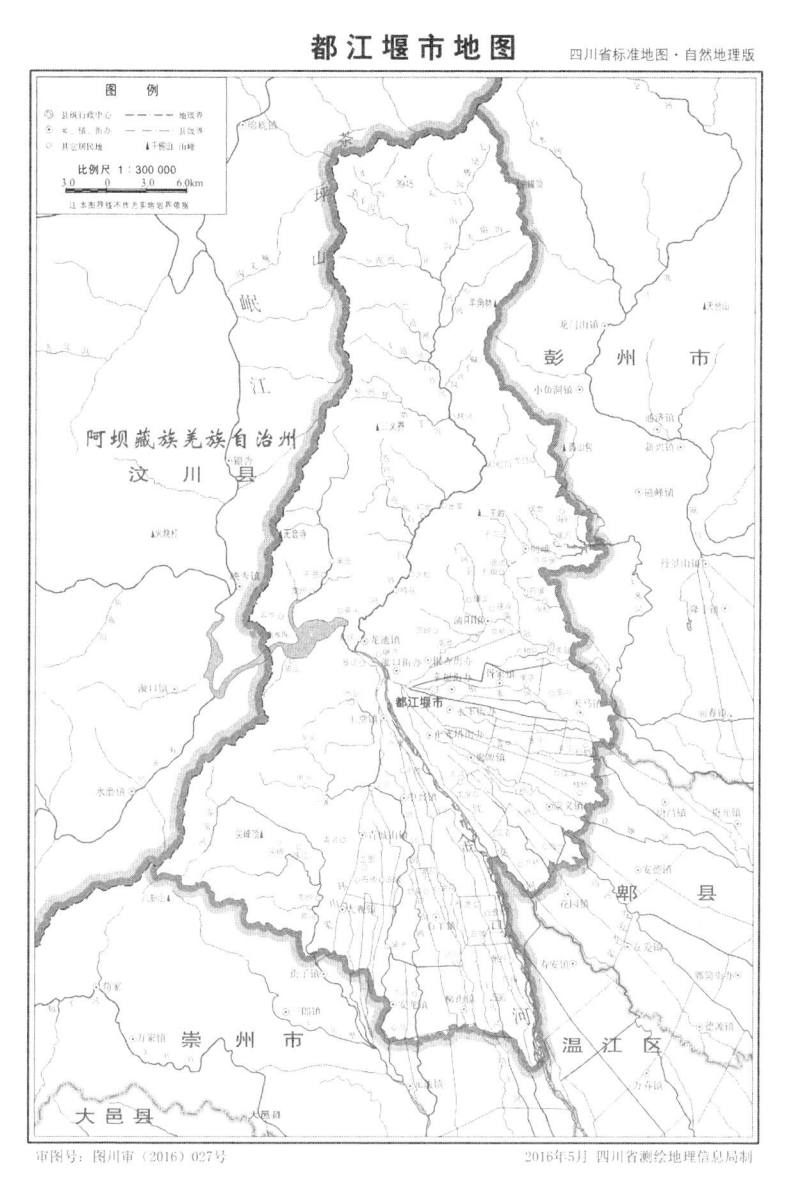

图三 都江堰市地图（四川省标准地图·基础要素版）①

---

① 图片来源：四川测绘地理信息局. 四川省测绘地理信息局标准地图［EB/OL］. ［2019-09-15］. http：//scsm. mnr. gov. cn/nbzdt. htm.

189

附录三

都江堰市扇形平原不同面积林盘平面形态示例①

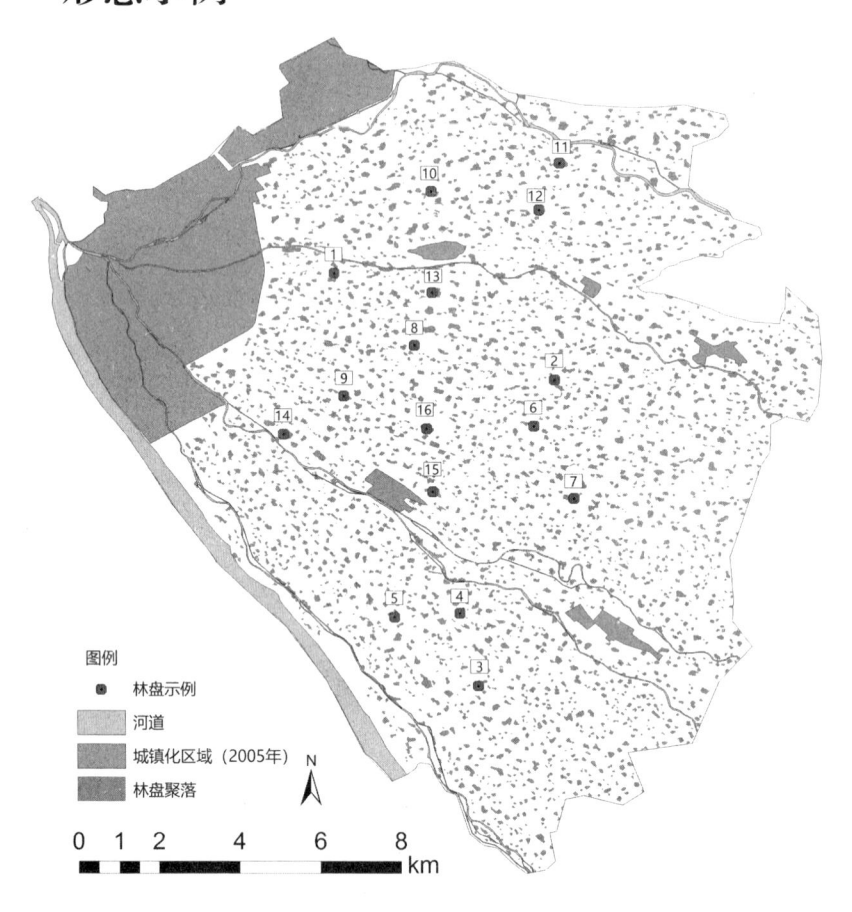

---

① 此附录中所有图片均由笔者绘制，底图来源：Google Earth（2005年）.

<<<　附录三　都江堰市扇形平原不同面积林盘平面形态示例

1　　0.0-0.2公顷

此类林盘总数: 328

林盘示例: No.1
周长: 142.76米
面积: 0.15公顷

2　　0.2-0.4公顷

此类林盘总数: 743

林盘示例: No.2
周长: 228.87米
面积: 0.33公顷

3　　0.4-0.6公顷

此类林盘总数: 678

林盘示例: No.3
周长: 264.32米
面积: 0.48公顷

4　　0.6-0.8公顷

此类林盘总数: 501

林盘示例: No.4
周长: 349.88米
面积: 0.73公顷

5　　0.8-1.0公顷

此类林盘总数: 326

林盘示例: No.5
周长: 367.92米
面积: 0.96公顷

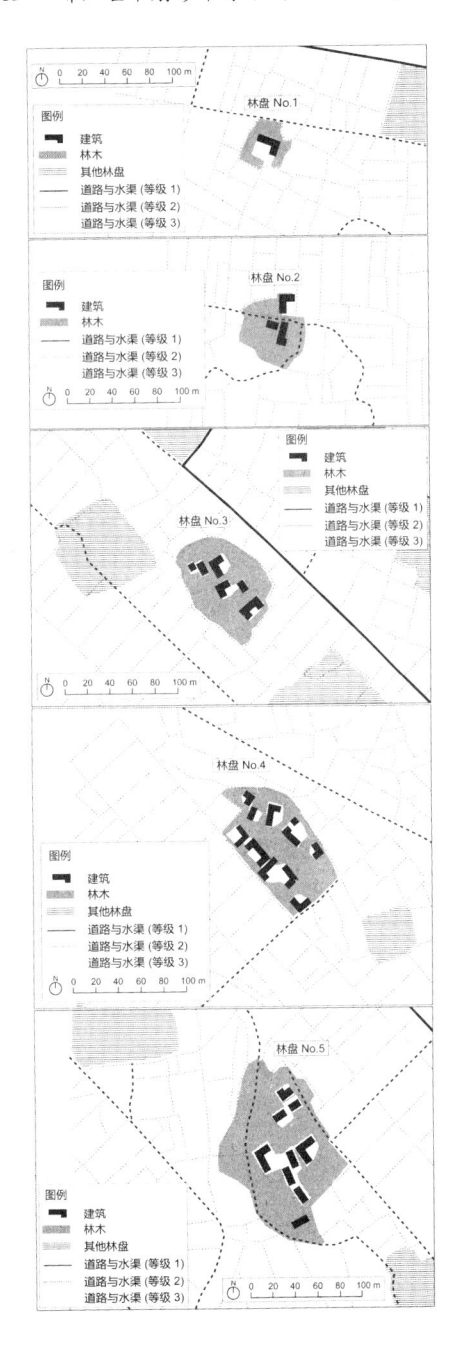

191

文化景观视野中的乡村遗产保护——以都江堰灌区为例 >>>

6 1.0-1.2公顷

此类林盘总数: 236

林盘示例: No.6
周长: 423.31米
面积: 1.09公顷

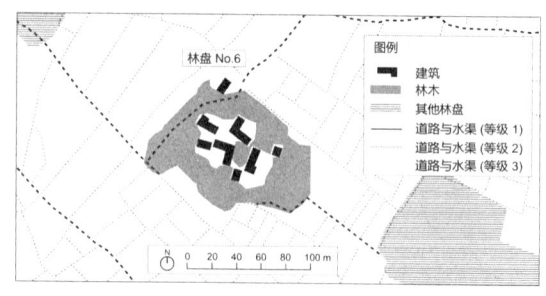

7 1.2-1.4公顷

此类林盘总数: 149

林盘示例: No.7
周长: 505.82米
面积: 1.31公顷

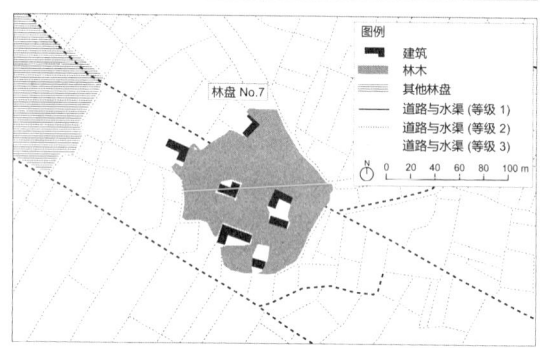

8 1.4-1.6公顷

此类林盘总数: 112

林盘示例: No.8
周长: 462.33米
面积: 1.41公顷

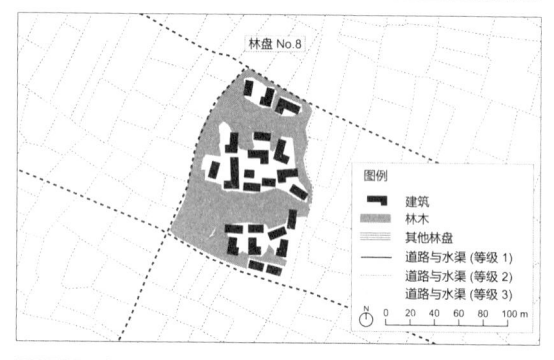

9 1.6-1.8公顷

此类林盘总数: 85

林盘示例: No.9
周长: 563.74米
面积: 1.60公顷

<<< 附录三　都江堰市扇形平原不同面积林盘平面形态示例

10　1.8-2.0公顷

此类林盘总数: 59

林盘示例: No.10
周长: 635.42米
面积: 1.96公顷

11　2.0-2.2公顷

此类林盘总数: 39

林盘示例: No.11
周长: 532.72米
面积: 2.06公顷

12　2.2-2.4公顷

此类林盘总数: 33

林盘示例: No.12
周长: 631.67米
面积: 2.37公顷

13　2.4-2.6公顷

此类林盘总数: 16

林盘示例: No.13
周长: 731.38米
面积: 2.56公顷

193

文化景观视野中的乡村遗产保护——以都江堰灌区为例　>>>

14　2.6-2.8公顷

此类林盘总数: 18

林盘示例: No.14
周长: 730.11米
面积: 2.67公顷

15　2.8-3.0公顷

此类林盘总数: 12

林盘示例: No.15
周长: 768.62米
面积: 2.85公顷

16　>3.0公顷

此类林盘总数: 33

林盘示例: No.16
周长: 737.82米
面积: 3.88公顷

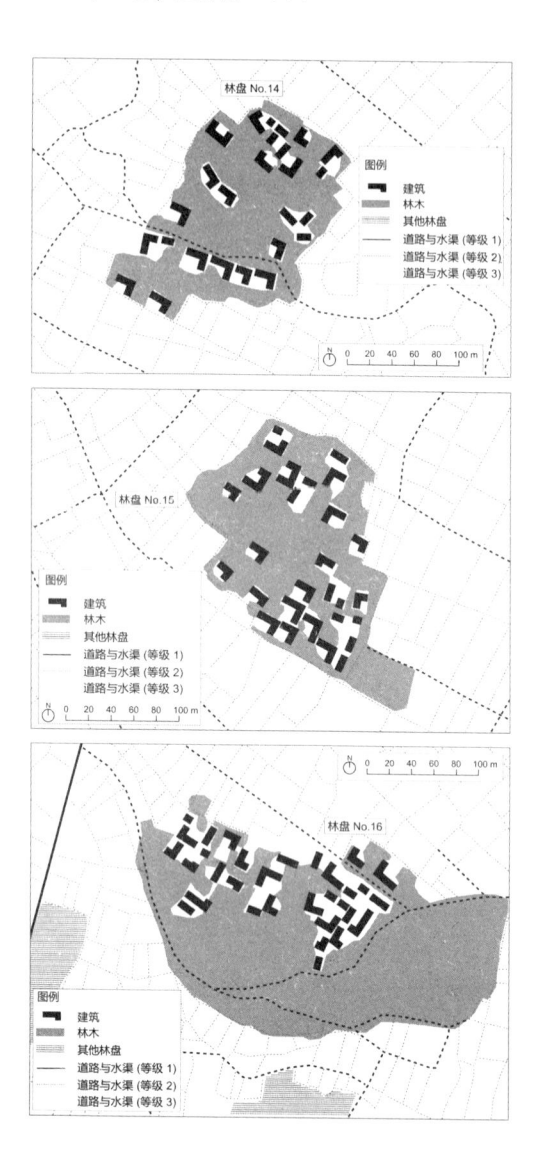

附录四

全球重要农业文化遗产（58处）[①]

地区	国家	正式登录名称	农业文化遗产类型
非洲地区	肯尼亚	Oldonyonokie/Olkeri Maasai Pastoralist Heritage	复合系统类
	坦桑尼亚	Engaresero Maasai Pastoralist Heritage Area	复合系统类
		Shimbwe Juu Kihamba Agro-forestry Heritage Site	复合系统类
亚洲和太平洋地区	孟加拉国	Floating Garden Agricultural Practices	农田景观类
	中国	Rice Fish Culture	复合系统类
		Wannian Traditional Rice Culture	农作物品种类
		Hani Rice Terraces	农田景观类
		Dong's Rice Fish Duck System	复合系统类
		Pu'er Traditional Tea Agrosystem	茶叶类
		Aohan Dryland Farming System	复合系统类
		Kuaijishan Ancient Chinese Torreya	林果类
		Urban Agricultural Heritage – Xuanhua Grape Garden	林果类
		Jiaxian Traditional Chinese Date Gardens	林果类

[①] 笔者整理并绘制。基础数据来源：FAO, GIAHS around the world [EB/OL]. [2020-01-04]. http://www.fao.org/giahs/giahsaroundtheworld/en/.

续表

地区	国家	正式登录名称	农业文化遗产类型
亚洲和太平洋地区	中国	Xinghua Duotian Agrosystem	复合系统类
		Fuzhou Jasmine and Tea Culture System	茶叶类
		Huzhou Mulberry–dyke & Fish Pond System	农田景观类
		Diebu Zhagana Agriculture–Forestry–Animal Husbandry Composite System	复合系统类
		Traditional Mulberry System in Xiajin's Ancient Yellow River Course	林果类
		Rice Terraces System in Southern Mountainous and Hilly Areas	农田景观类
	印度	Saffron Heritage of Kashmir	特产类
		Koraput Traditional Agriculture	复合系统类
		Kuttanad Below Sea Level Farming System	复合系统类
	日本	GIAHS Noto's Satoyama and Satoumi	复合系统类
		Sado's Satoyama in Harmony with Japanese Crested Ibis	复合系统类
		Traditional Tea-grass Integrated System in Shizuoka	复合系统类
		Managing Aso Grasslands for Sustainable Agriculture	复合系统类
		Kunisaki Peninsula Usa Integrated Forestry, Agriculture and Fisheries System	复合系统类
		Ayu of the Nagara River System	动物养殖类
		Minabe–Tanabe Ume System	林果类
		Takachihogo–Shiibayama Site	复合系统类

续表

地区	国家	正式登录名称	农业文化遗产类型
亚洲和太平洋地区	日本	Osaki Kodo's Traditional Water Management System for Sustainable Paddy Agriculture	农田灌溉类
		Nishi–Awa Steep Slope Land Agriculture System	农田景观类
		Traditional Wasabi Cultivation in Shizuoka, Japan	特产类
	菲律宾	Ifugao Rice Terraces	农田景观类
	韩国	Traditional Gudeuljang Irrigated Rice Terraces in Cheongsando	农田景观类
		Jeju Batdam Agricultural System	农田景观类
		Traditional Hadong Tea Agrosystem in Hwagae–myeon	茶叶类
		Geumsan Traditional Ginseng Agricultural System	特产类
	斯里兰卡	The Cascaded Tank–Village System(CTVS)in the Dry Zone of Sri Lanka	农田灌溉类
欧洲和中亚地区	意大利	Olive Groves of the Slopes between Assisi and Spoleto	林果类
		Soave Traditional Vineyards, Italy	林果类
	葡萄牙	Barroso Agro–Sylvo–Pastoral System	动物养殖类
	西班牙	The Agricultural System of Valle Salado de Añana	盐田类
		Malaga Raisin Production System in La Axarquía	林果类
		The Agricultural System Ancient Olive Trees Territorio Sénia	林果类
		Historical Irrigation System at l'Horta de València	农田灌溉类

续表

地区	国家	正式登录名称	农业文化遗产类型
拉丁美洲和加勒比海地区	智利	Chiloé Agriculture	农作物品种类
	墨西哥	Chinampa Agriculture in the World Natural and Cultural Heritage Zone in Xochimilco, Tláhuac and Milpa Alta	复合系统类
	秘鲁	Andean Agriculture	复合系统类
近东和非洲北部地区	阿尔及利亚	Ghout System	复合系统类
	阿联酋	Al Ain and Liwa Historical Date Palm Oases	林果类
	伊朗	Grape Production System in Jowzan Valley	林果类
		Qanat – based Saffron Farming System in Gonabad	农田灌溉类
		Qanat Irrigated Agricultural Heritage Systems, Kashan	农田灌溉类
	摩洛哥	Argan – based agro – pastoral system within the area of Ait Souab – Ait Mansour, Morocco	复合系统类
		Oases System in Atlas Mountains	复合系统类
	突尼斯	Gafsa Oases	复合系统类
	埃及	Siwa Oasis	复合系统类

附录五

中国重要农业文化遗产（91处）[①]

名称	类型	数量
河北涉县旱作梯田系统	农田景观类农业文化遗产	8
浙江湖州桑基鱼塘系统		
浙江云和梯田农业系统		
江西崇义客家梯田系统		
福建尤溪联合梯田		
湖南新化紫鹊界梯田		
广西龙胜龙脊梯田系统		
云南哈尼稻作梯田系统		
内蒙古敖汉旱作农业系统	复合系统类农业文化遗产	9
内蒙古伊金霍洛农牧生产系统		
江苏兴化垛田传统农业系统		
江苏高邮湖泊湿地农业系统		
浙江青田稻鱼共生系统		
贵州从江侗乡稻鱼鸭复合系统		
云南剑川稻麦复种系统		
甘肃迭部扎尕那农林牧复合系统		
新疆奇台旱作农业系统		

[①] 引用来源：中国重要农业文化遗产目录（按主题内容分）[EB/OL]．(2018-11-14)[2019-12-22]．http://www.ciae.com.cn/detail/zh/16405.html．

续表

名称	类型	数量
北京京西稻作文化系统	农作物品种类农业文化遗产	11
辽宁桓仁京租稻栽培系统		
吉林九台五官屯贡米栽培系统		
黑龙江宁安响水稻作文化系统		
江西万年稻作文化系统		
湖南新晃侗藏红米种植系统		
湖南花垣子腊贡米复合种养系统		
广西隆安壮族"那文化"稻作文化系统		
海南琼中山兰稻作文化系统		
四川美姑苦荞栽培系统		
云南广南八宝稻作生态系统		
浙江庆元香菇文化系统	蔬菜与瓜类农业文化遗产	7
安徽铜陵白姜种植系统		
江西广昌莲作文化系统		
山东章丘大葱栽培系统		
湖南新田三味辣椒种植系统		
陕西凤县大红袍花椒栽培系统		
新疆哈密市哈密瓜栽培与贡瓜文化系统		
浙江杭州西湖龙井茶文化系统	茶叶类农业文化遗产	
安徽黄山太平猴魁茶文化系统		
福建福州茉莉花种植与茶文化系统		
福建福鼎白茶文化系统		
福建安溪铁观音茶文化系统		
湖北羊楼洞砖茶文化系统		
湖北恩施玉露茶文化系统		
广东潮安凤凰单丛茶文化系统		

续表

名称	类型	数量
四川名山蒙顶山茶文化系统	茶叶类农业文化遗产	12
贵州花溪古茶树与茶文化系统		
云南普洱古茶园与茶文化系统		
云南双江勐库古茶园与茶文化系统		
北京平谷四座楼麻核桃生产系统	林果类农业文化遗产	28
天津滨海崔庄古冬枣园		
河北宣化传统葡萄园		
河北宽城传统板栗栽培系统		
河北迁西板栗复合栽培系统		
河北兴隆传统山楂栽培系统		
山西稷山板枣生产系统		
辽宁鞍山南果梨栽培系统		
吉林柳河山葡萄栽培系统		
吉林延边苹果梨栽培系统		
江苏无锡阳山水蜜桃栽培系统		
浙江绍兴会稽山古香榧群		
浙江仙居杨梅栽培系统		
江西南丰蜜橘栽培系统		
山东夏津黄河故道古桑树群		
山东乐陵枣林复合系统		
山东枣庄古枣林		
河南灵宝川塬古枣林		
河南新安传统樱桃种植系统		
广西恭城月柿栽培系统		
海南海口羊山荔枝种植系统		
四川苍溪雪梨栽培系统		
四川盐亭嫘祖蚕桑生产系统		
云南漾濞核桃—作物复合系统		
陕西佳县古枣园		
陕西蓝田大杏种植系统		
甘肃皋兰什川古梨园		
宁夏灵武长枣种植系统		

续表

名称	类型	数量
辽宁宽甸柱参传统栽培体系	特产类农业文化遗产	7
江苏泰兴银杏栽培系统		
重庆石柱黄连生产系统		
四川江油辛夷花传统栽培体系		
甘肃岷县当归种植系统		
甘肃永登苦水玫瑰农作系统		
宁夏中宁枸杞种植系统		
安徽寿县芍陂（安丰塘）及灌区农业系统	农田灌溉类农业文化遗产	3
新疆吐鲁番坎儿井农业系统		
新疆伊犁察布查尔布哈农业系统		
内蒙古阿鲁科尔沁草原游牧系统	动物养殖类农业文化遗产	6
黑龙江抚远赫哲族鱼文化系统		
浙江德清淡水珍珠传统养殖与利用系统		
安徽休宁山泉流水养鱼系统		
云南腾冲槟榔江水牛养殖系统		
宁夏盐池滩羊养殖系统		

附录六

12 类规划管理分区的景观构造、保护与发展原则[①]

规划管理分区 A1（绿带1中 传统农耕型林盘 与 游憩导向型林盘 的组合）

主要景观要素		保护	活化利用
灌溉渠系	水闸	●	可以成为游憩场所或对象
	渠系等级	●	
	传统农耕时代形成的灌溉渠系（曲线形）	●	
	沿线乔木林	●	
林盘	竹林与灌木	●	
	乔木	●	
	家畜或家禽养殖场所	●	
	菜地	●	
	传统建筑	◐	可以成为民宿等接待设施
耕地	水田	◐	可以成为游憩场所或对象
	旱地	◐	
	果园	◐	
	苗圃	○	

● 等级1：应严格保护

◐ 等级2：应尝试保护

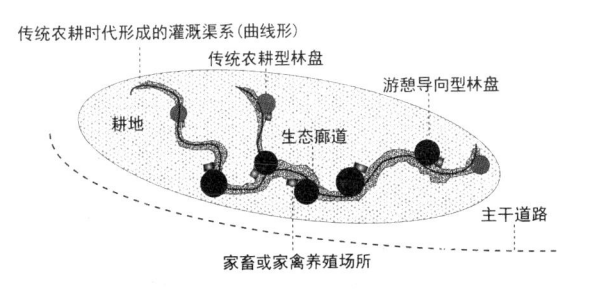

○ 等级3：可以根据村民的需求改变

---

① 此附录中所有表格与图片均由笔者绘制.

文化景观视野中的乡村遗产保护——以都江堰灌区为例 >>>

规划管理分区 A2（绿带1中 传统农耕型林盘 与 特殊产业型林盘 的组合）				
主要景观要素		保护	活化利用
灌溉渠系	水闸	●	
	渠系等级	●	
	传统农耕时代形成的灌溉渠系(曲线形)	●	
	沿线乔木林	●	
林盘	竹林与灌木	◐	蔬菜、水果、草药、花卉、树木、家畜或家禽养殖等产业（利用林下空间等）
	乔木	◐	
	家畜或家禽养殖场所	◐	
	菜地	◐	
	传统建筑	◐	
耕地	水田	○	暖棚蔬菜、水果、草药、花卉、树木、家畜或家禽养殖等产业
	旱地	○	
	果园	○	
	苗圃	○	

● 等级 1：应严格保护

◐ 等级 2：应尝试保护

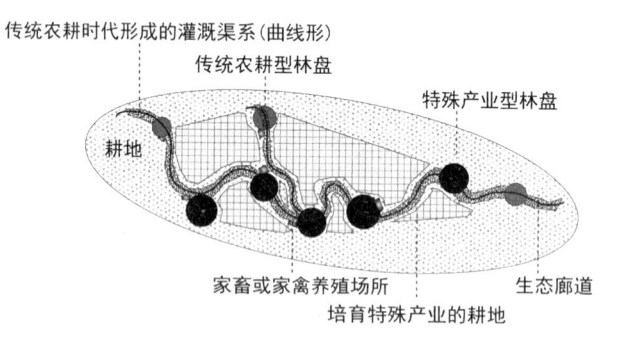

○ 等级 3：可以根据村民的需求改变

204

<<< 附录六 12类规划管理分区的景观构造、保护与发展原则

规划管理分区 A3（绿带1中 生态型林盘 与 新型农村社区 的组合）				
主要景观要素		保护	活化利用
灌溉渠系	水闸	●	
	渠系等级	●	
	传统农耕时代形成的灌溉渠系（曲线形）	●	
	沿线乔木林	●	
林盘	竹林与灌木	◐	林盘中无人居住的宅基地可以还耕、还林
	乔木	◐	
	家畜或家禽养殖场所	○	
	菜地	○	
	传统建筑	○	
新型农村社区	林木	○	可根据现代化生活的需求改造
	建筑	○	
耕地	水田	◐	可以延续与传统农耕相关的产业
	旱地	◐	
	果园	◐	
	苗圃	○	

● 等级 1：应严格保护

◐ 等级 2：应尝试保护

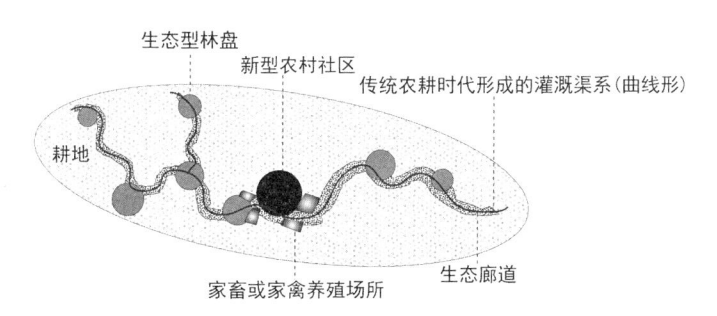

○ 等级 3：可以根据村民的需求改变

205

文化景观视野中的乡村遗产保护——以都江堰灌区为例　>>>

规划管理分区　B1（绿带1中 传统农耕型林盘 与 游憩导向型林盘 的组合）			
主要景观要素		保护	活化利用
灌溉渠系	水闸	●	可以成为游憩场所或对象
	渠系等级	●	
	现代重新组织过的灌溉渠系（直线形）	●	
	沿线乔木林	●	
林盘	竹林与灌木	●	
	乔木	●	
	家畜或家禽养殖场所	◐	
	菜地	◐	
	传统建筑	◐	可以成为民宿等接待设施
耕地	水田	◐	可以成为游憩场所或对象
	旱地	◐	
	果园	◐	
	苗圃	○	

● 等级 1：应严格保护

◐ 等级 2：应尝试保护

○ 等级 3：可以根据村民的需求改变

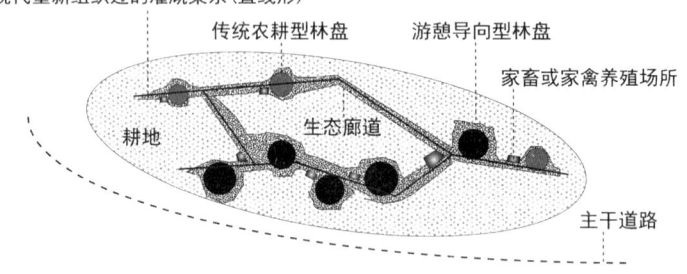

206

<<< 附录六 12类规划管理分区的景观构造、保护与发展原则

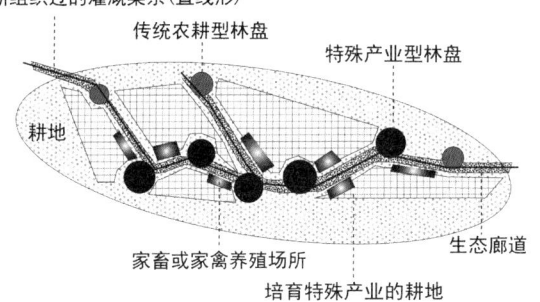

规划管理分区		B2（绿带1中 传统农耕型林盘 与 特殊产业型林盘 的组合）	
主要景观要素		保护	活化利用
灌溉渠系	水闸	●	
	渠系等级	●	
	现代重新组织过的灌溉渠系（直线形）	●	
	沿线乔木林	●	
林盘	竹林与灌木	◐	蔬菜、水果、草药、花卉、树木、家畜或家禽养殖等产业（利用林下空间等）
	乔木	◐	
	菜地	◐	
	家畜或家禽养殖场所	◐	
	传统建筑	◐	
耕地	水田	○	暖棚蔬菜、水果、草药、花卉、树木、家畜或家禽养殖等产业
	旱地	○	
	果园	○	
	苗圃	○	

● 等级1：应严格保护

◐ 等级2：应尝试保护

○ 等级3：可以根据村民的需求改变

207

文化景观视野中的乡村遗产保护——以都江堰灌区为例　>>>

规划管理分区		B3（绿带1中 生态型林盘 与 新型农村社区 的组合）	
主要景观要素		保护	活化利用
灌溉渠系	水闸	●	
	渠系等级	●	
	现代重新组织过的灌溉渠系（直线形）	●	
	沿线乔木林	●	
林盘	竹林与灌木	◐	林盘中无人居住的宅基地可以还耕、还林
	乔木	◐	
	家畜或家禽养殖场所	○	
	菜地	○	
	传统建筑	○	
新型农村社区	林木	○	可根据现代化生活的需求改造
	建筑	○	
耕地	水田	◐	可以延续与传统农耕相关的产业
	旱地	◐	
	果园	◐	
	苗圃	○	

● 等级1：应严格保护

◐ 等级2：应尝试保护

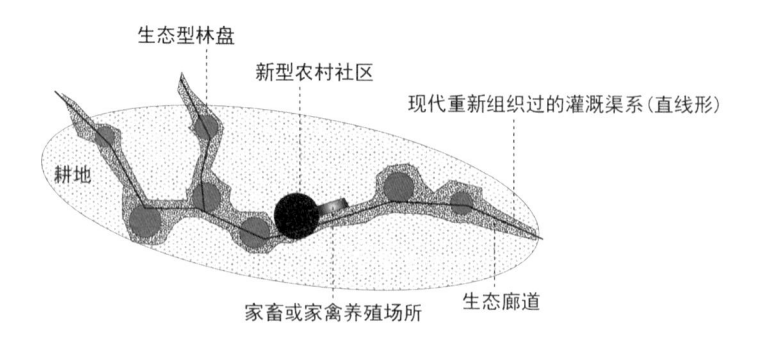

○ 等级3：可以根据村民的需求改变

<<< 附录六　12类规划管理分区的景观构造、保护与发展原则

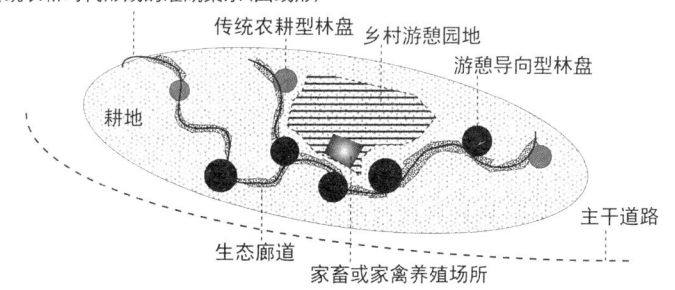

规划管理分区	C1（绿带2中 传统农耕型林盘 与 游憩导向型林盘 的组合）		
主要景观要素		保护	活化利用
灌溉渠系	水闸	●	可以成为游憩场所或对象
	渠系等级	●	
	传统农耕时代形成的灌溉渠系（曲线形）	●	
	沿线乔木林	◐	
林盘	竹林与灌木	◐	
	乔木	◐	
	家畜或家禽养殖场所	◐	
	菜地	◐	
	传统建筑	○	可以成为民宿等接待设施
耕地	水田	○	可以成为游憩场所或对象
	旱地	○	
	果园	○	
	苗圃	○	

● 等级1：应严格保护

◐ 等级2：应尝试保护

○ 等级3：可以根据村民的需求改变

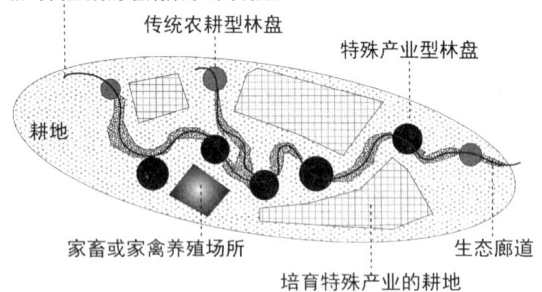

规划管理分区	C2（绿带2中 传统农耕型林盘 与 特殊产业型林盘 的组合）		
主要景观要素		保护	活化利用
灌溉渠系	水闸	●	
	渠系等级	●	
	传统农耕时代形成的灌溉渠系（曲线形）	●	
	沿线乔木林	◐	
林盘	竹林与灌木	◐	蔬菜、水果、草药、花卉、树木、家畜或家禽养殖等产业（利用林下空间等）
	乔木	◐	
	家畜或家禽养殖场所	○	
	菜地	○	
	传统建筑	○	
耕地	水田	○	暖棚蔬菜、水果、草药、花卉、树木、家畜或家禽养殖等产业
	旱地	○	
	果园	○	
	苗圃	○	

● 等级1：应严格保护

◐ 等级2：应尝试保护

○ 等级3：可以根据村民的需求改变

<<< 附录六　12类规划管理分区的景观构造、保护与发展原则

规划管理分区	C3（绿带2中 生态型林盘 与 新型农村社区 的组合）		
主要景观要素		保护	活化利用
灌溉渠系	水闸	●	
	渠系等级	●	
	传统农耕时代形成的灌溉渠系（曲线形）	●	
	沿线乔木林	◐	
林盘	竹林与灌木	◐	林盘中无人居住的宅基地可以还耕、还林
	乔木	◐	
	家畜或家禽养殖场所	○	
	菜地	○	
	传统建筑	○	
新型农村社区	林木	○	可根据现代化生活的需求改造
	建筑	○	
耕地	水田	○	可以延续与传统农耕相关的产业
	旱地	○	
	果园	○	
	苗圃	○	

● 等级1：应严格保护

◐ 等级2：应尝试保护

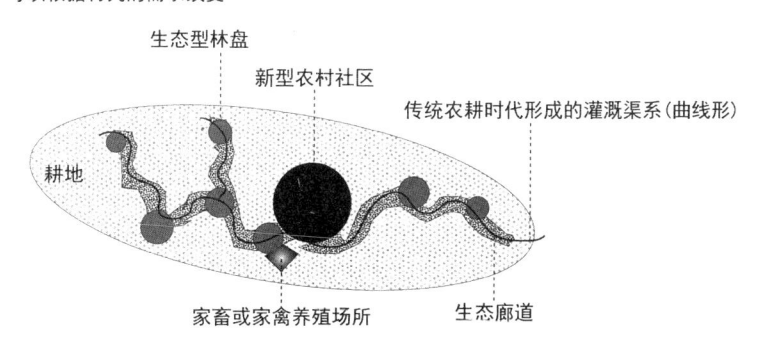

○ 等级3：可以根据村民的需求改变

文化景观视野中的乡村遗产保护——以都江堰灌区为例 >>>

规划管理分区 D1（绿带2中 传统农耕型林盘 与 游憩导向型林盘 的组合）			
主要景观要素		保护	活化利用
灌溉渠系	水闸	◐	可以成为游憩场所或对象
	渠系等级	◐	
	现代重新组织过的灌溉渠系（直线形）	◐	
	沿线乔木林	◐	
林盘	竹林与灌木	◐	
	乔木	◐	
	家畜或家禽养殖场所	○	
	菜地	○	
	传统建筑	○	可以成为民宿等接待设施
耕地	水田	○	可以成为游憩场所或对象
	旱地	○	
	果园	○	
	苗圃	○	

● 等级1：应严格保护

◐ 等级2：应尝试保护

○ 等级3：可以根据村民的需求改变

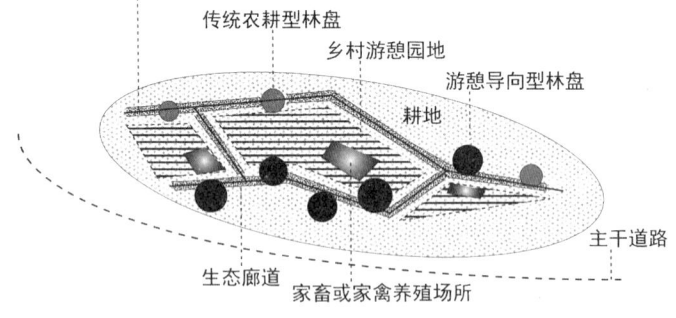

212

<<< 附录六 12类规划管理分区的景观构造、保护与发展原则

规划管理分区	D2（绿带2中 传统农耕型林盘 与 特殊产业型林盘 的组合）		
主要景观要素		保护	活化利用
灌溉渠系	水闸	◐	
	渠系等级	◐	
	现代重新组织过的灌溉渠系（直线形）	◐	
	沿线乔木林	◐	
林盘	竹林与灌木	◐	蔬菜、水果、草药、花卉、树木、家畜或家禽养殖等产业（利用林下空间等）
	乔木	◐	
	家畜或家禽养殖场所	○	
	菜地	○	
	传统建筑	○	
耕地	水田	○	暖棚蔬菜、水果、草药、花卉、树木、家畜或家禽养殖等产业
	旱地	○	
	果园	○	
	苗圃	○	

● 等级 1：应严格保护

◐ 等级 2：应尝试保护

○ 等级 3：可以根据村民的需求改变

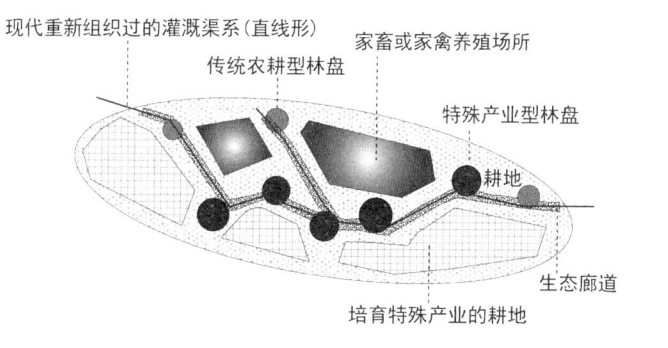

现代重新组织过的灌溉渠系（直线形）
传统农耕型林盘
家畜或家禽养殖场所
特殊产业型林盘
耕地
生态廊道
培育特殊产业的耕地

213

文化景观视野中的乡村遗产保护——以都江堰灌区为例　>>>

规划管理分区		D3（绿带2中 生态型林盘 与 新型农村社区 的组合）	
主要景观要素		保护	活化利用
灌溉渠系	水闸	◐	
	渠系等级	◐	
	现代重新组织过的灌溉渠系（直线形）	◐	
	沿线乔木林	◐	
林盘	竹林与灌木	◐	林盘中无人居住的宅基地可以还耕、还林
	乔木	◐	
	家畜或家禽养殖场所	○	
	菜地	○	
	传统建筑	○	
新型农村社区	林木	○	可根据现代化生活的需求改造
	建筑	○	
耕地	水田	○	可以延续与传统农耕相关的产业
	旱地	○	
	果园	○	
	苗圃	○	

● 等级1：应严格保护

◐ 等级2：应尝试保护

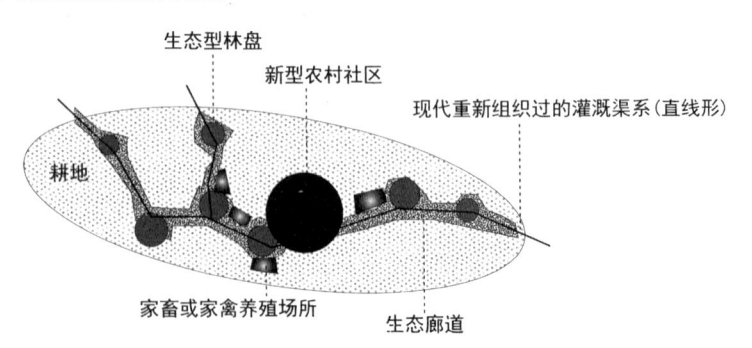

○ 等级3：可以根据村民的需求改变

214

参考文献

[1] 莱奥内拉·斯卡佐西,王溪,李璟昱.国际古迹遗址理事会《关于乡村景观遗产的准则》(2017)产生的语境与概念解读[J].中国园林,2018,34(11):5-9.

[2] BARROW E, PATHAK N. Conserving "unprotected" protected areas-communities can and do conserve landscapes of all sorts [M]//BROWN J, MITCHELL N, BERESFORD M. The Protected Landscape Approach: linking nature, culture and community. Gland, Switzerland: IUCN-The World Conservation Union, 2005: 65-80.

[3] 珍妮·列侬,韩锋.乡村景观[J].中国园林,2012,28(5):19-21.

[4] 袁琳,高舒琦.新时代都江堰灌区乡村保护思路的转变与展望[J].城市与区域规划研究,2018,10(4):161-178.

[5] UNESCO. Cultural landscapes [EB/OL]. [2020-04-17]. http://whc.unesco.org/en/culturallandscape/.

[6] FOWLER P J. World Heritage Cultural Landscapes 1992-2002 [M/OL]. Paris: UNESCO World Heritage Centre, 2003 [2020-04-17]. http://whc.unesco.org/en/series/6/.

[7] UNESCO World Heritage Centre. Cultural landscapes: the challenges of conservation [M/OL]. Paris: UNESCO World Heritage Centre, 2003 [2020-04-17]. http://whc.unesco.org/en/series/7/.

[8] MITCHELL N, ROÖSSLER M, TRICAUD P. World Heritage Cultural Landscapes: a Handbook for conservation and management [M/OL]. Paris:

UNESCO World Heritage Centre, 2009 [2020 – 04 – 16]. http://whc.unesco.org/en/series/26/.

[9] 韩锋. 文化景观——填补自然和文化之间的空白 [J]. 中国园林, 2010, 26 (9): 7 – 11.

[10] 孙华. 传统村落保护的学科与方法——中国乡村文化景观保护与利用刍议之二 [J]. 中国文化遗产, 2015 (5): 62 – 70.

[11] 孙华. 传统村落保护规划与行动——中国乡村文化景观保护与利用刍议之三 [J]. 中国文化遗产, 2015 (6): 68 – 76.

[12] 黄滋. 传统村落的活态保护路径 [M] // 杜晓帆. 从历史走向未来——亚太地区历史遗产与文化景观保护之路. 上海: 复旦大学出版社, 2017: 240 – 249.

[13] 周俭. 从贵州看中国乡村文化景观保护之困境 [M] // 杜晓帆. 从历史走向未来——亚太地区历史遗产与文化景观保护之路. 上海: 复旦大学出版社, 2017: 233 – 239.

[14] 刘兆丰. 共同体作为遗产——历史聚落型遗产的结构与现代性 [M] // 杜晓帆. 从历史走向未来——亚太地区历史遗产与文化景观保护之路. 上海: 复旦大学出版社, 2017: 181 – 192.

[15] 杜晓帆, 赵晓梅, 等. 乡村遗产的核心价值研究——以贵州楼上村为例 [M]. 成都: 巴蜀书社, 2018.

[16] 王春. GIS 在都江堰灌区水资源管理信息系统中的应用研究 [D]. 成都: 四川大学, 2005.

[17] 胡敬鹏. 都江堰灌区渠首水资源优化配置研究 [D]. 成都: 四川大学, 2006.

[18] 森田明. 清代水利史研究 [M]. 東京: 亜紀書房, 1974: 207 – 246.

[19] 石川幹子. 都江堰と2300年の水利——四川省大地震からの復興 [M] // 宇沢弘文, 大熊孝. 社会的共通資本としての川. 東京: 東京大学出版会, 2010: 99 – 117.

[20] 张敏, 韩锋, 李文. 都江堰水系历史景观价值分析及其整体性保护框架 [J]. 中国园林, 2018, 34 (4): 134 – 138.

[21] 吕斌, 黄斌, 等. 天府之母、山水林城: 城乡一体化的安全宜居生态城——北京大学城市与环境学院都江堰市灾后重建规划概念方案 [J]. 理想空间, 2008, 30: 4-17.

[22] 石川幹子, 严网林, 等. 新天府源——都江堰市震后生态城市重建规划概念方案 [J]. 理想空间, 2008, 30: 80-89.

[23] 俞静, 阎树鑫. 显山、亮水、秀城、融绿——上海同济城市规划设计研究院都江堰灾后重建规划方案 [J]. 理想空间, 2008, 30: 112-123.

[24] 方志戎. 川西林盘文化要义 [D]. 重庆: 重庆大学, 2012.

[25] 石川幹子, カビリジャンウメル, 大澤啓志, 等. 中国四川省都江堰市農村部における林盤に関する研究 [J]. 日本造園学会誌ランドスケープ研究, 2011, 74 (5): 779-782.

[26] 石鼎, 石川幹子. 中国四川省都江堰市のグリーンベルトにおける農村地域の文化的景観に関する研究 [J]. 日本都市計画学会都市計画論文集, 2012, 47 (3): 1009-1014.

[27] 周娟. 景观生态学视野下的川西林盘保护与发展研究 [D]. 成都: 西南交通大学, 2012.

[28] 徐珊. 川西林盘植物多样性调查研究 [D]. 成都: 四川农业大学, 2010.

[29] 杨蝉应. 川西林盘植物群落类型划分及其群落优化改造研究 [D]. 成都: 四川农业大学, 2009.

[30] 孙大远. 川西林盘景观资源保护与发展模式研究 [D]. 成都: 四川农业大学, 2011.

[31] 张莹. 川西林盘体系保护与发展研究 [D]. 成都: 西南交通大学, 2008.

[32] 樊砚之. 川西林盘环境景观保护性规划设计研究 [D]. 成都: 四川农业大学, 2009.

[33] 汪阳. 都江堰核心灌区林盘文化景观遗产保护研究 [D]. 广州: 华南理工大学, 2019.

［34］刘虹霞. 都江堰灌区乡村景观格局演变与优化策略研究——以聚源镇为例［D］. 成都：西南交通大学，2019.

［35］张成. 成都平原农业景观的调查研究［D］. 成都：四川农业大学，2018.

［36］舒波. 成都平原的农业景观研究［D］. 成都：西南交通大学，2011.

［37］TURNER M. Repositioning urban heritage—setting the scene［J］. Built Heritage, 2018, 2（4）：1－6.

［38］19th General Assembly and Scientific Symposium "Heritage and Democracy"［EB/OL］.［2019－09－13］. https：//www. icomos. org/en/about－icomos/governance/general－information－about－the－general－assembly/list－of－general－assemblies/future－annual－general－assemblies－2016－2017/38497－18th－general－assembly－of－icomos－2.

［39］ICOMOS. ICOMOS－IFLA Principles Concerning Rural Landscapes as Heritage［EB/OL］.（2017－07－30）［2020－03－29］. https：//www. icomos. org/images/DOCUMENTS/Charters/GA2017_ 6－3－1_ Rural-LandscapesPrinciples_ EN_ adopted－15122017. pdf.

［40］中国古迹遗址保护协会. 国际古迹遗址理事会与国际景观设计师联盟关于乡村景观遗产的准则［EB/OL］.（2019－09－17）［2020－03－29］. http：//www. icomoschina. org. cn/download_ list. php? class＝4&p＝1.

［41］DU Xiaofan, SHI Ding. Rural heritage：value, conservation and revitalisation—from the perspective of the human－land relationship［J］. Built Heritage, 2019, 3（2）：1－6.

［42］第二届建成遗产国际学术研讨会（BHS 2019）乡村振兴中的建成遗产［EB/OL］.［2019－09－12］. http：//www. icobhs. com/.

［43］JACKSON J B. Discovering the vernacular landscape［M］. New Haven：Yale University Press, 1984：1－8, 9－11, 13－16.

［44］TAYLOR K. Cultural landscapes and asia：reconciling international and Southeast Asian regional values［J］. Landscape research, 2009, 34（1）：

7-31.

[45] 徐青,韩锋. 西方文化景观理论谱系研究 [J]. 中国园林, 2016, 32 (12): 68-75.

[46] WYLIE J. Landscape [M]. Abingdon: Routledge, 2007.

[47] 肯·泰勒, 韩锋, 田丰. 文化景观与亚洲价值: 寻求从国际经验到亚洲框架的转变 [J]. 中国园林, 2007 (11): 4-9.

[48] 王鹏飞. 文化地理学 [M]. 北京: 首都师范大学出版社, 2012: 168-169.

[49] SAUER C O. The morphology of landscape [J]. University of California publications in geography, 1925, 2 (2): 19-54.

[50] SAUER C O. The morphology of landscape [M] //AGNEW J, LIVINGSTONE D N, ROGERS A. Human geography: an essential anthology. Oxford: Blackwell Publishers, 1996: 296-315.

[51] 韩锋. 世界遗产文化景观及其国际新动向 [J]. 中国园林, 2007 (11): 18-21.

[52] 唐晓峰. 文化转向与地理学 [J]. 读书, 2005 (6): 72-79.

[53] WAGNER P L, MIKESELL M W. Readings in cultural geography [M]. Chicago: University of Chicago Press, 1962.

[54] 王鹏飞. 文化地理学 [M]. 北京: 首都师范大学出版社, 2012.

[55] 李蕾蕾. 当代西方"新文化地理学"知识谱系引论 [J]. 人文地理, 2005 (2): 77-83.

[56] DUNCAN J S. The superorganic in American cultural geography [J]. Annals of the Association of American Geographers, 1980, 70 (2): 18-198.

[57] COSGROVE D, JACKSON P. New directions in cultural geography [J]. Area, 1987 (19): 95-101.

[58] COSGROVE D, Social formation and symbolic landscape [M]. Madison: The University of Wisconsin Press, 1998.

[59] MEINIG D. The interpretation of ordinary landscape: geographical essays [M]. Oxford: Oxford University Press, 1979.

[60] UNESCO. World heritage [EB/OL]. [2019-06-29]. http://whc.unesco.org/en/about.

[61] IUCN, International Union for Conservation of Nature [EB/OL]. [2019-09-12]. https://www.iucn.org/.

[62] The English Lake District [EB/OL]. [2019-08-14]. http://whc.unesco.org/en/list/422.

[63] 段婷,林源. 人·自然·文化关联——世界遗产文化景观的概念与类型解读 [J]. 建筑学报,2016 (3):19-23.

[64] 陈瑞. 文化景观世界遗产突出普遍价值辨析 [J]. 故宫学刊,2015 (2):343-356.

[65] 世界遗产中心. 实施《世界遗产公约》操作指南 [M/OL]. 中国古迹遗址保护协会,译. 北京:中国古迹遗址保护协会,2017 [2020-04-18]. http://www.icomoschina.org.cn/pics.php?class=30.

[66] WHC. Operational guidelines for the implementation of the World Heritage Convention [M/OL]. Paris:UNESCO World Heritage Centre,2017 [2020-04-18]. http://whc.unesco.org/en/guidelines/.

[67] 2016年国际博物馆日主题阐释——"博物馆与文化景观" [C]//中国博物馆通讯(2016年03月总第343期). 中国博物馆协会,2016:2.

[68] ICOM. 2016 - Museums and Cultural Landscapes [EB/OL]. [2019-06-30]. http://imd.icom.museum/past-editions/2016-museums-and-cultural-landscapes/.

[69] Council of Europe. European Landscapes Convention [EB/OL]. [2019-07-01]. https://rm.coe.int/1680080621.

[70] Council of Europe. The European Landscape Convention [M]. Naturopa,2002:98.

[71] 麦琪·罗,韩锋,徐青.《欧洲风景公约》:关于"文化景观"的一场思想革命 [J]. 中国园林,2007 (11):10-15.

[72] 杨滨章,李婷婷. 从《欧洲景观公约》看我国景观的安全与保护 [C]//中国风景园林学会. 中国风景园林学会2013年会论文集(下册).

中国风景园林学会，2013：4.

［73］SWANWICK C. Landscape character assessment guidance for England and Scotland［M］. Edinburgh：Scottish Natural Heritage，2002.

［74］杨晨. 扬州瘦西湖景观性格研究［D］. 上海：同济大学：2011.

［75］ICOMOS. Xi'an Declaration on the Conservation of the Setting of Heritage Structures, Sites and Areas［EB/OL］.（2005-10-22）［2020-04-18］. https：//www. icomos. org/xian2005/xian-declaration. pdf.

［76］UNESCO. Recommendation on the historic urban landscape adopted by the general conference at its 36th session［EB/OL］.（2011-11-10）［2019-06-29］. https：//whc. unesco. org/en/hul.

［77］弗朗切斯科·班德林，吴瑞梵. 城市时代的遗产管理——历史性城镇景观及其方法［M］. 裴洁婷，译. 周俭，校译. 上海：同济大学出版社，2017.

［78］韩锋. 探索前行中的文化景观［J］. 中国园林，2012，28（5）：5-9.

［79］韩锋. 世界遗产"文化自然之旅"与中国文化景观之贡献［J］. 中国园林，2019，35（4）：47-51.

［80］莫妮卡·卢思戈，韩锋，李辰. 文化景观之热点议题［J］. 中国园林，2012，28（5）：10-15.

［81］罗·范·奥尔斯，韩锋，王溪. 城市历史景观的概念及其与文化景观的联系［J］. 中国园林，2012，28（5）：16-18.

［82］张文卓. 城市遗产保护的景观方法——城市历史景观（HUL）发展回顾与反思［C］//中国风景园林学会. 中国风景园林学会2018年会论文集. 中国风景园林学会，2018：8.

［83］WHITRAP, City of Ballarat. The HUL Guidebook managing heritage in dynamic and constantly changing urban environment：a practical guide to UNESCO's recommendation on the historic urban landscape［M/OL］.［2020-03-06］. http：//historicurbanlandscape. com/themes/196/userfiles/download/2016/6/7/wirey5prpznidqx. pdf.

[84] 袁菲. 城乡发展历史与遗产保护 [J]. 城市规划学刊, 2016 (4): 122-123.

[85] CATEGORY V: Protected landscape/seascape [EB/OL]. [2019-09-12]. https://www.iucn.org/theme/protected-areas/about/protected-areas-categories/category-v-protected-landscapeseascape.

[86] PHILIPS A. Cultural landscape: IUCN's changing vision of protected areas [M]. Paris: UNESCO World Heritage Centre, 2003.

[87] 19th General Assembly 2017--results and proceedings of the Scientific Symposium [EB/OL]. [2019-09-13]. https://www.icomos.org/en/about-icomos/governance/general-information-about-the-general-assembly/list-of-general-assemblies/future-annual-general-assemblies-2016-2017/49783-19th-general-assembly-2017-results-of-the-scientific-symposium.

[88] Yatra aur Tammanah Yatra: our purposeful journey and Tammanah: our wishful aspirations for our heritage [EB/OL]. [2019-09-13]. https://www.icomos.org/images/DOCUMENTS/Working_Groups/SDG/ICOMOS-IUCN_2017_Culture_Nature_Journey-_Yatra_aur_Tammanah.pdf.

[89] 中国农学会农业文化遗产分会, 中科院地理资源所自然与文化遗产研究中心. 农业文化遗产——关乎人类未来的遗产 [Z]. 2018.

[90] FAO, GIAHS: Globally important agricultural heritage systems [EB/OL]. [2019-07-02]. http://www.fao.org/giahs/en/.

[91] 闵庆文, 曹幸穗. 农业文化遗产对乡村振兴的意义 [J]. 中国投资, 2018 (17): 47-53.

[92] CATSADORAKIS G. The conservation of natural and cultural heritage in Europe and the Mediterranean: a Gordian knot? [J]. International journal of heritage studies, 2007: 13 (4 & 5): 308-320.

[93] Designation process [EB/OL]. [2019-09-12]. http://www.fao.org/giahs/become-a-giahs/designation-process/zh/.

[94] GIAHS around the world [EB/OL]. [2019-09-12]. http://

www. fao. org/giahs/giahsaroundtheworld/en/.

［95］UNESCO, ITKI. Florence Declaration on Landscape, 2012. Final declaration of the UNESCO International Meeting on " The International Protection of Landscapes" held in Florence on September 19 – 21, 2012 on the occasion of the 40th Anniversary of the World Heritage Convention［EB/OL］.［2019 – 09 – 12］. http：//iflaonline. org/wp – content/uploads/2014/12/FLORENCE – DECLARATION – ON – LANDSCAPE – 2012 – 6. pdf.

［96］The international protection of landscapes：a global assessment on the occasion of the 40th Anniversary of the World Heritage Convention and to promote the UNESCO International Traditional Knowledge Institute (ITKI)［EB/OL］.（2012 – 09 – 19）［2019 – 09 – 12］. http：//whc. unesco. org/en/events/962/.

［97］The International Scientific Committee on Cultural Landscapes ICOMOS – IFLA［EB/OL］.［2019 – 09 – 12］. http：//landscapes. icomos. org/.

［98］World rural landscapes：a worldwide initiative for global conservation and management［EB/OL］.［2019 – 09 – 12］. http：//www. worldrurallandscapes. org/home/the – initiative/.

［99］Atlas & rural landscapes classification［EB/OL］.［2019 – 09 – 12］. http：//www. worldrurallandscapes. org/home/wrl – results/atlas – and – rl – classification/.

［100］東京農業大学造園科学科. 造園用語辞典（第三版）［M］. 東京：彰国社, 2011：146 – 148, 525 – 526.

［101］小嶋勝衛, 宇於崎勝也, 岡田智秀, 等. 都市の計画と設計（第二版）［M］. 東京：共立出版, 2008：110 – 111.

［102］山本早苗. 棚田保全活動の展開を振り返る［J］. 水資源・環境研究, 2017, 30（2）：49 – 50.

［103］全国棚田（千枚田）連絡協議会［EB/OL］.［2019 – 07 – 20］. https：//tanada – japan. com/.

［104］田園空間博物館を見に行こう［EB/OL］.［2019 – 07 – 20］.

http：//www. maff. go. jp/j/nousin/sousei/den－haku/go. html.

［105］石鼎. 从生态博物馆到田园空间博物馆：日本的乡村振兴构想与实践［J］. 中国博物馆, 2019（1）：43－49.

［106］日本の棚田百選［EB/OL］.［2019－07－20］. http：//www. acres. or. jp/Acres20030602/tanada/index. htm.

［107］棚田学会［EB/OL］.［2019－07－20］. http：//tanadagakkai. com/index. html.

［108］金田章裕. 文化的景観：生活となりわいの物語［M］. 東京：日本経済新聞出版社, 2012.

［109］文化庁文化財部記念物課. 日本の文化的景観：農林水産業に関連する文化的景観の保護に関する調査研究報告書［M］. 東京：同成社, 2005.

［110］景観緑三法［EB/OL］.［2019－09－13］. http：//www. mlit. go. jp/crd/townscape/keikan/index. htm.

［111］王成康, 朱一凡, 杜文茹. 日本景观意识和景观政策的发展［J］. 中国园林, 2019, 35（5）：85－89.

［112］李桓, 施梁. 日本《景观法》评介［J］. 华中建筑, 2006（10）：159－161.

［113］刘颂, 陈长虹. 日本《景观法》对我国城市景观建设管理的启示［J］. 国际城市规划, 2010, 25（2）：101－105.

［114］汪民, 金曼. 日本"文化的景观"发展及其启示［J］. 中国园林, 2013, 29（11）：14－17.

［115］赵姗姗. 文化遗产的法律保护：中日比较与本土选择［J］. 国外社会科学, 2018（6）：25－33.

［116］周星, 周超. 日本文化遗产的分类体系及其保护制度［J］. 文化遗产, 2007（1）：121－139.

［117］周超. 日本"文化景观"法律保护制度研究［J］. 广西民族大学学报（哲学社会科学版）, 2016, 38（1）：178－185.

［118］文化的景観［EB/OL］.［2019－07－19］. http：//www. bunka.

go. jp/seisaku/bunkazai/shokai/keikan/.

［119］篠原修. 景観用語事典（増補改訂版）［M］. 東京：彰国社，2007：119-133.

［120］NPO 法人「日本で最も美しい村」連合（The Most Beautiful Villages in Japan）［EB/OL］.［2019-07-19］. https：//utsukushii-mura. jp/.

［121］全国文化的景観地区連絡協議会［EB/OL］.［2019-07-19］. https：//www. bunkeikyo. jp/.

［122］採掘・製造，流通・往来及び居住に関連する文化的景観の保護に関する調査研究会. 都市の文化と景観［M］. 東京：同成社，2010.

［123］採掘・製造，流通・往来及び居住に関連する文化的景観の保護に関する調査研究会. 採掘・製造、流通・往来及び居住に関連する 文化的景観の保護に関する調査研究（報告）［R/OL］.［2019-07-19］. 2010. http：//www. bunka. go. jp/seisaku/bunkazai/shokai/keikan/pdf/hokoku. pdf.

［124］Cultural Landscapes［EB/OL］.［2019-07-19］. http：//whc. unesco. org/en/culturallandscape/.

［125］世界遺産［EB/OL］.［2019-07-19］. http：//www. bunka. go. jp/seisaku/bunkazai/shokai/sekai_ isan/.

［126］Asia and the Pacific［EB/OL］.［2019-07-27］. http：//www. fao. org/giahs/giahsaroundtheworld/designated-sites/asia-and-the-pacific/en/.

［127］日本遺産ポータルサイト［EB/OL］.［2019-07-20］. https：//japan-heritage. bunka. go. jp/ja/index. html.

［128］「日本遺産（Japan Heritage）」について［EB/OL］.［2019-07-20］http：//www. bunka. go. jp/seisaku/bunkazai/nihon_ isan/.

［129］稲叶信子. 日本的世界遗产与日本遗产（日本の世界遺産・日本遺産）［M］//杜晓帆. 从历史走向未来——亚太地区历史遗产与文化景观保护之路. 上海：复旦大学出版社，2017：12-37.

［130］王绍增. 园林、景观与中国风景园林的未来［J］. 中国园林，

2005 (3): 28-31.

[131] 严钦尚. 西康省康定、九龙、雅江区域自然景观——山岳地理研究之一例 [J]. 地理学报, 1948 (Z1): 41-46.

[132] 唐永銮, 余显芳, 覃朝锋, 等. 广西僮族自治区西半部石山区自然地理特点和石山区景观类型及其评价 [J]. 地理学报, 1959 (5): 357-371.

[133] 李树华. 景观十年、风景百年、风土千年——从景观、风景与风土的关系探讨我国园林发展的大方向 [J]. 中国园林, 2004 (12): 32-35.

[134] 朱有玠. "园林"名称溯源 [J]. 中国园林, 1985 (2): 33.

[135] 俞孔坚. 论景观概念及其研究的发展 [J]. 北京林业大学学报, 1987 (4): 433-439.

[136] 海伦·阿姆斯特朗, 韩锋. 景观遗产——西方的自然、精神灵性与审美 [J]. 中国园林, 2017, 33 (1): 55-60.

[137] HAN Feng. The Chinese view of nature: tourism in china's scenic and historic interest areas [D/OL]. Brisbane: Queensland University of Technology, 2006 [2019-08-01]. https://eprints.qut.edu.au/16480/.

[138] HAN Feng. World Heritage Cultural Landscapes: an old or a new concept for China? [J]. Built heritage, 2018, 2 (3): 68-84.

[139] 石鼎. 中国の文化的景観の現在 [J]. 日本造園学会誌ランドスケープ研究, 2016, 80 (1): 59-60.

[140] 吕舟. 中国的世界文化遗产保护三十年 [M] //杜晓帆. 从历史走向未来——亚太地区历史遗产与文化景观保护之路. 上海: 复旦大学出版社, 2017: 1-11.

[141] 吕舟. 《威尼斯宪章》的精神与《中国文物古迹保护准则》[J]. 建筑史论文集, 2002, 15 (1): 192-198, 262.

[142] 叶扬. 《中国文物古迹保护准则》研究 [D]. 北京: 清华大学, 2005.

[143] 吕舟. 面对挑战的中国文化遗产保护 [J]. 世界建筑, 2014 (12): 24-27, 122.

[144] 吕舟.《中国文物古迹保护准则》的修订与中国文化遗产保护的发展[J]. 中国文化遗产, 2015 (2): 4-24.

[145] 国际古迹遗址理事会中国国家委员会. 中国文物古迹保护准则 (2015) [EB/OL]. 国际古迹遗址理事会中国国家委员会, 2015. (2019-09-05) [2019-09-11]. http://www.icomoschina.org.cn/uploads/download/20151118121725_download.pdf.

[146] 住房和城乡建设部、国家文物局关于公布第七批中国历史文化名镇名村的通知[EB/OL]. (2019-01-21) [2019-07-27]. http://www.mohurd.gov.cn/wjfb/201901/t20190130_239368.html.

[147] 住房和城乡建设部等部门关于公布第五批列入中国传统村落名录的村落名单的通知[EB/OL]. (2019-06-06) [2019-07-27]. http://www.mohurd.gov.cn/wjfb/201906/t20190620_240922.html.

[148] 石鼎. 文化的景観の保存とエコミュージアムの整備: 中国贵州省少数民族地域を事例として[M]//爱媛大学「資料学」研究会. 資料学の方法を探る (18). 松山: 爱媛大学法文学部, 2019: 1-10.

[149] Asia and the Pacific [EB/OL]. [2019-07-27]. http://www.fao.org/giahs/giahsaroundtheworld/designated-sites/asia-and-the-pacific/en/.

[150] 中国重要农业文化遗产实录[EB/OL]. [2019-09-13]. http://www.moa.gov.cn/ztzl/zywhycsl/.

[151] 闵庆文. 中国重要农业文化遗产申报中的问题与建议[J]. 遗产与保护研究, 2019, 4 (1): 8-11.

[152] 韩锋. 亚洲文化景观在世界遗产中的崛起及中国对策[J]. 中国园林, 2013, 29 (11): 5-8.

[153] 村落文化景观保护与可持续利用学术研讨会召开[EB/OL]. (2008-10-24) [2019-09-13]. http://news.china.com.cn/txt/2008-10/24/content_16657987.htm#.

[154] 单霁翔. 走进文化景观遗产的世界[M]. 天津: 天津大学出版社, 2010.

[155] 周珂,顾晶.真水无香——中国古典美学与"贵阳建议"[J].中国文化遗产,2017(2):46-54.

[156] 杜晓帆,侯实,赵晓梅,等.贵州乡村遗产的保护与发展——以楼上村为例[J].贵州民族大学学报(哲学社会科学版),2018(3):57-72.

[157] WANG Xi, HAN Feng, BIAN Xiaozhe. et al. Mapping the past with present digital tools: historic urban landscape research in Chinese city, Xi'an walled city area [J]. Built heritage, 2018, 2 (4): 42-57.

[158] 刘雅琦,ZEPP H.基于LCA与HLC初探我国乡村景观性格分类方法研究[A].中国风景园林学会.中国风景园林学会2015年会论文集.中国风景园林学会,2015:5.

[159] 石鼎.乡村文化景观保护管理分区制定方法探讨——基于景观性格评价的方法论思考[J].遗产与保护研究,2018,3(12):55-60.

[160] 石鼎,赵殿红.景观性格评价方法在乡村遗产保护中的应用研究——以贵州石阡楼上村为例[J].遗产与保护研究,2018,3(7):125-129.

[161] 石鼎,赵殿红.基于文化景观理论的贵州石阡楼上村人地关系及景观变迁研究[J].中国文化遗产,2018(2):31-44.

[162] 四川省人民政府.地理位置和自然状况[EB/OL].[2019-09-16].http://www.sc.gov.cn/10462/wza2012/scgk/scgk.shtml.

[163] 成都市人民政府.成都概况(地理位置)[EB/OL].[2019-09-26].http://www.chengdu.gov.cn/chengdu/rscd/dlwz.shtml.

[164] 成都市人民政府.成都概况(历史沿革)[EB/OL].[2019-09-26].http://www.chengdu.gov.cn/chengdu/rscd/lswh.shtml.

[165] 成都市人民政府.成都概况(行政区划与人口)[EB/OL].[2019-09-26].http://www.chengdu.gov.cn/chengdu/rscd/xzqhyrk.shtml.

[166] 埃比尼泽·霍华德.明日的田园城市[M].金经元,译.北京:商务印书馆,2000.

[167] HOWARD, E. To-morrow: a peaceful path to real reform [M].

London: Swan Sonnenschein & Co. Ltd, 1898.

［168］张泽宇. 田园城市理论在亚洲的传播与实践［D］. 北京：北京建筑大学，2019.

［169］宋逸. 田园城市理论及其实践历史［D］. 上海：上海师范大学，2014.

［170］盛明洁. 大伦敦地区规划［J］. 城市与区域规划研究，2012，5（1）：165-178.

［171］韩慧，李光勤. 大伦敦都市圈生态文明建设及对中国的启示［J］. 世界农业，2015（4）：40-45，56，203.

［172］谢鹏飞. 阿伯克隆比与英国早期区域规划［J］. 中国勘察设计，2011（5）：75-78.

［173］张宁. 田园城市理论的内涵演变与实践经验［J］. 现代城市研究，2018（9）：70-76.

［174］王辉. 民国城市规划界对田园城市理论的理解与运用［J］. 山东社会科学，2012（7）：56-59.

［175］张健鑫. 成都市新型生态城市建设研究［D］. 成都：西南交通大学，2014.

［176］周红芳. "世界现代田园城市"的研究综述［J］. 绿色科技，2015（9）：101-102，104.

［177］朱直君，曾九利. 成都构建"世界生态田园城市"的规划探索［J］. 规划师，2013，29（S1）：5-7，15.

［178］成都市规划管理局. "世界现代田园城市"规划建设导则［Z］. 2010.

［179］桑东升，孙兴华，杨霏，文传浩. "生态田园城市"发展模式理论与实践探索［J］. 西部论坛，2014，24（4）：70-77.

［180］成都市人民政府. 从规划图到实景图，成都"东进"快进［EB/OL］.（2019-01-21）［2019-09-22］. http://www.chengdu.gov.cn/chengdu/home/2019-01/21/content_26242ee59c0c4d7 0ba4a2218c926abb0.shtml.

[181] 成都市人民政府. 新一轮成都总规（2016-2035）的特点与创新 [EB/OL]. (2017-12-12) [2019-09-22]. http://www.chengdu.gov.cn/chengdu/home/2017-12/12/content_ 2468ce212 ed2405d87cfd556533223d2. shtml? open_ source = weibo_ search.

[182] 成都市人民政府.《成都市城市总体规划》面向全社会征集意见 [EB/OL]. (2017-11-02) [2019-09-22]. http://www.chengdu.gov.cn/chengdu/smfw/2017-11/02/content_ 5441173f2ff148 04bcc9fc 2d691e53e1. shtml.

[183] 潘霞. 城乡统筹实践下的成都"198"（环城绿地）规划 [D]. 北京：清华大学，2013.

[184] Shi D, Ishikawa M. A study on rural cultural landscape in greenbelt area of Chengdu, China: based on the survey in Sansheng Flower Town [C] // The International Symposium on Urban Planning 2012, August 23-25, 2012, Taipei: 419-429.

[185] 成都市人民政府. 2023 年成都将建成一批世界知名的生态样本 [EB/OL]. (2019-09-17) [2019-09-25]. http://www.chengdu.gov.cn/chengdu/home/2019-09/17/content_ 957f2f0d3f4b4af2bc4d9a533d1f799f. shtml.

[186] 中共四川省委，四川省人民政府. 关于实施乡村振兴战略开创新时代"三农"全面发展新局面的意见 [EB/OL]. (2018-02-08) [2019-09-23]. http://www.djy.gov.cn/djyszfmhwz/c130982/2018-10/27/content_ 39984573373144878520592a31b8da10. shtml.

[187] 张明海. 成都郫都区开展"农业申遗"，明年将申报中国重要农业文化遗产 [N/OL]. 四川在线，2018-11-16 [2019-09-23]. https://baijiahao.baidu.com/s? id=1617296093181516533&wfr=spider&for=pc.

[188] 郫都区人民政府. 我区召开"四川郫都林盘农耕文化系统"研讨会 [EB/OL]. (2019-07-18) [2019-09-23]. http://www.pidu.gov.cn/pidu/c125557/2019-07/18/content_ d3ce7185c3aa48a2a 61e7182665a45a4. shtml.

[189] 于遵素，张直. 郫都区水旱轮作、川西林盘将申报全球重要农业

文化遗产［N/OL］．成都商报（电子版），2017－09－01［2019－09－22］． https：//e. chengdu. cn/html/2017－09/01/content_ 604893. htm.

［190］郫都区人民政府．"林盘、渠系、田园、人文"四美共生——探访"四川郫都林盘农耕文化系统"申遗［EB/OL］．（2019－07－12）［2019－09－25］. http：//www. pidu. gov. cn/pidu/xxbs/2019－07/12/content_ 23b68fa3801b4c8594de0f4da2f49099. shtml.

［191］石鼎，石川幹子，片桐由希子．1910年代以降の観光事業が中国杭州西湖風景名勝区の文化的景観に与えた影響に関する研究［J］．日本都市計画学会都市計画論文集，2011，46（3）：619－624.

［192］龚芮．郫都"农业申遗"专家来支招，力争明年成功申报中国重要农业文化遗产［N/OL］．郫都报，2018－11－20［2019－09－24］. http：//scsdnews. com/article. php？act=detail&id=5315.

［193］杨波，何露，王斌．成都市郫都区农业文化遗产地分区方案初探［J］．遗产与保护研究，2019，4（1）：29－33.

［194］刘易斯·芒福德．城市发展史——起源、演变和前景［M］．宋俊岭，倪文彦，译．北京：中国建筑工业出版社，2005：528.

［195］SHI D. A comparative study on the traditional rural cultural landscape in China：based on the survey in the greenbelt area of Hangzhou and Chengdu City［C］// 2011 International Symposium Sustainable Rural Landscape & Planning in Asia Pacific Region，December 05－08，2011，Seoul.

［196］SHI D，ISHIKAWA M. Research on the characteristic and transition of rural cultural landscape of artificial waterway system in greenbelt area of Hangzhou，China［C］// Proceedings of the 17th Inter－University Seminar on Asian megacities：Natural risks and the urban environment，Faculty of Architecture and Design in Pacific National University，06－08 September 2012，Khabarovsk：Scientific publication，2012：306－314.

［197］SHI D，ISHIKAWA M. Research on the influence of tourism on the greenbelt of megacity in China：take the cultural landscape of West Lake in Hangzhou as example［C］// 2011 Inter－University Seminar on Asian Megacities，

Tsinghua University, September 02－05, 2011, Beijing: 414－424.

[198] 上海市人民政府. 上海市城市总体规划（2017—2035 年）[EB/OL]. [2019－10－27]. http://www.shanghai.gov.cn/nw2/nw2314/nw32419/nw42806/index.html.

[199] 横張真, 渡辺貴史. 郊外の緑地環境学 [M]. 東京: 朝倉書店, 2012.

[200] 常璩, 任乃强. 华阳国志校补图注 [M]. 上海: 上海古籍出版社, 1987.

[201] 都江堰市概况 [EB/OL]. (2019－06－10) [2019－11－28]. http://www.djy.gov.cn/dyjgb_rmzfwz/c129458/2019－10/21/content_9cfdc3995e724949a272d56f34e84c82.shtml.

[202] Mount Qingcheng and the Dujiangyan Irrigation System [EB/OL]. [2019－11－24]. http://whc.unesco.org/en/list/1001/.

[203] International Commission on Irrigation and Drainage [EB/OL]. [2019－11－26]. https://www.icid.org/.

[204] Sichuan Giant Panda Sanctuaries - Wolong, Mt Siguniang and Jiajin Mountains [EB/OL]. [2019－11－26]. http://whc.unesco.org/en/list/1213/.

[205] 都江堰市人民政府. 都江堰成功列入世界灌溉工程遗产名录 [EB/OL]. (2018－08－15) [2019－09－23]. http://www.djy.gov.cn/djyszfmhwz/c130535/2018－10/27/content_f190fe581cb841df9165db42254b37f6.shtml.

[206] Globally important agricultural heritage systems (GIAHS) application [EB/OL]. [2020－01－07]. http://www.fao.org/giahs/giahsaroundtheworld/designated-sites/asia-and-the-pacific/osaki-kodo-sustainable-irrigation-system/annexes/en/.

[207] 中国重要农业文化遗产目录（按主题内容分）[EB/OL]. (2018－11－14) [2019－12－22]. http://www.ciae.com.cn/detail/zh/16405.html.

[208] 安徽寿县芍陂（安丰塘）及灌区农业系统 [EB/OL]. (2015－09－28) [2019－12－25]. http://www.moa.gov.cn/ztzl/zywhycsl/dsp/201509/

t20150928_ 4847682. htm.

[209] QUEBEI POND [EB/OL]. [2020-03-23]. https：//www. icid. org/HisMore. php? ID=43.

[210] International Commission on Irrigation and Drainage [EB/OL]. [2019-11-26]. https：//www. icid. org/.

[211] ICID. HIS List [EB/OL]. [2020-03-23]. https：//www. icid. org/icid_ his1. php#HIS.

[212] 新疆吐鲁番坎儿井农业系统 [EB/OL]. (2013-06-13) [2019-12-25]. http：//www. moa. gov. cn/ztzl/zywhycsl/dypzgzywhyc/201306/t20130613_ 3490519. htm.

[213] Karez Wells [EB/OL]. [2019-12-26]. http：//whc. unesco. org/en/tentativelists/5347/.

[214] 新疆伊犁察布查尔布哈农业系统 [EB/OL]. (2017-09-18) [2019-12-25]. http：//www. moa. gov. cn/ztzl/zywhycsl/dspwhyc/201709/t20170918_ 5818681. htm.

[215] ICOMOS. The Florence Declaration on Heritage and Landscape as Human Values (2014). [EB/OL]. [2020-04-15]. https：//www. icomos. org/images/DOCUMENTS/Secretariat/2015/GA_ 2014_ results/GA2014_ Symposium_ FlorenceDeclaration_ EN_ final_ 20150318. pdf.

[216] 林源. 关于作为人类价值的遗产与景观的佛罗伦萨宣言 (2014) ——促进和平与民主社会的文化遗产和景观价值的原则与建议宣言 [J]. 建筑师, 2016 (2)：63-66.

[217] 林源, 李双双. 社群·文化遗产与景观——《关于作为人类价值的遗产与景观的佛罗伦萨宣言 (2014)》导读 [J]. 建筑师, 2016 (2)：60-63.

[218] 杨晨. 扬州瘦西湖景观性格研究 [D]. 上海：同济大学, 2011：17.

[219] 成都市人民政府信息公开.《都江堰市灾后重建总体规划 (2008-2020)》中心城区规划图 [EB/OL]. (2015-07-28) [2020-05-10]. ht-

tp：//gk. chengdu. gov. cn/govInfoPub/detail. action? id =1009068&tn =2.

[220] 都江堰市人民政府. 都江堰市土地利用总体规划图（2014年调整完善版）［EB/OL］.（2020 - 04 - 17）［2020 - 05 - 10］. http：//www. djy. gov. cn/dyjgb_rmzfwz/c129468/2020 - 04/17/content_8ef6e74490b6427c881c3ee34b95fcb4. shtml.

[221] 张敏，韩锋. 城市历史景观视野下的都江堰水系文化景观保护与发展［J］. 城市发展研究，2016，23（8）：60 - 67.

[222] 余倩，余佳. 英国绿带政策演进及对中国新型城镇化的启示［J］. 世界农业，2016（10）：210 - 214.

[223] 肖笃宁. 论现代景观科学的形成与发展［J］. 地理科学，1999（4）：379 - 384.

[224] GIAHS. Rice fish culture［EB/OL］.［2020 - 04 - 09］. http：//www. fao. org/giahs/giahsaroundtheworld/designated - sites/asia - and - the - pacific/rice - fish - culture/en/.

[225] 田中龍太. エコミュージアム［J］. 農業土木学会誌，1999，67（8）：874.

[226] 笹谷康之，大森哲郎. エコミュージアムづくりの方法論に関する研究［J］. 環境システム研究，1995，23：519 - 525.

[227] 池田勝行. 地域活動を主体とした田園空間博物館づくり——田園空間整備事業「島守盆地地区」［J］. 農業土木学会誌，2006，74（11）：995 - 996.

[228] 勝又徹. 田園空間博物館における教育的役割［J］. 農業土木学会誌，2001，69（2）：140.

[229] 農林水産省. 田園空間博物館を見に行こう［EB/OL］.［2020 - 04 - 11］. http：//www. maff. go. jp/j/nousin/sousei/den - haku/go. html.

[230] 湖州市科学技术协会. 省级科普教育基地：安吉生态博物馆［EB/OL］.（2019 - 04 - 29）［2020 - 04 - 11］. http：//www. huzhoukexie. com. cn/kxpj/qsnkp/20190429/i1495926. html.

后　记

　　本书是笔者基于在东京大学留学期间所做的博士研究所撰写的中文版著作。将原博士论文进行整体的翻译、修改，最终以目前的形式呈现给读者，是一件非常耗时耗力但颇有成就感的工作。温故而知新，在这个过程中，笔者得以突破自己当时的思维定势，重新审视该研究所取得的成绩、留下的遗憾；并可从当下的积累与视角出发，切实提升思考的层次，提出更有价值的观点。这是一个重新回到起点、对同一条道路再次进行探索的旅程，每次有新的发现，都能让笔者深感做这件事情的意义。

　　具体来说，笔者保留了原论文中第三、第四、第五章中与成都市域和都江堰灌区乡村遗产相关的案例分析部分，同时也强化了中日同类乡村遗产比较的部分，以更好地归纳其遗产价值，并让读者对其定位有更清晰的认知；同时，为确保时效性与提升可读性，笔者重新梳理和撰写了第一、第二、第六、第七章，补充了文化景观视野下乡村遗产研究领域保护思想的新动向，强化了"灌区乡村遗产"的概念，强调了以灌区为单位来审视农业文化遗产的意义。

　　能在东京大学大学院工学系研究科都市工学专攻①以文化景观为主题完成博士研究，笔者最为感谢的是导师石川幹子教授。在日本求学期间，导师给予了笔者十分严格的专业训练，同时也不断引导笔者把握本学科的前沿问

---

① Department of Urban Engineering, School of Engineering, The University of Tokyo.

题，深入思考解决问题的方法论。从确定选题之前的多次对谈，到确定选题之后亲自带着笔者去都江堰市调研林盘聚落以及灾后重建的成果，再到后来又带着笔者去日本宫城县东南部调研海啸之后乡村地带的受灾情况，导师所拥有的社会责任感，促使笔者深刻认识到作为学者所肩负的使命。

此外，作为研究室的头等大事，导师无论多么忙碌都会留出时间前来参加研究室每周举行一次的内部学术研讨会，针对同学们的研究进展报告进行评价、给予指导，并鼓励大家互相提问。如果发言者准备得不够充分，或者研究没有显著进展，那会受到导师严厉的批评；相反，则会得到莫大的鼓励。同学们的汇报材料是必须要当场进行分发的，因此这极大地促进了同学之间的相互学习、相互启发。几年下来，每位同学收获的不仅是自己在研究方面的进步，而且也能看到别的同学不断试错的过程，从而对他人的学术研究有颇为深刻的理解。在此笔者十分感谢片桐由希子、詹凤春、张丹、饭田晶子、蛭田有希、三岛由树、高取千佳、村山健二、根岸勇太、马场弘树等当时研究室的助教和同学们对笔者的建言和帮助。正是在这种严肃的学习氛围中，每位同学都在踏踏实实地成长着，在研究上取得进展时获得的那种喜悦，确实是支撑所有人不放弃、不妥协的最大动力。

笔者也十分感谢第二任导师横张真教授，在临近毕业答辩之际，不厌其烦地帮助笔者演练答辩的流程，告诉笔者一个优秀的研究应该怎样进行传达，一场优秀的演讲应当具有什么样的品质。这些要领，笔者至今依然受用。同时，笔者也十分感谢东京大学西村幸夫、浅见泰司、小出治三位教授在审查环节给笔者提出的问题与建议。其中的若干问题，至今依然在引领笔者进行深入的思考与探索。以上这些都是东京大学留给笔者最好的学术遗产。

此外，笔者攻读博士期间有幸得到日本文部科学省[1]提供的全额奖学金，并得到文部科学省 GCOE（Global Center of Excellence）项目"都市空间再生

---

[1] Ministry of Education, Culture, Sports, Science and Technology.

学的展开"① 对本研究的部分资助，笔者对此表示衷心的感谢。

在完成本研究的过程中，笔者多次随石川教授赴成都、都江堰市进行现场调研。特此感谢成都市规划管理局万小鹏副局长、都江堰市规划管理局陈捷副局长以及其他陪同调研的工作人员的大力协助，以及都江堰市档案馆、都江堰市规划馆提供的切实帮助。笔者更感激在都江堰市以及相邻市县进行田野调查时，遇到的欣然接受访谈的村民们。他们分别居住在都江堰市天马镇焦家大院、天马镇向荣新村、石羊镇丰乐村7组安置点、翠月湖镇五桂13组、安龙镇徐家大院、紫坪铺镇杨柳坪与沙湾村7、8组安置点、蒲阳镇花溪村、玉堂镇财神村、龙池镇查关安置点与南岳4组安置点、虹口乡高原村5、6组安置点、向峨乡石碑岗；崇州市三郎镇凤鸣安置点、文井江镇石柱子安置点；大邑县西岭镇云华农家旅游社区、雾山乡裕民小区；邛崃市南宝山乡异地安置点。来自村民们的意见与想法对本研究的成型至关重要，同时村民们的坚强与乐观也深深感染了笔者，在此向他们表示深深的敬意与诚挚的谢意。

值此成书之际，笔者还要专门感谢在十多年的学术生涯中于己有恩的专家学者、老师、同事、家人们。

感谢引领笔者跨入文化景观研究大门的同济大学建筑与城市规划学院景观学系主任韩锋教授。韩老师是笔者硕士时期的导师，知遇之恩、教导之恩，笔者终身难报。笔者回国工作后经韩老师推荐加入中国风景园林学会文化景观专业委员会，自此得以在国内的文化景观研究领域遇到更多志同道合的朋友们，甚感荣幸。韩老师治学严谨，文采斐然，每次再读韩老师的文章都能得到新的启示，因此这些年来笔者也在不遗余力地将韩老师的经典论著介绍给学生们。

感谢同济大学建筑与城市规划学院建筑学系朱宇晖讲师、周静敏教授、松永安光客座教授在笔者成长道路上给予的无私帮助；感谢日本 ICOMOS 国

---

① 文部科学省グローバルCOEプログラム「都市空間の再生学の展開」.

内委员会原副委员长杉尾伸太郎先生对笔者的提点与赠书；感谢中国文化遗产研究院原院长张廷皓先生与笔者无私分享他对灌区文化景观的理解，这对笔者今后的研究具有重要启示。

感谢笔者所任教的复旦大学文物与博物馆学系的各位领导和同事们对笔者入职以来的亲切关怀。其中尤其要感谢复旦大学国土与文化资源研究中心主任杜晓帆教授对笔者的支持与帮助，让笔者得以在该中心担任文化景观研究室负责人，能够在以文化景观为主题的教学科研道路上继续砥砺前行。

最后，感谢我的太太，上海同济城市规划设计研究院有限公司城市设计研究院副主任规划师赵殿红女士，多年来与我在专业领域相互扶持，互相促进。感谢我的父母、岳父岳母，以及我的两个可爱的孩子们。如果此生有机会做一辈子学术研究的话，那我所有的成果，都是献给你们的。

根深才能叶茂，厚积才可薄发。

但愿此生能拥有一条让我安心做学术研究的冷板凳。

彩 图

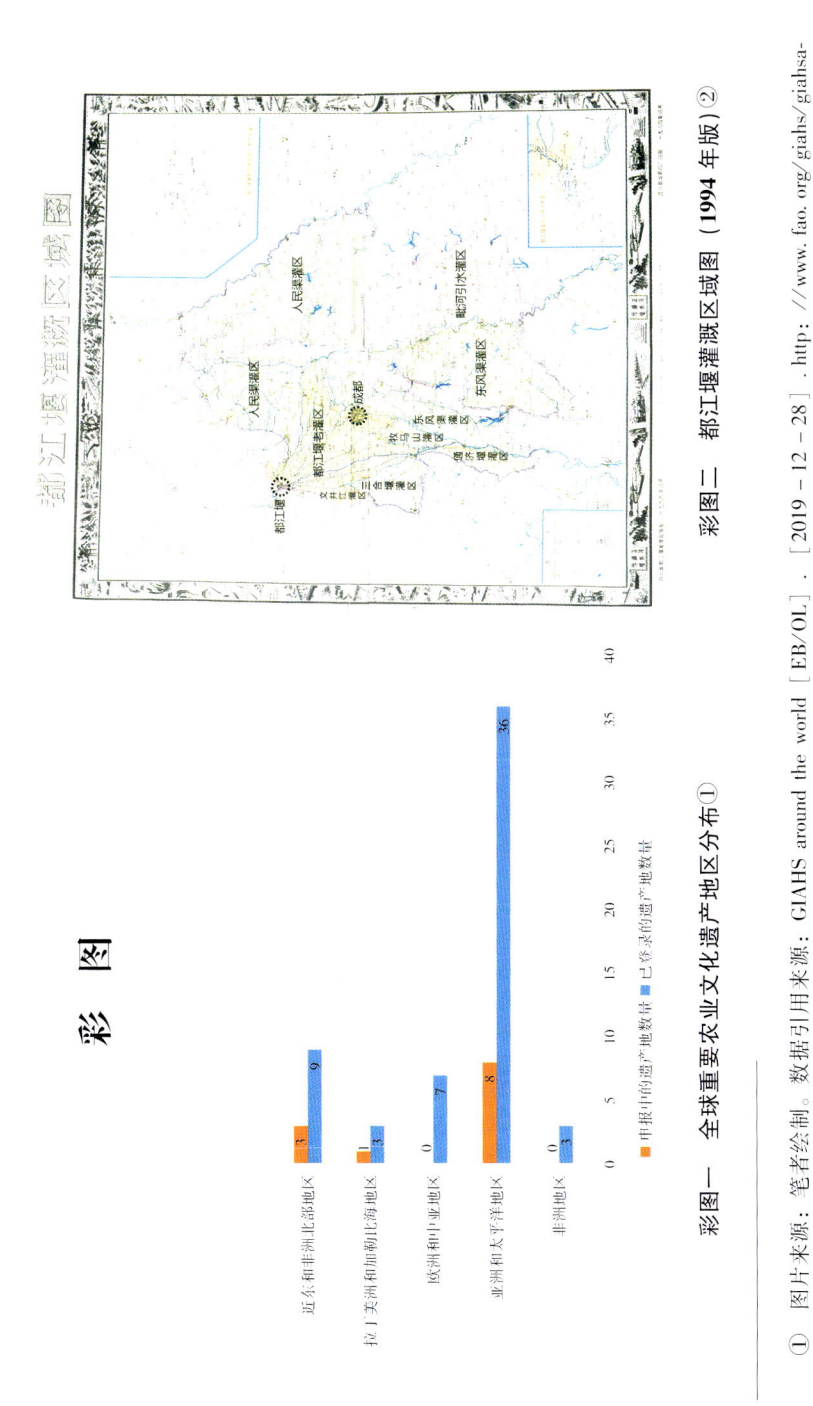

彩图一 全球重要农业文化遗产地区分布①

彩图二 都江堰灌溉区域图（1994年版）②

① 图片来源：笔者绘制。数据引用来源：GIAHS around the world [EB/OL]．[2019-12-28]．http://www.fao.org/giahs/giahsaroundtheworld/en/．
② 底图来源：四川省地方志编纂委员会．都江堰志 [M]．成都：四川辞书出版社，1993．笔者在图上标注了灌区名称，成都与都江堰的位置。

239

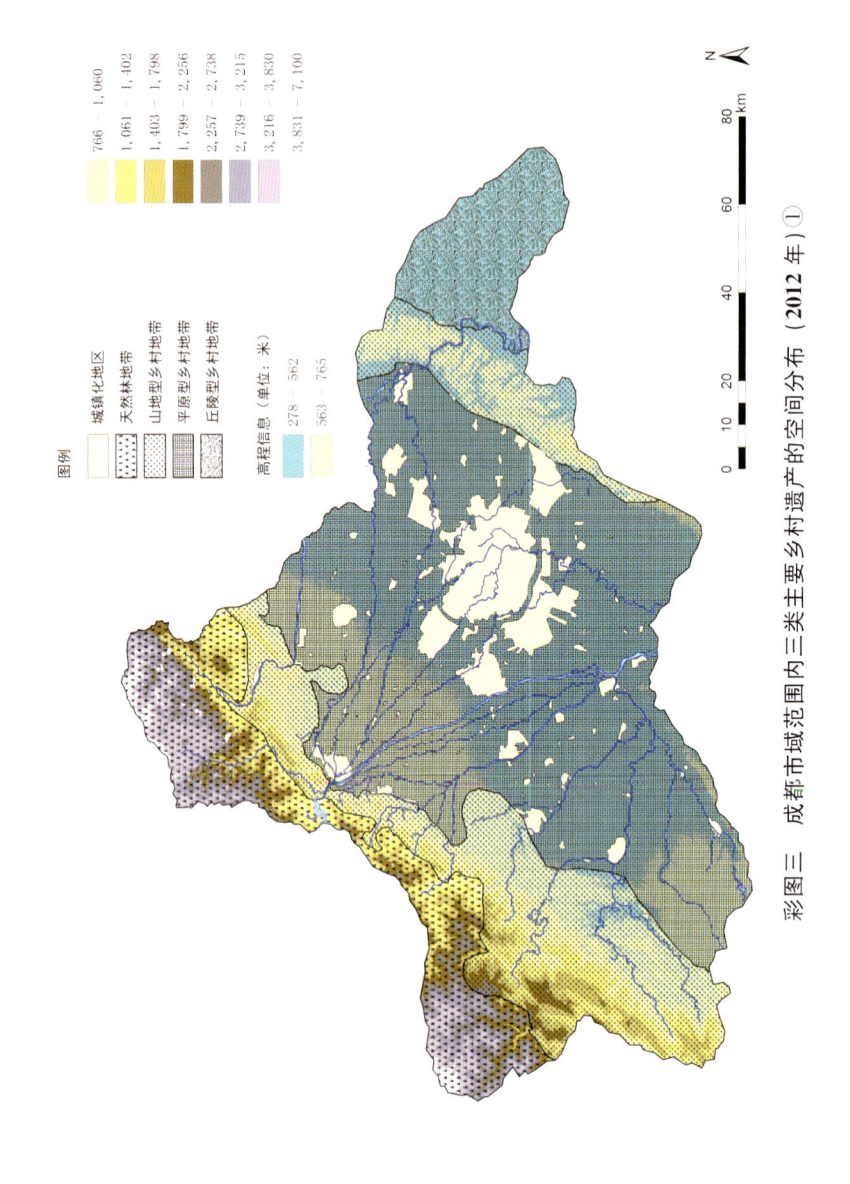

彩图三 成都市域范围内三类主要乡村遗产的空间分布（2012年）①

① 图片来源：笔者绘制。高程数据来源：ASTER GDEM。土地利用数据来源：Google Earth。

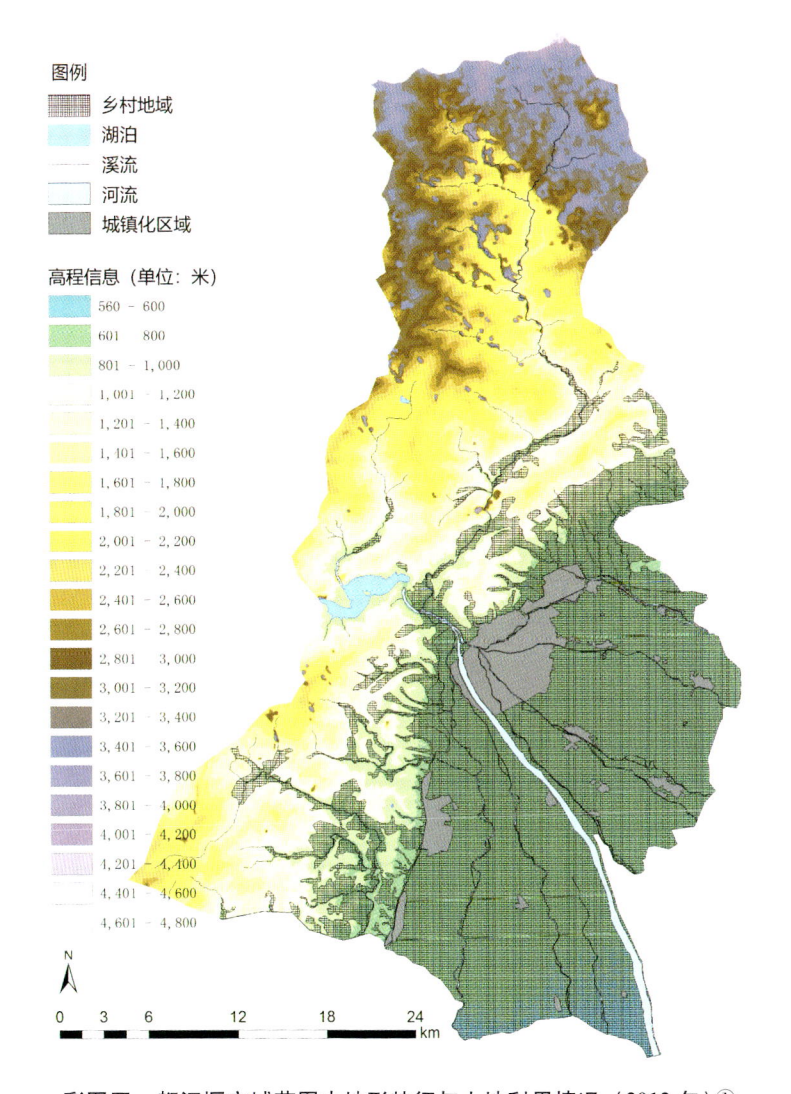

彩图四　都江堰市域范围内地形特征与土地利用情况（2012 年）①

---

① 图片来源：笔者绘制。高程数据来源：ASTER GDEM。土地利用数据来源：Google Earth。图中的湖泊为 2001 年开始在距都江堰 9 千米处的岷江上游修建的紫坪铺水库，2005 年开始投产发电，并可在旱季与涝季调控岷江水量。

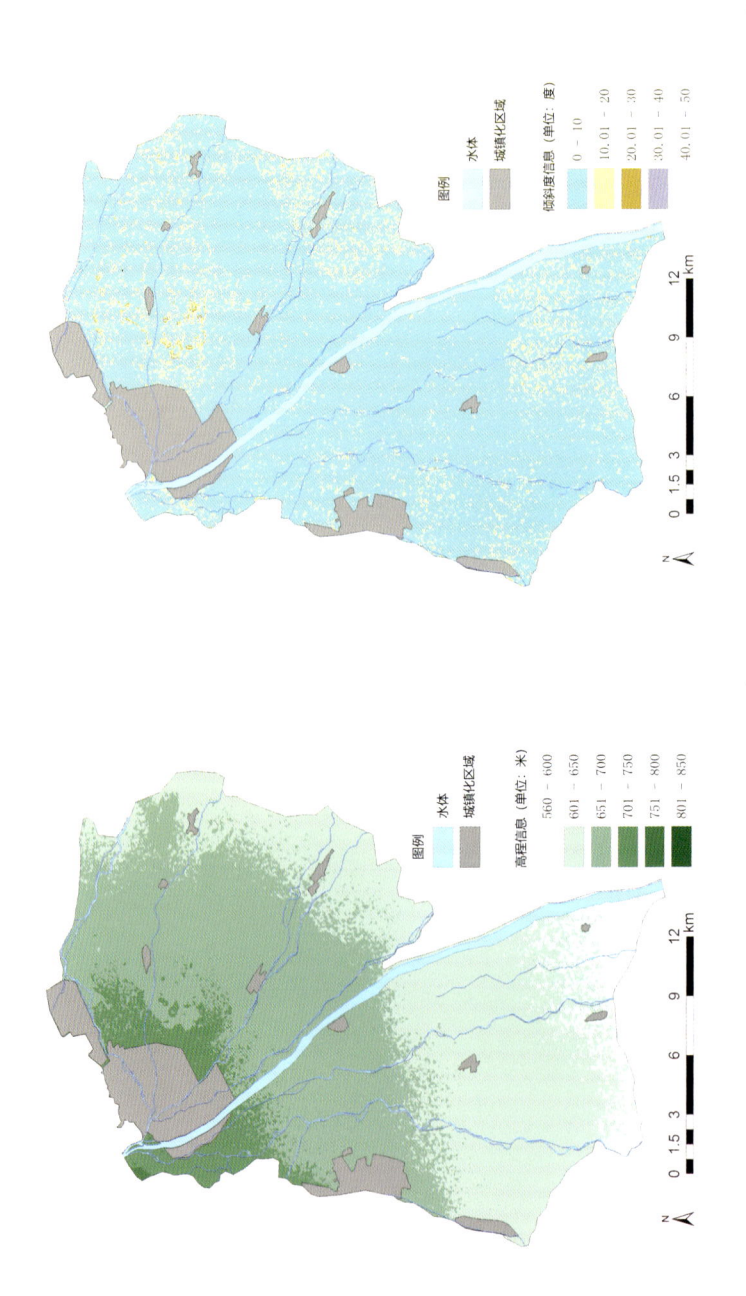

文化景观视野中的乡村遗产保护——以都江堰灌区为例 >>>

彩图五 都江堰市平原地区的海拔与土地利用情况（2005年）① 彩图六 都江堰市平原地区的坡度与土地利用情况（2005年）②

① 图片来源：笔者绘制。高程数据来源：ASTER GDEM。土地利用数据来源：Google Earth。
② 图片来源：笔者绘制。高程数据来源：ASTER GDEM。土地利用数据来源：Google Earth。

242

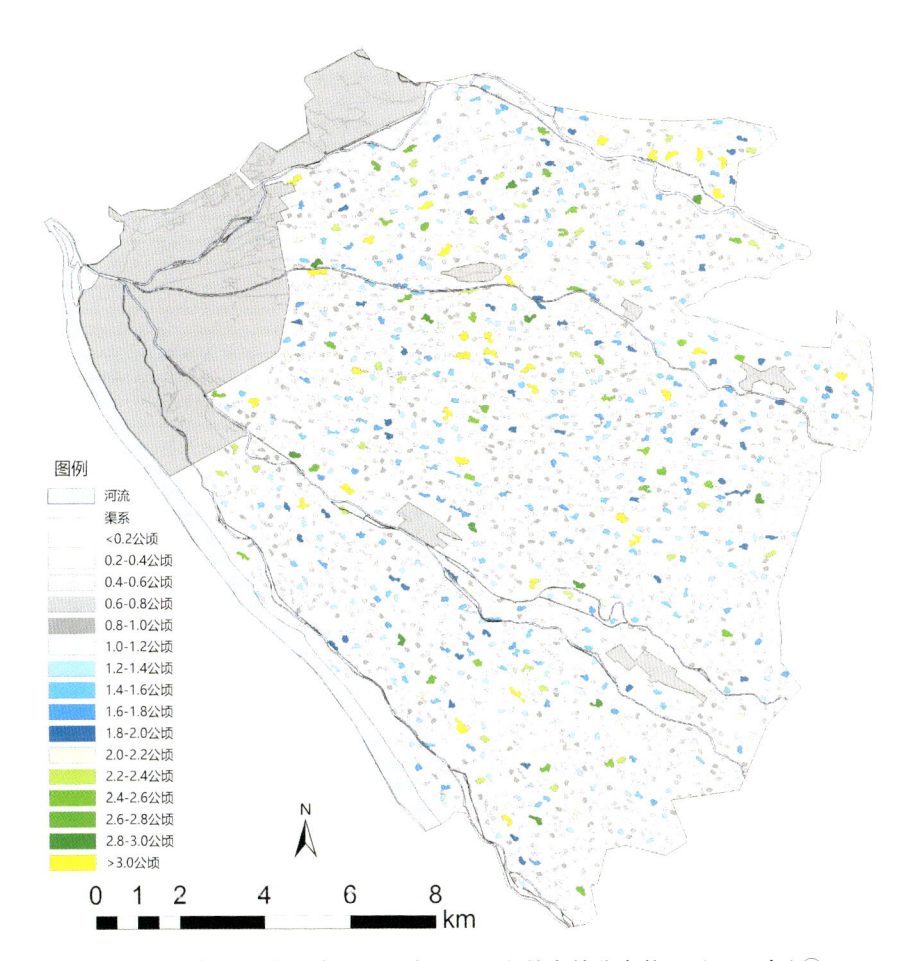

彩图七　都江堰灌区扇形平原中不同面积林盘的分布状况（2005年）①

---

① 图片来源：笔者绘制。土地利用数据来源：Google Earth.

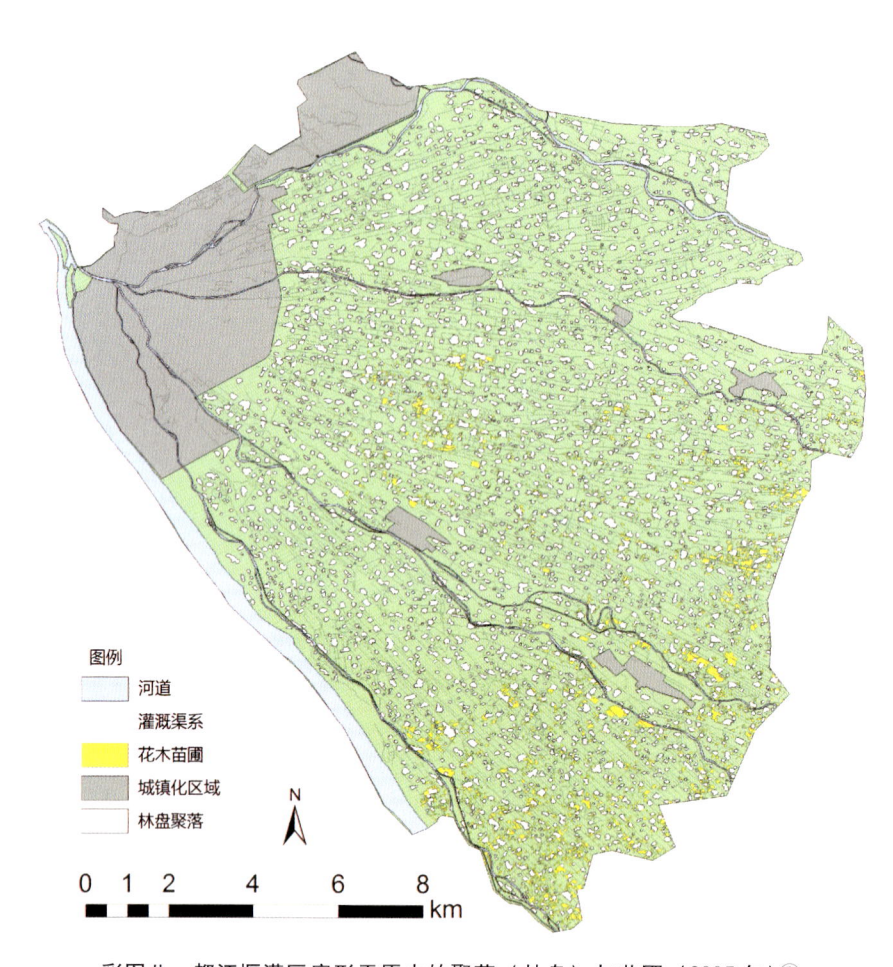

文化景观视野中的乡村遗产保护——以都江堰灌区为例 >>>

彩图八　都江堰灌区扇形平原中的聚落（林盘）与苗圃（2005年）①

―――――――――

① 图片来源：笔者绘制。土地利用数据来源：Google Earth.

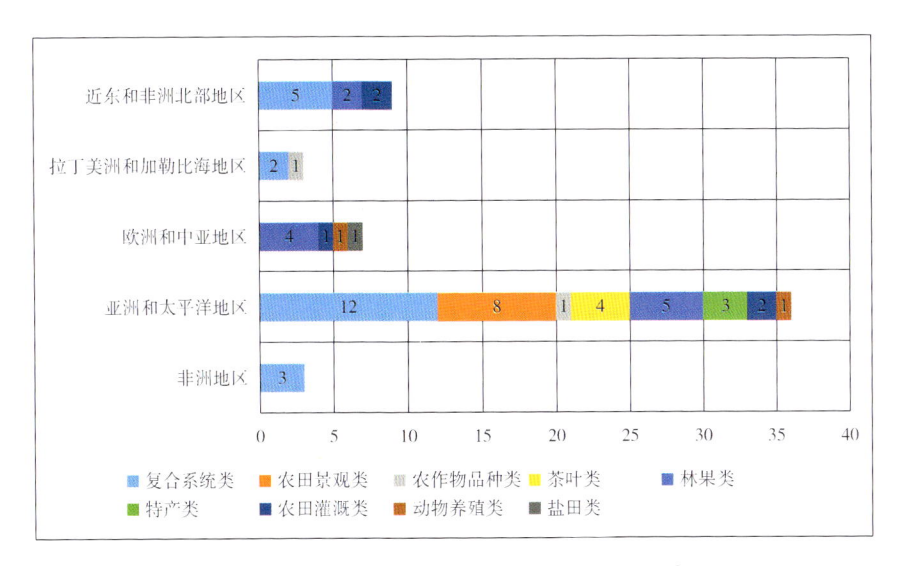

彩图九　全球重要农业文化遗产的地区分布①

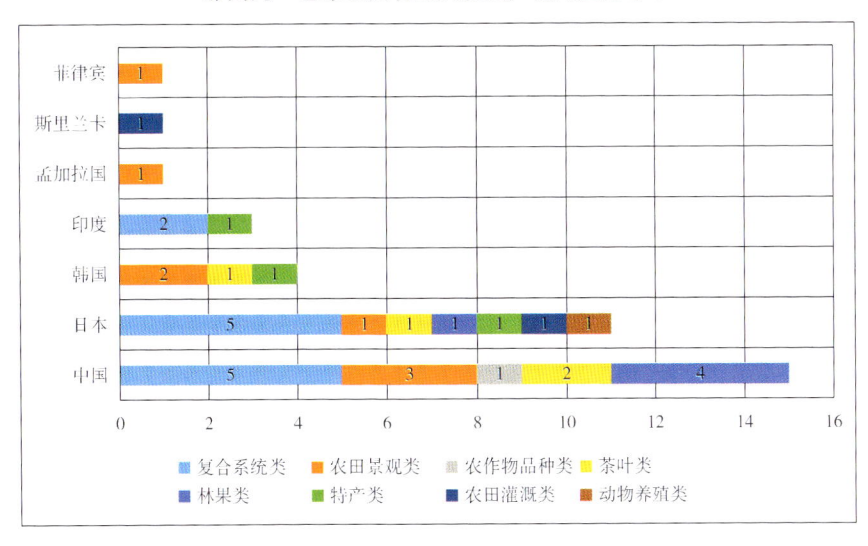

彩图十　全球重要农业文化遗产在亚太地区的分布②

---

① 图片来源：笔者绘制。基础数据来源：FAO，GIAHS around the world [EB/OL].
[2020-01-04]. http://www.fao.org/giahs/giahsaroundtheworld/en/.
② 图片来源：笔者绘制。基础数据来源：同上图.

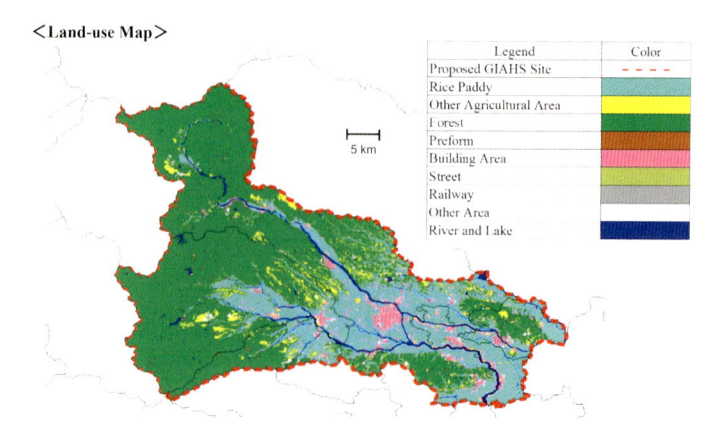

文化景观视野中的乡村遗产保护——以都江堰灌区为例　>>>

彩图十一　全球重要农业文化遗产日本宫城县"大崎耕土"土地利用图①

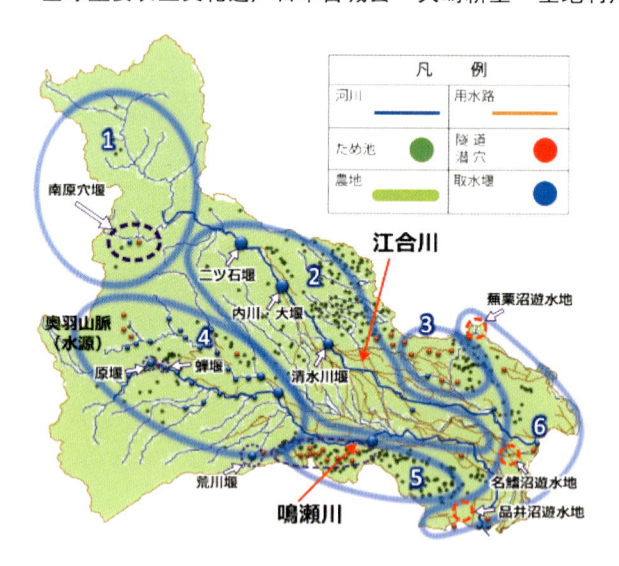

彩图十二　"大崎耕土"的用水管理区域②

---

① 图片来源：Globally Important Agricultural Heritage Systems（GIAHS）Application［EB/OL］．［2020 - 01 - 07］．http：//www. fao. org/giahs/giahsaroundtheworld/designated-sites/asia - and - the - pacific/osaki - kodo - sustainable - irrigation - system/annexes/en/.
② 图片来源：大崎地域が選ばれた理由［EB/OL］．［2020 - 05 - 03］．https：//osakikoudo. jp/about/osakikoudo.

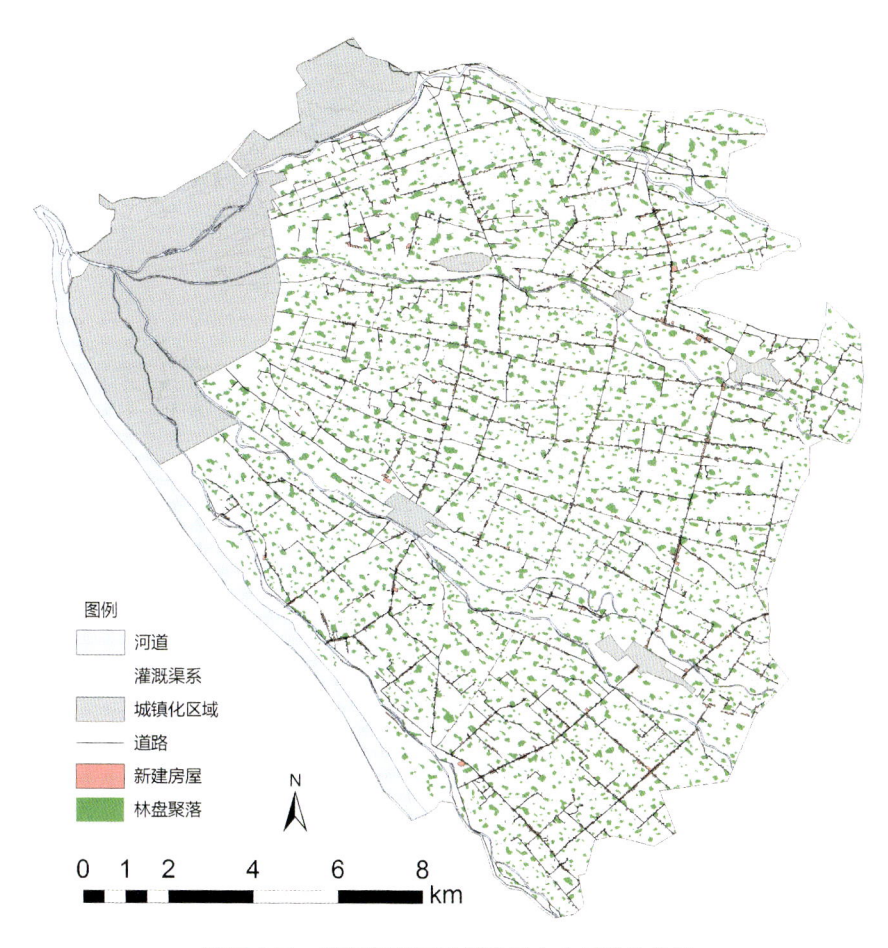

彩图十三　都江堰灌区扇形平原中主要道路沿线新建房屋的分布图（2005年）①

① 图片来源：笔者绘制。土地利用数据来源：Google Earth.

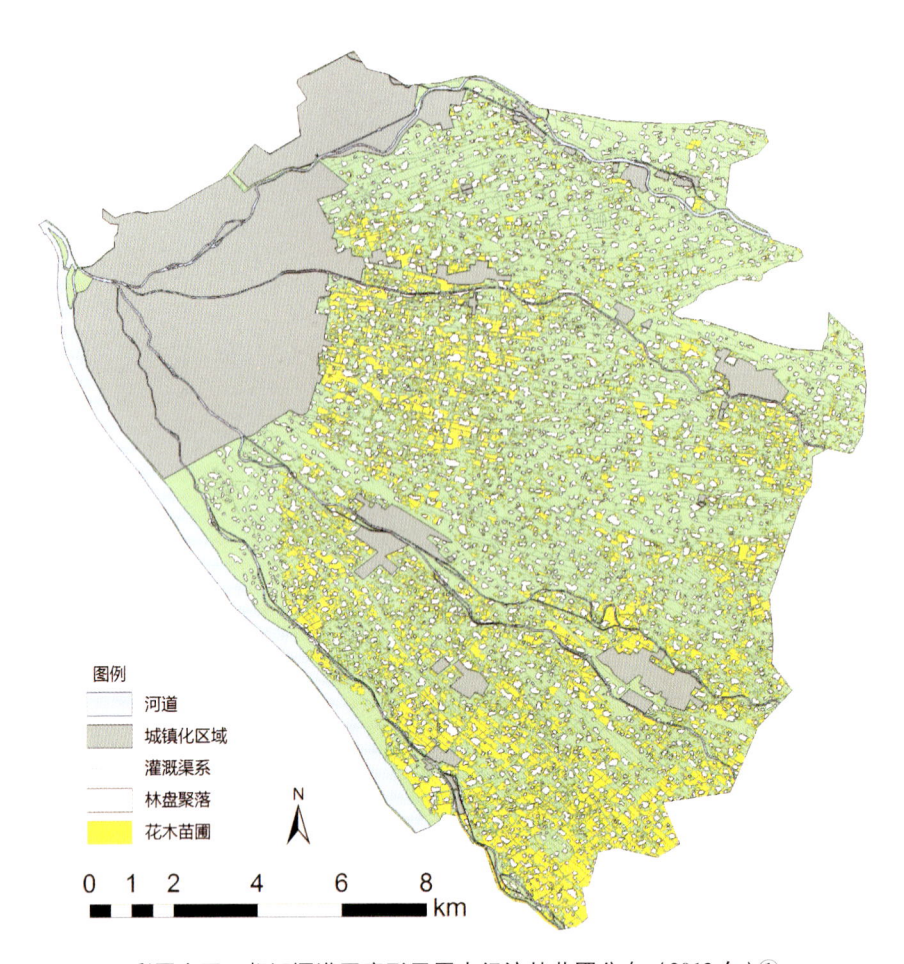

彩图十四 都江堰灌区扇形平原内经济林苗圃分布（2012年）①

① 图片来源：笔者绘制。土地利用数据来源：Google Earth.

彩图十五　都江堰灌区内新型农村社区示例①

① 照片来源：都江堰市人民政府．"美丽乡村·寻迹天马"摄影比赛一等奖［EB/OL］．［2020－02－02］．http：//www.djy.gov.cn/dyjgb_rmzfwz/c130731/2019－10/21/content_8679ab07bad24b849b703f61a6d9d98c.shtml.

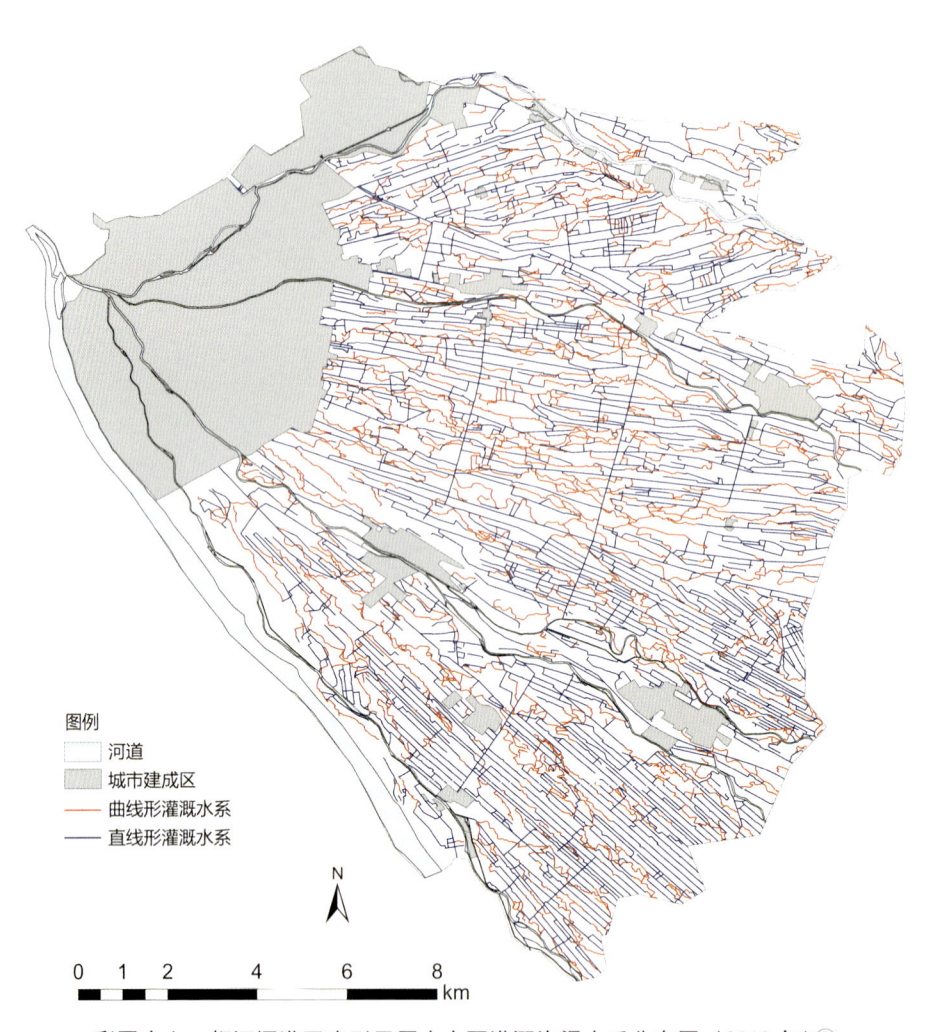

文化景观视野中的乡村遗产保护——以都江堰灌区为例　>>>

图例
- 河道
- 城市建成区
- 曲线形灌溉水系
- 直线形灌溉水系

彩图十六　都江堰灌区扇形平原中主要灌溉沟渠水系分布图（2012年）①

① 图片来源：笔者绘制。土地利用数据来源：Google Earth.

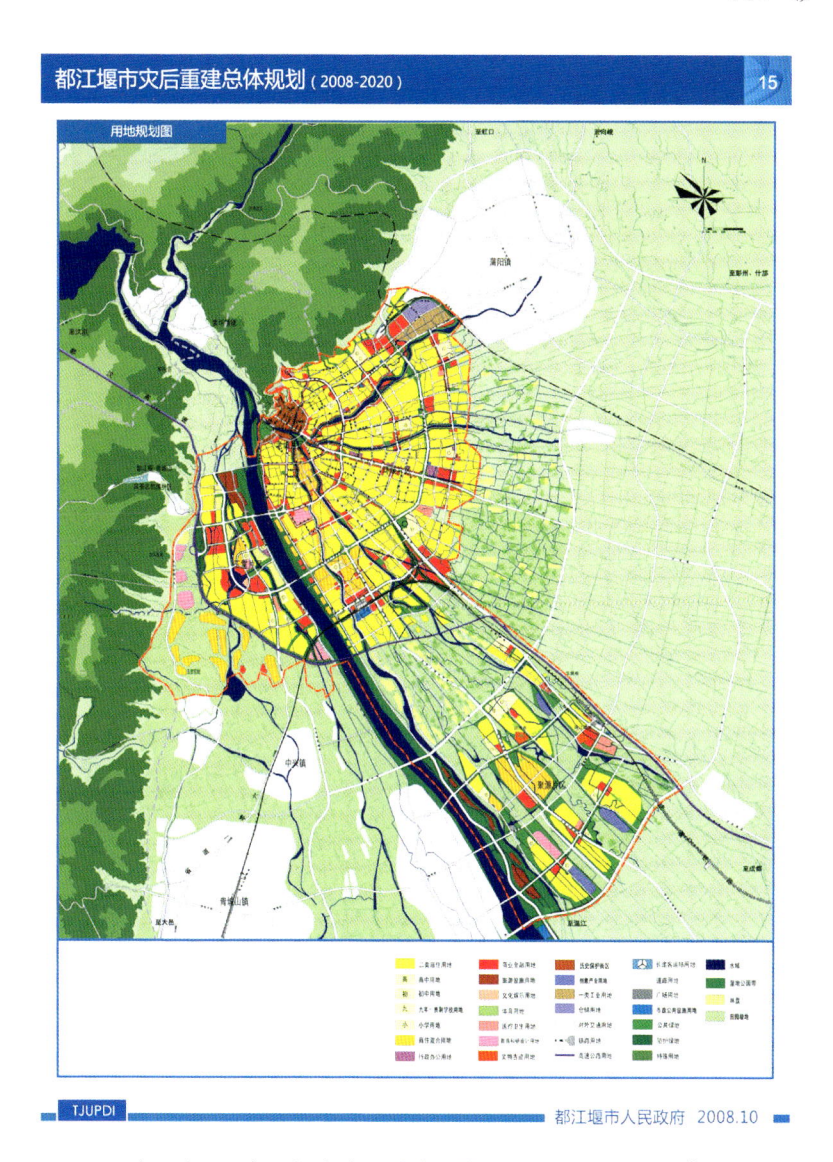

彩图十七　都江堰市灾后重建总体规划（2008—2020）①

---

① 图片来源：成都市人民政府信息公开.《都江堰市灾后重建总体规划（2008—2020）》中心城区规划图［EB/OL］.（2015-07-28）［2020-05-10］. http://gk.chengdu.gov.cn/govInfoPub/detail.action? id=1009068&tn=2.

251

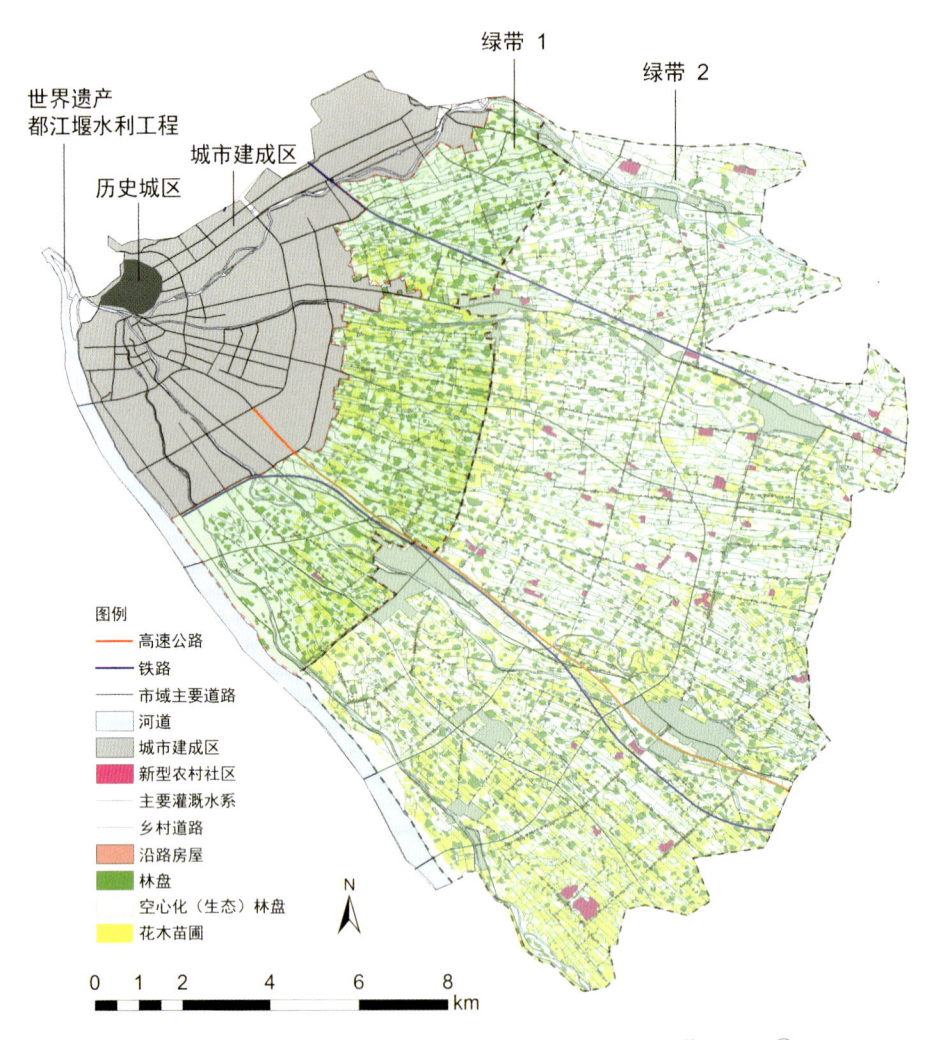

文化景观视野中的乡村遗产保护——以都江堰灌区为例 >>>

彩图十八 都江堰灌区扇形平原中绿带1与绿带2的范围设定①

① 图片来源：笔者绘制。土地利用数据来源：Google Earth.

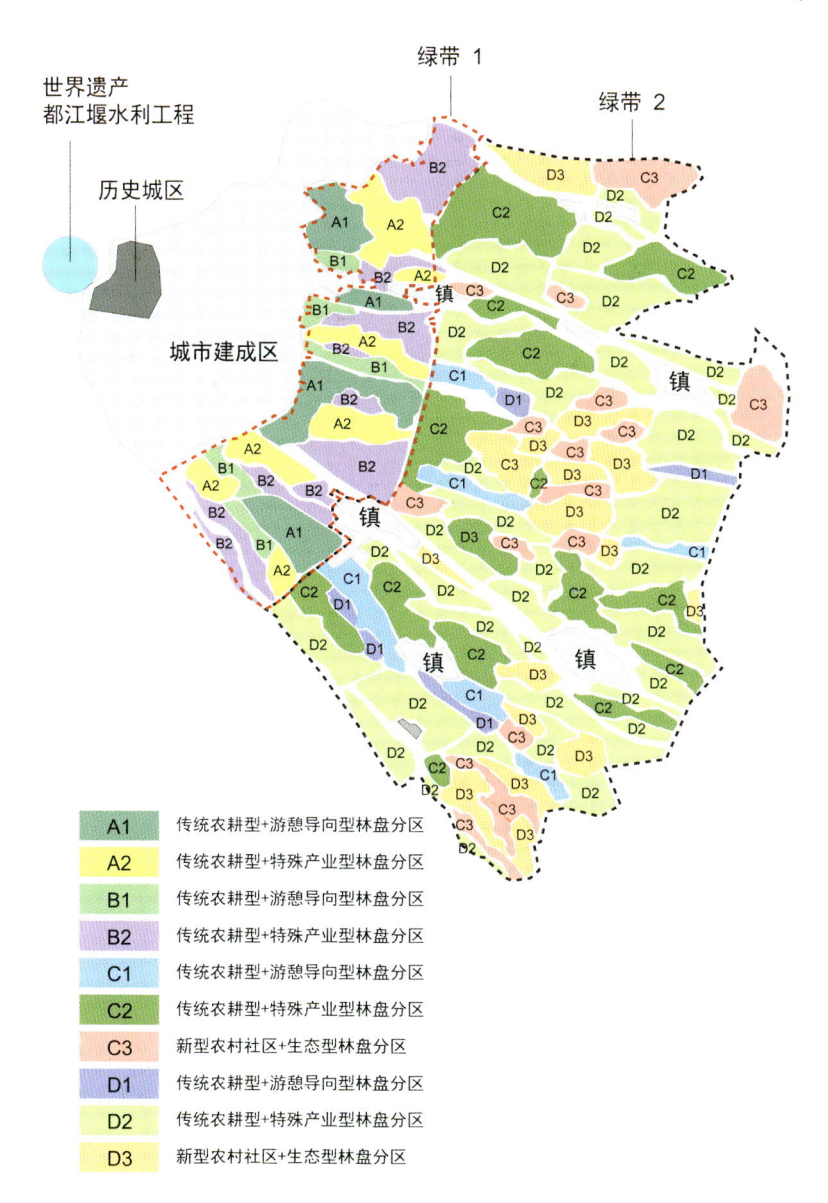

彩图十九　都江堰灌区扇形平原内规划管理分区划定①

———————
① 图片来源：笔者绘制.

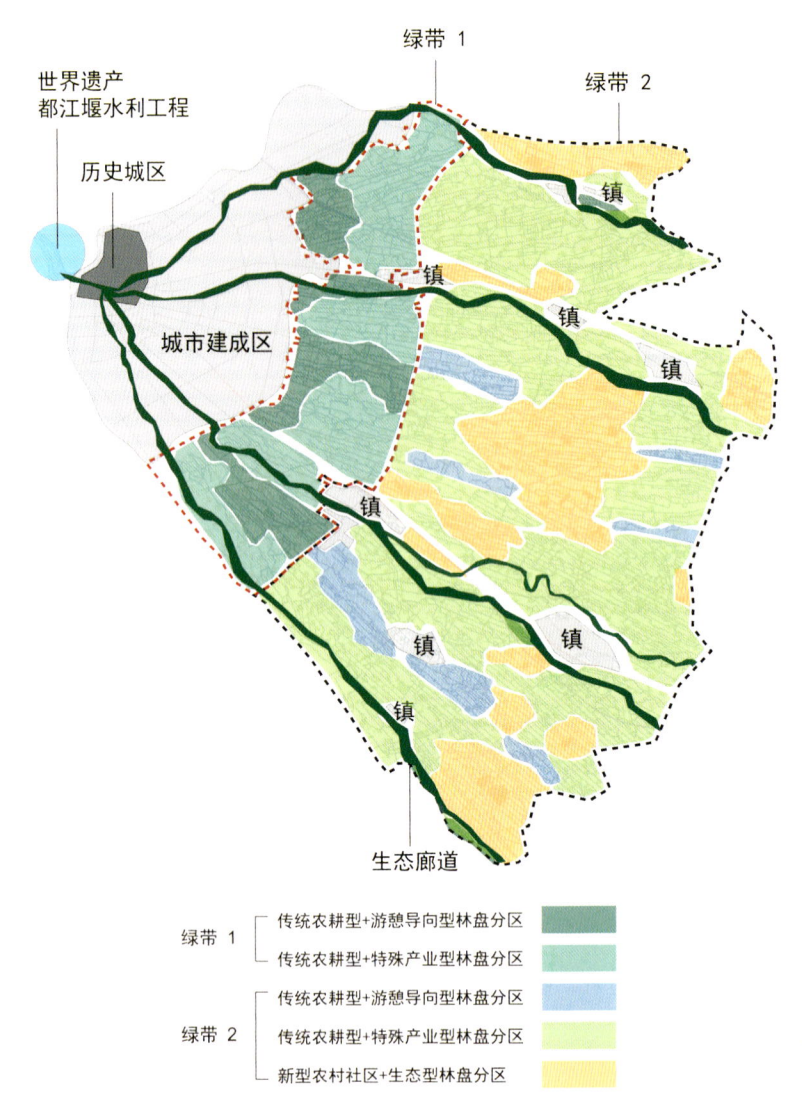

文化景观视野中的乡村遗产保护——以都江堰灌区为例 >>>

彩图二十 都江堰灌区扇形平原城乡遗产保护与发展框架①

① 图片来源：笔者绘制.

254